Bauen + Wirtschaft®
Architektur der Region im Spiegel

LANDESAUSGABE NIEDERSACHSEN 2025

Wirtschafts- und Verlagsgesellschaft mbH

ISBN 978 3 949158 36 0

12 Ateliergebäude Freie Kunst, Hochschule für Bildende Künste (HBK), Braunschweig
Beitrag: „Im Blickpunkt"

Bildnachweise siehe Redaktionsbeiträge

12 Produktions- und Verwaltungsstätte Rosink, Nordhorn
Beitrag: „Im Blickpunkt"

12 Einfamilienhaus, Rotenburg (Wümme)
Beitrag: „Im Blickpunkt"

STANDPUNKTE

8

Hannover hat den Bau-Turbo gezündet
Von Belit Onay
Oberbürgermeister der Landeshauptstadt Hannover

9

Braunschweig – nachhaltig, innovativ, lebendig
Von Dr. Thorsten Kornblum
Oberbürgermeister der Stadt Braunschweig

10

Die Innenstadt wird ihr Gesicht verändern
Von Dennis Weilmann
Oberbürgermeister der Stadt Wolfsburg
und
Kai-Uwe Hirschheide
Stadtbaurat der Stadt Wolfsburg

11

Ganzheitlich und strategisch in die Zukunft
Von Jürgen Krogmann
Oberbürgermeister der Stadt Oldenburg

IM BLICKPUNKT

12

Sehenswerte(s) Bau(t)en in Niedersachsen
Wirtschaftsstandort Hannover – eine Region mit Vielfalt und Zukunftsstärke / Wirtschaftsstandort Braunschweig – Historie in Forschungskraft und städtebauliche Investitionen / Wirtschaftsstandort Wolfsburg – zukunftsweisende Perspektiven für die Innenstadt / Georg-Eckert-Campus der Leibniz-Gemeinschaft für internationale Schulbuchforschung in Braunschweig / Forschungsbau „Opticum" in Hannover / Wettbewerb Ateliergebäude Freie Kunst in Hochschule für Bildende Künste (HBK) in Braunschweig / Wettbewerbssieger Veranstaltungshalle in Wilhelmshaven / Sanierung Justizzentrum Braunschweig / Dachsanierung beim Landesmuseum Hannover / Rathaus in Neustadt am Rübenberge / Produktions- und Verwaltungsstätte Rosink in Nordhorn / Einfamilienhaus in Rotenburg (Wümme) / Wohnquartier „Herzkamp" in Hannover

83

Per Mausklick und App Überblick über Baubranche
Ausgaben der Architekturtitel des WV-Verlages unter www.bauenundwirtschaft.com als Vollversion im Internet. Verlags-App und -Newsletter informieren zusätzlich

ÖFFENTLICHE BAUTEN

34

Moderne Infrastruktur für Wolfsburg
Neubau Hauptwache der Berufsfeuerwehr Wolfsburg – eine der modernsten Feuerwachen Deutschlands / Neu- und Umbau sowie Erweiterung der Grundschule Käferschule in Wolfsburg

40

Als erstes kommunales Schulgebäude bundesweit
Der Hortneubau an der Grundschule Anne-Frank in Lüneburg wurde komplett in lehmverputzter Strohbauweise errichtet

63

Modernisiert und damit attraktiver
Erster Spatenstich für den Neubau des neuen Terminals am Flughafen Braunschweig-Wolfsburg

92

Zukunftsprojekt nimmt Form an
Moderne Medizinstrategie für optimale Versorgung in der Flächenregion: gemeinsame Zentralklinik für die Stadt Emden und den Landkreis Aurich in Uthwerdum

174

Eine Klinik für die Zukunft
Der Neubau des Delme Klinikums stellt modernste Gesundheitsversorgung für Delmenhorst und die Region sicher

34 Hauptwache Berufsfeuerwehr Wolfsburg
Beitrag: Stadt Wolfsburg

40 Hortneubau Grundschule Anne-Frank, Lüneburg
Beitrag: Hansestadt Lüneburg

ÖFFENTLICHE BAUTEN / WOHNUNGSBAU

194

Ein neues Wohnquartier in Sehnde
QUIN – Nachhaltigkeit, Wohnkomfort und modernste Technik bieten die fünf Mehrfamilienhäuser mit insgesamt 77 Wohneinheiten / Barrierefreies Wohnen für alle Generationen und eine städtische Kita

ÖFFENTLICHE BAUTEN / WOHNUNGSBAU / GEWERBEBAUTEN

44

Bauwerke, die verbinden
Quartiersentwicklung Kronsrode, Baufeld A9, in Hannover / Kräftig in den Standort investiert: Bürogebäude mit Halle für die Firma Wehrhahn in Delmenhorst / Neubau der zweizügigen Grundschule Bliedersdorf-Nottensdorf mit einer Mensa und einer Sporthalle

44 Neue Grundschule, Bliedersdorf
Beitrag: AUG. PRIEN Bauunternehmung (GmbH & Co. KG)

54 NOORD Hotel, Carolinensiel
Beitrag: Alfred Döpker GmbH & Co. KG

64 Havekant „U-Hof 3" – Alter Stadthafen Süd, Oldenburg
Beitrag: Freytag & v.d. Linde Projekt-, Management- und Baugesellschaft mbH & Co. KG

74 Quartier Abraham, Oldenburg
Beitrag: PORR GmbH & Co. KGaA – Hochbau Nord Hamburg

84

Wohnen wird zum Gefühl

Hospiz Heiligendorf-Wolfsburg gibt dem Sterben ein Zuhause / Wohncarré Wilhelmstraße-Wolfsburg bildet eine harmonische Blockbebauung

ÖFFENTLICHE BAUTEN / GEWERBEBAUTEN

102

Logistikimmobilien: wichtigstes Bindeglied in der Lieferkette

Batterielagerung im Logistikpark Berkhof II / Größtes Kommunalarchiv Niedersachsens als historisches Gedächtnis Hannovers / Logistikhalle für mehr als 20.000 Paletten Erfrischungsgetränke in Bockenem

188

Ein breites Netzwerk für Immobilien

Strahlentherapiezentrum in Northeim bringt Spitzenmedizin in die Region / Gemütlichkeit im Landhausstil in Lamspringe / Architektur der Kindertagesstätte Biberbau, Sultmer Berg erinnert in Northeim an die ursprüngliche Waldgaststätte

ÖFFENTLICHE BAUTEN / SANIERUNG

42

Herausfordernde Baumaßnahme

Die denkmalgerechte Sanierung der Stadthalle Braunschweig ist ein Leuchtturmprojekt der Stadt Braunschweig im Bereich nachhaltiges Bauen. Die große Herausforderung: Denkmalschutz mit Nachhaltigkeit und Wirtschaftlichkeit zu vereinen

122

Eine Universität als Bauherrin

Die Universität Göttingen im Wandel: Neubau Human Cognition and Behavior (HuCaB) / Grundsanierung der Fakultät für Chemie / Neubau des Rechenzentrums / Forum Wissen

168

Erweiterungsbauten für Bildung und Verwaltung

Erweiterungsgebäude Tellkampfschule in Hannover / Rathauserweiterung und Bestandssanierung in Springe / Erweiterung Otto-Hahn-Gymnasium in Göttingen

ÖFFENTLICHE BAUTEN / SANIERUNG
WOHN- UND GESCHÄFTSBAUTEN / GEWERBEBAUTEN

160

Neubauten, Revitalisierungen und Interior

DREI HÖFE in Oldenburg / HIIVE Hotel in Oldenburg / Gulfhof – NOORD in Carolinensiel / SILT & SAND auf Langeoog / Umbau und Aufstockung eines alten Gaswerks zum Sitz der Staatsanwaltschaft Verden / Havekant U-Hof 3 in Oldenburg / Wohn- und Geschäftshaus Haarenstraße in Oldenburg

WOHNUNGSBAU

134

Entwürfe von dem renommierten Architekturbüro Max Dudler

Wohnen am Naturschutzgebiet: „Quartier Leineauen" in Hannover / Luxuriöser Wohnungsbau in der City: „Lutter-Quartier" in Bielefeld

176

Wohnen mit Service – Privatsphäre trifft Gemeinschaft

In massiver und energiebewusster Bauweise: „Villa Marie & Villa Carl" in Gnarrenburg / In dreigeschossiger Bauweise mit ansprechender Klinkerfassade: „WurtVilla een & WurtVilla twee" in Otterndorf

180

Für Städte, in denen man gerne lebt

Wohn- und Geschäftshaus Kronsberg Süd in Hannover auf Niedersachsens größtem Neubaugebiet / Wohn- und Geschäftshäuser „Am Klagesmarkt" in Hannover mit symmetrischem Fassadenaufbau

184

Moderner Wohnraum in Osnabrück

Netter Heide in Osnabrück um eine Wohnanlage ergänzt / Mehrfamilienwohnhaus in der Süntelstraße 44 mit viel natürlichem Tageslicht

WOHNUNGSBAU / GEWERBEBAUTEN

74

Nachhaltigkeit und Effizienz im Fokus

Zwei herausragende Beispiele sind das Quartier Abraham in Oldenburg und das neue Verwaltungsgebäude der EWE AG in Delmenhorst

122 Human Behavior and Cognition (HuCaB), Göttingen
Beitrag: Georg-August-Universität Göttingen

144 Büroneubau am Bürgerpark, Braunschweig
Beitrag: KSP ENGEL GmbH

168 Rathauserweiterung, Springe
Beitrag: SEP ARCHITEKTEN Bockelmann Klaus PartG mbB

180 Wohn- und Geschäftshaus Kronsberg Süd, Hannover
Beitrag: Stefan Forster GmbH

190 Neue Mitte, Stuhr-Brinkum
Beitrag: Hilmes Lamprecht Architekten BDA

192 Vitalquartier an der Seelhorst, Hannover
Beitrag: TCHOBAN VOSS Architekten GmbH

154

Exklusive Immobilien nahe der Cuxhavener Kugelbake

„Überwasser Appartements" in Cuxhaven – mehr als nur eine Immobilie an der Strandstraße / Exklusive Eigentumswohnungen im Projekt „Elb-Sand" an der Marienstraße

192

Warme Sandfarben und Rottöne

Drei vier- bis fünfgeschossige Volumen und ein gesondert positioniertes Gebäude sind Teil des integrativen „Vitalquartier an der Seelhorst" in Hannover-Mittelfeld

GEWERBEBAUTEN

64

Planung und Realisierung mit neuester Methodik

Havekant „U-Hof 3" – Alter Stadthafen Süd in Oldenburg / Neues EDEKA-Center und Rossmann für Marienhafe

144

Büroneubau am Bürgerpark in Braunschweig

Neuer Sitz für die Bahn-Tochter ESE setzt als erster Baustein des Europaviertels ein architektonisches Zeichen

INDUSTRIEBAU

140

Grundstein für die Zukunft wird in Göttingen gelegt

Neubau Produktionsgebäude für Sartorius auf dem Campus Nord

SANIERUNG / WOHNUNGSBAU

130

Mut zur Veränderung

Beim innovativen Projekt „Stadt-Dach-Fluss" wurde die ursprünglich anvisierte Maßnahme noch deutlich übertroffen und neuer Wohnraum in Hannover geschaffen

150

Sanierung und Nachverdichtung in Hannover

„Poelzig Bau": Transformation eines Baudenkmals in die Moderne / Städtebaulicher Zusammenhalt von Wohngebäuden in der Voltmerstraße

SANIERUNG / GEWERBEBAUTEN

54

Charme und Vielfalt

DREI HÖFE in Oldenburg: Hotel, Büros, Wohnungen und Markthalle treiben die Stadtteilentwicklung im Bahnhofsviertel voran / NOORD Hotel in Carolinensiel: neues architektonisches Highlight in der Region

SANIERUNG / WOHNUNGSBAU / GEWERBEBAUTEN

112

Entwicklung und Realisierung von Wohn- und Geschäftsimmobilien

95 neue Wohnungen in direkter Wasserlage auf Oldenburgs Halbinsel Doktorsklappe / Preisgebundener Wohnraum in Oldenburg / Logistikzentrum Amazon in Helmstedt mit wichtiger europäischer Umverteilungsfunktion / Nach der IHK kam die Internationale Hochschule an den Schiffgraben nach Hannover

190

Neue Mitte der Gemeinde Stuhr-Brinkum

Bis 2026 werden vier Gebäude für Wohn- und Gewerbenutzung, eine Seniorenresidenz und ein Hotel rund um den neuen Marktplatz entstehen

SANIERUNG / RESTAURIERUNG

78

Zukunftsfähiger Schnellweg

Die Sanierung des Südschnellwegs (B3) in Hannover ist eines der bedeutendsten Infrastrukturprojekte in Niedersachsen. Seit 2023 wird die historische Verkehrsachse modernisiert

SERVICE

196

Die Bauspezialisten – Branchenverzeichnis

208

Impressum

Niedersachsen – der Standort im Herzen Europas

Niedersachsen ist das zweitgrößte deutsche Bundesland und liegt mit 300 km Küstenlinie direkt an der Nordsee. Die herausragende Infrastruktur mit neun Seehäfen, Deutschlands einzigem Tiefwasserhafen sowie schnellsten Verbindungen über Straße, Schiene, Luft und Wasser zu internationalen Märkten ist für Unternehmen sehr attraktiv.

Niedersachsen ist Treiber der Energiewende in Deutschland. Windenergie, Biomasse- und Solaranlagen decken rund 88 Prozent des Stromverbrauchs im Land (Stand: März 2023). Etablierte Netzwerke sowie Forschungseinrichtungen lösen die Fragen von morgen. Und 2022 ging an der Küste in Wilhelmshaven außerdem das erste, deutsche LNG-Terminal an den Start – Niedersachsen wird weiter ausgebaut zum Tor für saubere und vor allem bezahlbare Energie für ganz Deutschland.

Global Player wie Volkswagen und Continental sowie Hunderte große und kleinere Zulieferer der Automobilindustrie sind in Niedersachsen beheimatet. Zukunftstechnologien wie Elektromobilität, autonomes Fahren und digitale Mobilitätsdienste werden von hier aus auf den Weg gebracht. Dafür sorgt nicht zuletzt die dynamische Forschung und Entwicklung, beispielsweise im Niedersächsischen Forschungszentrum Fahrzeugtechnik (NFF) und der Battery LabFactory Braunschweig.

Die Landeshauptstadt Hannover ist als internationaler Messestandort Magnet für Geschäftsleute aus aller Welt. Zahlreiche „Global Player" und „Hidden Champions" sowie ein starker, international aktiver Mittelstand machen den Wirtschaftsstandort Niedersachsen so interessant.

Wir haben uns mit dieser Ausgabe die Aufgabe gestellt, anhand ausgewählter Bauprojekte die vielfältige Bandbreite architektonischer Kreativität und intelligenter Lösungskonzepte in Niedersachsen aufzuzeigen. „Bauen + Wirtschaft, Architektur der Region im Spiegel – LANDESAUSGABE NIEDERSACHSEN 2025" ist eine Publikation über die baulichen Aktivitäten in diesem Bundesland und zugleich ein nützliches Nachschlagewerk. Die vorgestellten und im Branchenverzeichnis „Die Bauspezialisten" am Ende der Ausgabe aufgeführten Firmen präsentieren sich als leistungsstarke Baupartner, die durch Kompetenz, Flexibilität und Innovationsbereitschaft überzeugen.

Ihre WV Chefredaktion

Diese Ausgabe finden Sie auch im Internet unter
www.wv-verlag.de
mit vielen Suchfunktionen und mehr!

Hannover hat den Bau-Turbo gezündet

Von Belit Onay
Oberbürgermeister der Landeshauptstadt Hannover

Abb.: Ole Spata

Wohnen und Innenstadtentwicklung sind nur zwei Themen, die die Landeshauptstadt Hannover in den vergangenen Jahren beschäftigt haben und auch weiterhin beschäftigen werden.

Wir haben allen Grund, positiv zu denken: Der neuste Lagebericht der Landeshauptstadt aus dem vergangenen Herbst zeigt beim Thema „Wohnen", dass Hannover nach der höchsten Baugenehmigungsintensität 2021 auch 2022 und 2023 Spitzenwerte erreicht hat. 2022 war das Jahr mit der höchsten Zuwachsrate bei der Zahl der Baufertigstellungen. Gegenüber 2021 hat die Landeshauptstadt die höchste Bauintensität und den höchsten relativen Anstieg des Wohnungsbestandes in Hannover vor Hamburg und München. 2023 stieg der Wohnungsbestand in Hannover nochmals stärker als 2022. Die Zahl der Baufertigstellungen von Wohnungen stieg in 2023 um fast die Hälfte von 2.822 auf 4.203 Wohneinheiten an, und die Bauintensität ist 2023 die höchste im Großstädtevergleich. Die im Rahmen des Zensus 2022 durchgeführte Erhebung der Gebäude und Wohnungen ergab für Hannover 302.018 Wohnungen in 70.271 Gebäuden mit Wohnraum zum Stichtag 15. Mai 2022. Somit kann die bisherige Statistik um rund 1.350 Wohnungen nach oben korrigiert werden. Ganz überwiegend sind die neuen Wohnungen dabei im Geschosswohnungsbau mit dem üblichen Anteil an Sozialwohnungen entstanden.

Hannover ist bereits sehr lebenswert und wird noch lebenswerter werden: Der Beschluss zum Innenstadtkonzept wird umgesetzt, erhebliche Investitionen in die öffentlichen Räume werden vorbereitet. So zum Beispiel in der Prinzenstraße, der Georgstraße und dem Kulturdreieck.

Der Masterplanprozess nördlicher Hauptbahnhof läuft, der Umbau inklusive der Gleise 15 und 16 wird langfristig begleitet. Damit einher geht auch die Verknüpfung des Hauptbahnhofes mit der Innen- und Oststadt. Das Gelände des ehemaligen Postcheckamtes wird mit dem Leuchtturmprojekt Urban Q entwickelt und wird mittelfristig die Innenstadt mit der Nordstadt verbinden.

Und auch die Gebiete Kronsberg-Süd und Wasserstadt Limmer werden umgesetzt, in diesen Quartieren entstehen zahlreiche Wohnungen, bei denen auch ein Anteil zu sozialverträglichen Mieten vermarktet werden. Zusätzlich zu diesen großen Neubaugebieten werden zahlreiche mittelgroße und kleinere Neubaugebiete wie die Freiherr-von-Fritsch-Kaserne oder das Stephansstift entwickelt.

2025 wird ein spannendes Jahr, denn es geht einiges voran in der Landeshauptstadt!

Braunschweig – nachhaltig, innovativ, lebendig

Von Dr. Thorsten Kornblum
Oberbürgermeister der Stadt Braunschweig

Abb.: Daniela Nielsen/Stadt Braunschweig

Braunschweig erfreut sich als Wissenschafts-, Wirtschafts-, Einkaufs- und Kulturstadt mit hohem Freizeitwert großer Beliebtheit. Wir sind eine wachsende Stadt, in der die Menschen gerne leben. Dabei gilt es insbesondere, bezahlbaren Wohnraum für breite Kreise der Bevölkerung zu schaffen und den Anteil des öffentlich geförderten Wohnungsneubaus zu sichern. Daher entwickeln wir mit einer aktiven Bauland- und Bodenpolitik weiterhin konsequent neue Baugebiete. Somit wird auch in Zukunft im gesamten Stadtgebiet attraktives und bezahlbares Bauland verfügbar sein.

Ein weiterer Schwerpunkt liegt in der Steigerung der Attraktivität unserer Innenstadt. So hat die ehemalige Burgpassage – ein leer stehendes Einkaufszentrum im Herzen der Stadt – durch die Planungen für die „Stiftshöfe" eine neue Perspektive erhalten. Kern der Nutzung dieses Areals sind der Erweiterungsbau für ein Gymnasium, ein Wohngebäude und ein Hotel, die eine gemeinwohlorientierte und wirtschaftlich verantwortungsvolle Entwicklung in der Fußgängerzone sichern.

Auch die gemeinsam mit dem kürzlich verstorbenen Unternehmer Friedrich Knapp entwickelten Pläne für das neue „Haus der Musik" im Gebäude des ehemaligen Karstadt-Hauses am Gewandhaus sind ein positives Signal in Richtung Zukunft: Der Start des Architekturwettbewerbes war ein wichtiger Meilenstein für das Projekt, das Friedrich Knapp erst ermöglicht hat. Durch die Kombination aus Städtischer Musikschule und Konzerthaus wird das „Haus der Musik" eine starke Anziehungskraft entwickeln und auch als „Dritter Ort" zur Belebung unserer Innenstadt beitragen.

Gleichzeitig treiben wir die Neuentwicklung des Quartiers rund um den „Großen Hof" zu einem „Wohn- und Kreativquartier" voran, das einen weiteren wichtigen Baustein in der Braunschweiger Innenstadtstrategie bildet.

Eine herausragende Bedeutung kommt auch der Sanierung der denkmalgeschützten Stadthalle zu, die nach dem Abschluss der Arbeiten als multifunktionaler Veranstaltungsort – ob Ball, Konzert oder Show – allen Ansprüchen eines Oberzentrums gerecht wird. Zudem ist der nachhaltige Umbau ein wichtiger Schritt, um die Attraktivität Braunschweigs als Kongress- und Tagungsort weiter zu steigern und den Forschungsstandort stärker zu profilieren.

Ich bin überzeugt, dass durch die exemplarisch vorgestellten Projekte Braunschweig noch attraktiver wird – vor allem für junge Familien und hoch qualifizierte Fachkräfte aus Wissenschaft und Wirtschaft.

Die Innenstadt wird ihr Gesicht verändern

Von **Dennis Weilmann**
Oberbürgermeister der Stadt Wolfsburg und

Kai-Uwe Hirschheide
Stadtbaurat der Stadt Wolfsburg

Wolfsburg steht für eine dynamische Stadtgeschichte. Gegründet vor weniger als einem Jahrhundert, hat sich unsere Stadt zu einem Zentrum für Mobilität und Innovation mit lebenswerten Wohnquartieren im Grünen entwickelt. Diese Erfolgsgeschichte ist eng verknüpft mit der städtebaulichen Planung, die stets darauf bedacht war, Wirtschaftswachstum, sozialen Zusammenhalt und nachhaltige Entwicklung miteinander zu verbinden.

Heute stehen wir vor neuen Herausforderungen: Klimawandel, demografische Veränderungen und zunehmende Digitalisierung stellen uns vor komplexe Aufgaben. Unsere Zukunftsausrichtung ist klar: Wolfsburg soll eine Stadt bleiben, die nicht nur eine Heimat für viele Menschen bietet, sondern auch Modellcharakter hat – für Nachhaltigkeit, Zukunftsfähigkeit und ein harmonisches Zusammenleben.

Qualitätsvolle Architektur und innovative Bauwirtschaft sind wesentliche Treiber dieses Wandels. Zukunftsgerichtete Bauprojekte der Vergangenheit wie das *Forum AutoVision*, die *Autostadt* oder das *phaeno Science Center* zeigen, wie modernes Design und Funktionalität miteinander verknüpft werden können. Die Bauwirtschaft ist dabei nicht nur ein wichtiger Partner, sondern auch ein bedeutender Wirtschaftsfaktor. Gemeinsam mit Architektinnen und Architekten, Planenden und Handwerksbetrieben möchten wir weiterhin eine Baukultur fördern, die sowohl ressourcenschonend als auch zukunftsweisend ist.

Unser städtebaulicher Fokus liegt aktuell auf der Weiterentwicklung der Innenstadt. Mit dem Spatenstich zum Medical Office haben wir am nördlichen Ende der Porschestraße ein erstes sichtbares Zeichen gesetzt. Ebenfalls am Nordkopf plant die Volksbank BRAWO die BRAWO City, einen Gebäudekomplex mit einem Mix aus Wohnen, Büros, Einzelhandel und Gastronomie. Für das zweite Großprojekt der Volksbank – die BRAWO Arkaden in der mittleren Porschestraße – hatte der Rat der Stadt 2024 den Bebauungsplan beschlossen, sodass der Baustart in diesem Jahr erfolgen kann. Fest steht: Die Innenstadt mit der Porschestraße wird ihr Gesicht entscheidend verändern.

Wir danken allen, die sich für den Fortschritt in unserer Stadt einsetzen – sei es in der Verwaltung, in der Wirtschaft oder in der Zivilgesellschaft. Ihre Expertise, Ihr Engagement und Ihre Ideen machen Wolfsburg zu einem lebenswerten Ort, der auf seine Vergangenheit stolz ist und mit Zuversicht in die Zukunft blickt.

Ganzheitlich und strategisch in die Zukunft

Von Jürgen Krogmann
Oberbürgermeister der Stadt Oldenburg

Abb.: Assanimoghaddam/Mittwollen

Oldenburg ist eine wachsende Großstadt: Über 176.000 Einwohnerinnen und Einwohner leben hier. Viele Menschen kommen aus beruflichen Gründen in die Huntestadt: Unsere Hochschulen leisten ambitionierte Forschung und viele Start-ups werden gegründet. Unsere Unternehmen bieten einen guten Mix an Arbeitsplätzen. Zudem kann Oldenburg mit hoher Lebensqualität punkten, die auch immer wieder durch Rankings bestätigt wird. Die Menschen finden bei uns vielfältige Freizeitmöglichkeiten direkt vor ihrer Haustür: in Sportvereinen, Kultureinrichtungen oder der freien Natur. Erst kürzlich wurde Oldenburgs Innenstadt von Befragten in Niedersachsen und Bremen erneut als sehr attraktiv eingestuft. Nach Hannover und Hamburg landeten wir bei der CIMA-Studie auf dem dritten Platz.

Als Stadtverwaltung ist es unser Ziel, die hohe Lebensqualität auszubauen. Das Bevölkerungswachstum ist unser Motor für die Stadtentwicklung. Soziale und demografische Veränderungen, der Klimawandel sowie die Transformation der Wirtschaft – diesen großen Herausforderungen stellen wir uns. Mit dem Integrierten Stadtentwicklungskonzept Oldenburg 2050 | 2035 blicken wir ganzheitlich und strategisch in die Zukunft. Den Rahmen dafür bilden neben den 17 Zielen für nachhaltige Entwicklung der UN die drei Dimensionen der Stadtentwicklung der Neuen Leipzig Charta – die gerechte Stadt, die grüne Stadt, die produktive Stadt.

Um Oldenburg weiterzuentwickeln, brauchen wir starke Partnerinnen und Partner an unserer Seite: Menschen, die Ideen haben und von unserem Standort überzeugt sind. Menschen, die bereit sind, in Oldenburg zu investieren und gemeinsam mit uns ein lebens- und liebenswertes Umfeld schaffen. In der vorliegenden Ausgabe von „Bauen + Wirtschaft" finden Sie dazu drei sehr gelungene Beispiele. Es sind Projekte, die an neuralgischen Punkten das Bild unserer Stadt nachhaltig verändert haben. Die „Drei Höfe" geben unserem Bahnhofsviertel ein neues Gesicht, an der Doktorsklappe ist dringend benötigter, attraktiver und bezahlbarer Wohnraum mit Nähe zum Wasser entstanden und das Quartier Abraham bereichert unsere Innenstadt mit einem hochmodernen Wohn- und Geschäftshaus.

Ich freue mich sehr, dass die Leserinnen und Leser sich selbst ein Bild von den Projekten verschaffen können und hoffe, dass sie Vorbilder für viele andere sein werden!

Sehenswerte(s) Bau(t)en in Niedersachsen

Wirtschaftsstandort Hannover – eine Region mit Vielfalt und Zukunftsstärke / Wirtschaftsstandort Braunschweig – Historie in Forschungskraft und städtebauliche Investitionen / Wirtschaftsstandort Wolfsburg – zukunftsweisende Perspektiven für die Innenstadt / Georg-Eckert-Campus der Leibniz-Gemeinschaft für internationale Schulbuchforschung in Braunschweig / Forschungsbau „Opticum" in Hannover / Wettbewerb Ateliergebäude Freie Kunst in Hochschule für Bildende Künste (HBK) in Braunschweig / Wettbewerbssieger Veranstaltungshalle in Wilhelmshaven / Sanierung Justizzentrum Braunschweig / Dachsanierung beim Landesmuseum Hannover / Rathaus in Neustadt am Rübenberge / Produktions- und Verwaltungsstätte Rosink in Nordhorn / Einfamilienhaus in Rotenburg (Wümme) / Wohnquartier „Herzkamp" in Hannover

WIRTSCHAFTSSTANDORT HANNOVER – EINE REGION MIT VIELFALT UND ZUKUNFTSSTÄRKE

Hannover, die Landeshauptstadt Niedersachsens, zählt zu den bedeutendsten Wirtschaftsstandorten Deutschlands. Mit ihrer strategisch zentralen Lage, einer erstklassigen Infrastruktur und einem breiten Branchenmix bietet die Region ideale Bedingungen für Unternehmen, Fachkräfte, Start-ups und Studierende. Die Region Hannover umfasst 21 Kommunen und beheimatet mehr als 50.000 Unternehmen. Sie vereint wirtschaftliche Dynamik und Innovationskraft mit einer hohen Lebensqualität. Grüne Oasen wie die Herrenhäuser Gärten, der Stadtwald Eilenriede oder der Maschsee bieten Raum zum Durchatmen und sorgen für eine gelungene Balance zwischen pulsierendem Stadtleben und entspanntem Naturgenuss.

Hannover liegt im Herzen Europas und ist ein wichtiger Verkehrsknotenpunkt mit exzellenter Anbindung und Infrastruktur. Der internationale Flughafen Hannover-Langenhagen verbindet die Region mit weltweiten Zielen, während der ICE-Bahnhof und ein engmaschiges Autobahnnetz die Anbindung an nationale und internationale Märkte sichern. Auch der Binnenhafen Hannover spielt für den Gütertransport eine bedeutende Rolle.

Darüber hinaus punktet die grüne Metropole neben einer fahrradfreundlichen Infrastruktur und einem hervorragenden ÖPNV-Netz mit innovativen Mobilitätskonzepten wie Car-Sharing-Angeboten und dem Rufbus „sprinti", einem On-Demand-Service der Region Hannover. Dank dieser hervorragenden Anbindung und Infrastruktur sowie der Vielfalt an Lebens- und Arbeitsmöglichkeiten gilt Hannover heute als Drehkreuz der niedersächsischen Infrastruktur.

Hannover ist tradierter Messe- und Kongressstandort und verbindet diesen Ruf mit modernen Ansätzen und nachhaltigen Konzepten. Nicht zuletzt im Bereich Kongress- und Veranstaltungsmanagement

Hannover: Deutsche Messe Abb.: Deutsche Messe AG

überzeugt Hannover durch eine breite Auswahl an Locations – vom historischen Schloss Herrenhausen über innovative Räume wie dem Prunksaal des Maharadschas im Erlebnis-Zoo Hannover bis hin zu ehemaligen Expo-Pavillons. Das Spektrum ist vielfältig.

Mit innovativen Co-Working-Spaces wie dem Hafven in der Nordstadt oder der Science Area 30X in Marienwerder werden kreative Arbeitsumgebungen geschaffen, die Wissenschaft, Forschung und Start-ups vernetzen. Hannover fördert aktiv Unternehmensgründungen und -ansiedlungen. Einrichtungen wie hannoverimpuls bieten Start-ups und kleinen Unternehmen gezielte Unterstützung – von Finanzierungslösungen bis hin zur Vernetzung. Auch das Hannover Kongress- und Veranstaltungsbüro der Hannover Marketing GmbH (HMTG) hilft kostenlos bei der Organisation erfolgreicher Events und bietet Services wie Hotelvermittlung, Eventpakete und eine umfassende Beratung.

Als Zentrum für Wissenschaft und Forschung, besonders im Bereich der Nachhaltigkeit und erneuerbaren Energien, genießt die Region internationales Ansehen. Vier renommierte Hochschulen – die Leibniz Universität, die Hochschule Hannover, die Medizinische Hochschule sowie die Musikhochschule –, hochkarätige Privatakademien und Fachhochschulen sowie Forschungsprojekte von internationaler Strahlkraft machen den Wissenschaftsstandort Hannover vielseitig und das wissenschaftliche Netzwerk stark. Auch nach dem Studium ist Hannover eine gute Wahl. Die niedersächsische Landeshauptstadt ist einer der führenden Wirtschaftsstandorte Norddeutschlands und bietet hervorragende Zukunftsperspektiven.

Hannover: einer der bedeutendsten Wirtschaftsstandorte Deutschlands Abb.: Lars Gerhardts

WIRTSCHAFTSSTANDORT BRAUNSCHWEIG – HISTORIE, FORSCHUNGSKRAFT UND STÄDTEBAULICHE INVESTITIONEN

„Wir sind eine wachsende Stadt, in der die Menschen gerne leben wollen. Es lohnt sich, in Braunschweig zu investieren", sagte Braunschweigs Oberbürgermeister Dr. Thorsten Kornblum auf der Immobilienmesse Expo Real in München 2024. Als Oberzentrum einer der forschungsintensivsten Regionen Europas übt die Löwenstadt mit attraktiven Arbeits- und Karrieremöglichkeiten Anziehungskraft auf hoch qualifizierte Fachkräfte in Wissenschaft und Wirtschaft aus. Über die Jahrhunderte brachte Braunschweig viele helle Köpfe hervor und ist mit seinen enormen Forschungs- und Entwicklungsaktivitäten an international renommierten Instituten weltweit spitze.

Die Dynamik der Stadt zeigt sich auch in zahlreichen Flächenentwicklungs- und Bauprojekten im gesamten Stadtgebiet. In Braunschweig ist eine Reihe von Projekten in Vorbereitung, die die heutigen Ansprüche an städtebaulich verdichteten und funktional durchmischten Quartiere aufgreifen und harmonisch an die gewachsene Stadt anbinden.

Dazu gehört u.a. die Bahnstadt, ein 300 ha großes Potenzialgebiet ehemaliger Bahnflächen auf der Rückseite des Hauptbahnhofs. Im der Innenstadt zugewandten Bahnhofsquartier, direkt vor dem Hauptbahnhof als zentraler Mobilitätsknoten gelegen, sollen auf rund 18 ha Fläche etwa 155.000 m² Bruttogeschossfläche entstehen, ein Großteil für Wohnen und Gewerbe. Als Quartier für alle bietet es damit vielen Menschen in unterschiedlichen Lebensphasen nicht nur einen Ort zum Arbeiten, sondern auch ein Zuhause in lebendiger Nachbarschaft mit kulturellen und sozialen Einrichtungen. Das Bahnhofsquartier soll als neuer Brückenkopf zwischen City und Hauptbahnhof fungieren. Mit einer Zertifizierung für Nachhaltiges Bauen soll das Bahnhofsquartier Vorbild sein für die weiteren Teilbereiche der Bahnstadt.

Auf dem bisherigen Klinikareal Holwedestraße soll ein neues Quartier mit etwa 300 Wohneinheiten in zentraler Lage am Rande der Innenstadt entstehen, nachdem das Städtische Klinikum mit den bisher dort befindlichen Einrichtungen 2024 in eine moderne Zentralklinik im Süden der Stadt umgezogen ist. Am Standort Holwedestraße wird dann ein städtebaulich und architektonisch anspruchsvolles, nachhaltiges Wohngebiet mit verschiedenen Wohnformen, gemeinschaftlichen und kleingewerblichen Einrichtungen sowie einer großzügigen Grünachse entlang der Oker realisiert.

In der Innenstadt schaffen derweil öffentliche und private Investitionen neue Perspektiven, insbesondere für großflächige Leerstands-Immobilien. Beim früheren Einkaufszentrum „Burgpassage" ist die Stadt Braunschweig einen für sie neuen Weg gegangen. Nach den gescheiterten Plänen des Eigentümers zum Umbau des Einkaufszentrums zu einer offenen Ladengasse und dem folgenden jahrelangen Leerstand hat die Stadt das Objekt in diesem Jahr selbst erworben. Über ihre Tochtergesellschaft Struktur-Förderung Braunschweig GmbH entwickelt sie das Grundstück nun selbst – mit einem dreizügigen Nutzungskonzept. Die bekannte Hotelkette Motel One wird hier einen Standort eröffnen. Die Stadt selbst nutzt einen Teil der Fläche für den dringend benötigten Erweiterungsbau des benachbarten Gymnasiums „Kleine Burg". Dritter Baustein sind die geplanten 35 Eigentumswohnungen, die den neuen Nutzungsmix komplettieren. In Anlehnung an die Historie dieses zentralen Innenstadt-Standorts trägt das Gesamtprojekt den Namen „Stiftshöfe".

Braunschweig: Burgplatz mit historischen Gebäuden
Abb.: Braunschweig Stadtmarketing GmbH/Christian Bierwagen

Braunschweig: Das ehemalige Karstadt-Kaufhaus soll zum „Haus der Musik" werden
Abb.: Stadt Braunschweig

Im ehemaligen Karstadt am Gewandhaus soll das „Haus der Musik" entstehen. Es soll die städtische Musikschule, die dringend neue Räume benötigt, mit einem Konzerthaus überregionaler Strahlkraft kombinieren. Gemeinsam mit den Eigentümern der Immobilie, der Familie des 2024 verstorbenen Braunschweiger Unternehmers Friedrich Knapp, hat die Stadt eine Kooperationsvereinbarung geschlossen. Geplant ist die Gründung einer Stiftung, die den Um- oder Neubau der Immobilie sowie anschließend den Betrieb des Hauses der Musik trägt.

Beide Projekte zahlen neben der vom Rat beschlossenen Innenstadtstrategie auch auf das Investitionspaket „Bildungs- und Arbeitsort Braunschweiger Innenstadt" ein. Dessen Kern ist die verstärkte Ansiedlung frequenzbringender Bildungseinrichtungen, um die Innenstadt zusätzlich zu beleben.

Und auch für den dritten großflächigen Leerstand entsteht aktuell eine neue Perspektive: das 2020 geschlossene Galeria-Warenhaus. Gemeinsam mit der Volksbank BRAWO als Eigentümerin der Immobilie hat sich die Stadt auf einen zweistufigen Architekturwettbewerb verständigt. In der ersten Wettbewerbsrunde, die in Kürze starten soll, sind städtebauliche Ideen für die Umgestaltung der anliegenden Straße „Bohlweg" samt Schlossplatz und das angrenzende Magniviertel gefragt. Im zweiten Schritt sollen darauf aufbauend konkrete Nutzungsszenarien für das Galeria-Gebäude entstehen.

Mit dem Research Airport Braunschweig beherbergt die Löwenstadt darüber hinaus einen der bedeutendsten Cluster für Mobilitätsforschung in Europa. Von autonomem Fahren über emissionsarmes Fliegen bis zur Drohnenforschung arbeiten mehr als 3.700 Beschäftigte in Forschungseinrichtungen und innovativen Unternehmen an der Frage, wie sich mobile Zukünfte gestalten und miteinander vernetzen lassen. Hinzu kommt das für die Mobilität maßgebliche Thema der Energieversorgung und -speicherung.

Der Standort zeichnet sich durch intensive Kooperationen zwischen Wissenschaft und Wirtschaft aus – und durch sein städtebauliches Potenzial. Die Infrastruktur am Research Airport ist nicht zuletzt dank des Verkehrsflughafens mit seiner 2,3 km langen Landebahn einmalig. Das Umfeld ist mit dem Deutschen Zentrum für Luft- und Raumfahrt, dem Luftfahrt-Bundesamt, den Niedersächsischen Zentren für Fahrzeugtechnik und für Luftfahrt sowie Hidden Champions aus der Wirtschaft enorm innovativ. Der Research Airport bietet Gewerbe-, Büro- sowie Entwicklungsflächen für verschiedenste Anforderungen. Die Flughafen Braunschweig-Wolfsburg GmbH verfügt über Potenzialflächen von insgesamt rund 7 ha, die sie auf Basis einer städtebaulichen Skizze weiterentwickelt. Bereits erschlossen und vermarktbar sind zudem städtische und private Sonderflächen für Ansiedlungen aus den Bereichen Luft- und Raumfahrt sowie Verkehrstechnik.

Alle Infos zur Stadt Braunschweig und zu laufenden und geplanten Projekten sind unter www.braunschweig.de zu finden.

WIRTSCHAFTSSTANDORT WOLFSBURG – ZUKUNFTSWEISENDE PERSPEKTIVEN FÜR DIE INNENSTADT

Wolfsburg – kaum eine andere Stadt hat in ihrer jungen Geschichte einen solchen städtebaulichen Wandel durchlebt und steht heute für einen starken Wirtschaftsstandort mit Innovationskraft und Dynamik. Insbesondere die Haupteinkaufsstraße der Innenstadt hat bis heute verschiedene Entwicklungsstufen durchlaufen. Seit den 1970er Jahren wandelte sich die einst vierspurige Straße in eine moderne Innenstadt. Die Entwicklung von einer Industrie- und Arbeitersiedlung hin zu einer attraktiven Freizeit- und Erlebnisstadt war das Hauptziel der Stadtentwicklung.

Heutzutage stehen Innenstädte deutschlandweit unter enormem Veränderungsdruck. Die Stadt Wolfsburg begegnete dieser Transformation mit der Erarbeitung des Entwicklungskonzepts Innenstadt. Es bildet den gemeinschaftlichen strategischen Rahmen zur Gestaltung eines lebendigen Zentrums. Mit dem Beschluss für das Entwicklungskonzept Innenstadt wurde ein richtungsweisendes Zeichen gesetzt. Das Bau- und Wirtschaftsdezernat der Stadt Wolfsburg koordinieren gemeinsam mit der Wolfsburg Wirtschaft und Marketing GmbH (WMG) den Gesamtprozess.

Das unter Federführung der WMG erarbeitete Entwicklungskonzept besteht aus drei Bausteinen: Kompass, Regiebuch und Roadmap Innenstadt, die lang-, mittel- und kurzfristig wirken sollen. Insgesamt formuliert das Konzept somit eine klare Vorstellung für eine positive Zukunftsvision und ein künftiges Selbstverständnis der Innenstadt und definiert dessen Entwicklung als gesamtgesellschaftliche Aufgabe. Zudem skizziert es Handlungsempfehlungen und zentrale Projekte, die in den nächsten Jahren konkret angegangen werden sollen. Dabei spielte die Beteiligung unterschiedlicher Akteure stets eine zentrale Rolle. Erarbeitet wurde das Konzept in großen Teilen im Rahmen des niedersächsischen Sofortprogramms „Perspektive Innenstadt!", finanziert durch REACT-EU-Mittel und als Teil der Reaktion der Union auf die COVID-19-Pandemie.

Mit dem vorliegenden Entwicklungskonzept Innenstadt verständigen sich Politik, Verwaltung und Wirtschaftsförderung, es bei allen Projekten mitzudenken und die Projekte fokussiert umzusetzen. Schließlich ist

Wolfsburg Abb.: WMG Wolfsburg, Jens L. Heinrich

Wolfsburg: BRAWO Arkaden — Abb.: StructureLab GmbH

das gemeinsame Ziel klar: Mehr Menschen verbringen mehr Zeit in der Wolfsburger Innenstadt.

Nordkopfquartier Mitte: Als eines der zentralen Projekte aus der Roadmap Innenstadt soll im nördlichen Bereich der Innenstadt ein modernes und nachhaltiges Quartier zum Leben und Arbeiten entstehen. Ziel der Planungen ist es auch, rund um den Wolfsburger Hauptbahnhof ein attraktives Eingangstor zur Stadt und nachfragegerechte Flächen für den Wirtschaftsstandort zu entwickeln. Gleichzeitig gilt es, die Vernetzung zwischen den touristischen Destinationen (Autostadt, Science Center phaeno und Designer Outlets Wolfsburg) und dem mittleren Bereich der Innenstadt zu stärken. Aufbauend auf den Inhalten des Kompass Innenstadt wurde das dänische Planungsbüro Henning Larsen Architects mit der partizipativen Entwicklung einer konzeptionellen und städtebaulichen Grundidee beauftragt. Moderne Wohn- und Arbeitsformen sollen hier ebenso präsent sein wie Handel, Gastronomie, Freizeit- und Kulturangebote. Zusätzlich soll ein neuer Mobilitätshub entwickelt werden. Mit dem Medical Office entsteht auf 1.500 m² das erste sichtbare Bauvorhaben. Das Gebäude sieht eine Nutzungsmischung aus der Audi BKK als Ankermieterin, dem Gesundheitsamt, Arztpraxen und Gastronomie vor, die zur Frequenzsteigerung beiträgt. Im November 2024 erfolgte der Spatenstich und für 2026 ist die Fertigstellung geplant.

„BRAWO City": Die Volksbank BRAWO engagiert sich mit dem Projekt „BRAWO City" für die nachhaltige Aufwertung und Belebung der Wolfsburger Innenstadt im nördlichen Bereich. Auf rund 20 ha wird die „BRAWO City" Wohnen, Arbeiten, Einkaufen und Freizeit in einem 24-Stunden-Quartier vereinen. Zentrales Erkennungsmerkmal des Areals bildet ein 13-geschossiges Hochhaus, das für die Gewerbe- und Büronutzung vorgesehen ist und Passanten vom Hauptbahnhof in Richtung Innenstadt leiten soll. Neue Wegeverbindungen sorgen für eine städtebauliche Durchlässigkeit des Quartiers und verknüpfen die Innenstadt mit den angrenzenden Quartieren. Neben moderner Architektur überzeugt das Projekt auch mit seiner nachhaltigen, klimafreundlichen Bauweise. Langfristig gesehen wird das neue Quartier zu einem zentralen Bestandteil des Zentrums werden und eine Schlüsselrolle in der städtischen Entwicklung der kommenden Jahre spielen. Bis zum Baubeginn wird die Fläche der „BRAWO City" als Erholungs- und Veranstaltungsfläche zwischengenutzt.

„BRAWO Arkaden": Ein weiteres Großprojekt der Volksbank BRAWO sind die „BRAWO Arkaden" – ein Vorzeigeprojekt in den Bereichen Nachhaltigkeit und Mobilität mit modernen Flächen für Handel, Gastronomie, Büro und Wohnen im mittleren Bereich der Innenstadt. Mit dem Rückbau der Bestandsgebäude, der Revitalisierung von Flächen als auch Neubauten werden die „BRAWO Arkaden" zu einem zentralen Ort im Innenstadtkern. Mit der Fertigstellung des 1. Bauabschnitts ist ab 2028 zu rechnen.

GEORG-ECKERT-CAMPUS DER LEIBNIZ-GEMEINSCHAFT FÜR INTERNATIONALE SCHULBUCHFORSCHUNG, BRAUNSCHWEIG

Der Georg-Eckert-Campus, der von Sehw Architektur geplant wurde, ist ein moderner Forschungs-Campus des Georg-Eckert-Instituts für internationale Schulbuchforschung in Braunschweig als Teil der Leibniz-Gemeinschaft. Das Bauvorhaben umfasst den Neubau einer Bibliothek sowie die Sanierung und Ertüchtigung bestehender Gebäude. Die Villa von Bülow, ein klassizistisches Gebäude aus dem 19. Jh., steht unter Denkmalschutz und wurde behutsam saniert. Das ehemalige Schwesternwohnheim des angrenzenden Klinikums aus den 1970er Jahren wurde dem Forschungscampus zugeschlagen, ebenfalls saniert und zum Verwaltungsgebäude umgenutzt. Eine filigrane Glasbrücke verbindet den Neubau mit den Bestandsgebäuden und schafft eine spannungsreiche Identitätsbildung zwischen Alt und Neu.

Der zweigeschossige Bibliotheksneubau ist das Herz und Gesicht des Ensembles. Das Erdgeschoss ist transparent gestaltet und ermöglicht Einblicke in den umfassenden Bücherbestand des Instituts sowie Durchblicke in den dahinter liegenden Park. Die fein strukturierten und perforierten Metallelemente im Obergeschoss in eloxiertem Aluminium lassen den Baukörper leicht erscheinen inmitten des Grüns des Parks und setzen ihn von den verputzten Volumen der Bestandsgebäude deutlich ab.

Mit einer Gesamtfläche von rund 1.600 m² beherbergt die neue Forschungsbibliothek die weltweit umfangreichste internationale Schulbuchsammlung. Diese umfasst gegenwärtig rund 183.000 Print- und Online-Medien aus 180 Ländern. Die Bibliothek ergänzt diese beeindruckende Sammlung noch durch eine wissenschaftliche Sammlung mit derzeit etwa 80.000 Print- und Online-Medien. Damit bietet der Campus eine unvergleichliche Ressource für ForscherInnen, WissenschaftlerInnen sowie Studierende aus aller Welt.

Wichtiger Aspekt der Planung ist die gelungene Einbindung des baumbestandenen Parks entlang des Flusses Oker, der Braunschweig durchzieht. Die Grünflächen werden durch das Bauvorhaben nicht nur geschützt, sondern in das Gesamtkonzept einbezogen. Der Campus schafft so eine harmonische Verbindung zwischen der gebauten Umgebung und der natürlichen Landschaft. Die Nähe zur Natur bietet nicht nur eine angenehme Arbeitsatmosphäre, sondern unterstreicht auch den ökologischen Ansatz des Projekts.

Die Sensibilität im Umgang mit dem Bestand, der Erhalt des alten Baumbestands und die Erfahrung im Umgang mit hochrangigen Denkmälern waren bei der Realisierung des Projekts von entscheidender Bedeutung. Anstatt den Bestand abzureißen, wurde er respektvoll saniert und in das neue Ensemble integriert. Das Ergebnis ist ein spannungsvolles Spiel der einzelnen Gebäude, das den Campus zu einem Innovationstreiber für die Bildungsmedienforschung macht.

Die Architektur des Georg-Eckert-Campus setzt nicht nur ästhetische Akzente, sondern legt auch großen Wert auf Nachhaltigkeit durch Energieeffizienz und Suffizienz. Durch den Einsatz moderner Bautechnologien und -materialien wurden Lösungen implementiert, die den Energieverbrauch des Campus erheblich reduzieren. Durch die Entwicklung eines innovativen Tages- und Kunstlichtkonzepts wird im Zusammenspiel mit der Vorhangfassade des Bibliotheksneubaus der Bedarf an künstlicher Beleuchtung reduziert und damit der Energieverbrauch optimiert. Dadurch werden nicht nur Betriebskosten gesenkt, sondern auch der CO_2-Ausstoß minimiert. Ein weiterer Schwerpunkt liegt auf der Suffizienz, also der bewussten Reduzierung des Ressourcenverbrauchs. Durch die Sanierung und Weiternutzung be-

Georg-Eckert-Campus der Leibniz-Gemeinschaft für internationale Schulbuchforschung, Braunschweig
Abbildungen: Philipp Obkircher

Forschungsbau „Opticum", Hannover Abb.: HENN

stehender Gebäude wurde vermieden, dass große Mengen an Baumaterialien und Energie verbraucht werden mussten. Der Erhalt des historischen Bestands und die Integration in das neue Ensemble zeigen, dass nachhaltige Architektur auch den Schutz des kulturellen Erbes und die Vermeidung von Abfall und Umweltbelastung berücksichtigt, bestehende Bausubstanz vielmehr als Ressource begreift. Durch die ganzheitliche Betrachtung von Energieeffizienz, Suffizienz und Nachhaltigkeit trägt die Architektur des Georg-Eckert-Campus zu einer ökologischen und ressourcenschonenden Nutzung bei. Dies zeigt sich nicht nur in den niedrigeren Betriebskosten und dem reduzierten CO_2-Ausstoß, sondern auch in der Vorbildfunktion des Campus als nachhaltiges Bauprojekt.

Der Georg-Eckert-Campus wurde 2022 fertiggestellt und offiziell eingeweiht. Das Institut verfügt nun über eine Forschungsbibliothek mit der weltweit umfangreichsten internationalen Schulbuchsammlung und bietet optimale Arbeitsbedingungen für die MitarbeiterInnen. Die Villa von Bülow dient als Ort der Begegnung zwischen Wissenschaft und Öffentlichkeit und beherbergt Ausstellungs- und Veranstaltungsflächen, die BesucherInnen einen Einblick in die Geschichte der Bildungsmedien und des Instituts ermöglichen. Mit dem neuen Campus werden wichtige Weichen für die zukünftige Entwicklung des Georg-Eckert-Instituts gestellt.

FORSCHUNGSBAU „OPTICUM", HANNOVER

Im Wissenschaftspark Hannover-Marienwerder entsteht mit dem Opticum ein interdisziplinärer Forschungsbau für die Leibniz Universität Hannover. Hier arbeiten zukünftig Forschende und Lehrende aus Physik, Maschinenbau, Elektrotechnik, Mathematik, Informatik und Chemie gemeinsam an der Zukunft von optischen Technologien, wie sie in Smartphone-Kameras, Online-Streaming per optischer Glasfaser oder 3D-Abbildungen in der Medizin eingesetzt werden.

Die Forschung mit Laserstrahlen und hochpräzisen technischen Geräten erfordert eine robuste und sichere Umgebung. Neben dem Einsatz solider Materialien macht der Entwurf von HENN zu diesem Zweck die Topografie des Grundstücks dienstbar: Die Labore sind hauptsächlich im Erdgeschoss untergebracht, welches zum größten Teil ins Erdreich eines neu geschaffenen Hügels integriert und so natürlich geschützt ist.

In Richtung Osten öffnet sich das Gebäude zum Haupteingang. Von hier aus betreten Mitarbeitende, Studierende und Gäste das Opticum über ein großzügiges Foyer, das als Kommunikationszentrum konzipiert ist – ein Begegnungsort für alle Menschen im Gebäude, welcher fachliche und soziale Interaktion fördert. Ein großflächiges Fenster erlaubt Gästen einen Einblick in die Halle für Versuchsaufbauten und damit in die laufende Forschung.

Im leicht zurückversetzten ersten Obergeschoss sind die öffentlichen Bereiche untergebracht. In den Konferenzräumen öffnet sich über eine großflächige Verglasung der Ausblick über die grüne Umgebung. In den oberen Geschossen befinden sich Büros für konzentriertes Arbeiten sowie weitere Laborflächen. Im Zentrum des Neubaus verbindet im zweiten Obergeschoss ein mit Bäumen und Sträuchern bepflanzter Innenhof alle Bürobereiche. Er bietet die Möglichkeit zum Arbeiten im Freien sowie zum informellen Austausch.

Das Gebäude ist so konzipiert und auf dem Grundstück platziert, dass es Raum für zukünftige Entwicklungen zulässt und modular erweitert werden kann. Die daraus entwickelte polygonale Form mit abgerundeten Gebäudeecken wird von einer effizienten Hülle aus Stahl, Glas und eloxiertem Aluminium umgeben. Der teils im Hügel verborgene Sockel öffnet sich mit einer mineralischen Fassade, die in fließenden Formen die ansteigende Topographie nachzeichnet. Ihre Oberfläche fügt sich mit warmen, changierenden Farbtönen in die natürliche Umgebung ein.

Im ersten und vierten Obergeschoss umrahmen dunkel gestaltete Fassadenbänder die rötlich-changierende Vorhangfassade in den dazwischenliegenden Geschossen, deren warme Farbigkeit mit der Sockelfassade korrespondiert. Die klare Struktur ergänzen versetzt angebrachte, vertikale Sonnenschutzlamellen, welche einen spielerischen Rhythmus erzeugen. Inspiriert von der fortwährenden Bewegung der Natur, sind sie in unterschiedlichen Winkeln montiert. Auf den Dachflächen erzeugen Photovoltaikanlagen Strom für die energieintensive Forschung im Inneren.

Das Opticum schafft Raum für Innovation und Synergien in der hoch spezialisierten interdisziplinären Forschung. Es wird zum wichtigen Baustein des internationalen Forschungsnetzwerks, welches die Schlüsseltechnologien für die digitale Welt von morgen weiterentwickelt.

Am 15. April 2024 ist der Grundstein für das Opticum gelegt worden – die Fertigstellung ist für 2026 geplant.

WETTBEWERB ATELIERGEBÄUDE FREIE KUNST, HOCHSCHULE FÜR BILDENDE KÜNSTE (HBK), BRAUNSCHWEIG

Das Land Niedersachsen beabsichtigt, auf dem Grundstück Broitzemer Straße 25 – 28/Ecke Pippelweg in direkter Nachbarschaft zu den bestehenden Hochschulgebäuden der HBK einen Ersatzneubau für den Studiengang Freie Kunst zu errichten. Das Raumprogramm beinhaltet Fachklassen für die Studiengänge Bildhauerei, Skulptur und Malerei, ferner Dienstateliers der Professorinnen und Professoren, Sonderarbeitsplätze sowie die zugehörigen Betriebs- und Nebenräume. Der Entwurf von eisfeld engel Architekten BDA aus Hamburg, der in einem vom Staatlichen Baumanagement Braunschweig ausgelobten nichtoffenen, einphasigen Architekturwettbewerb ausgewählt worden ist, umfasst insgesamt ca. 3.500 m² BGF.

Der Entwurf für das neue Ateliergebäude Freie Kunst entwickelt aus dem Wunsch nach einer innenräumlich hochflexiblen Struktur mit hallenartigen, gleichwertigen Räumen und den besonderen städtebaulichen Anforderungen seine architektonische Gestalt und Prägnanz im Stadtraum. Neben der robusten Grundrisstypologie trägt auch die Wahl des nachwachsenden Rohstoffes Holz für Teile der Konstruktion und die Fassade maßgeblich dazu bei, dass sich der Neubau als nachhaltiges und zeitgemäßes Campusgebäude präsentiert.

Das direkte Umfeld ist geprägt von sehr heterogenen Baustrukturen mit variierender Höhenentwicklung und unterschiedlichen Nutzungen. Das Grundstück schließt unmittelbar südlich an den Campus der HBK an und liegt an der Schnittstelle zu einem bestehenden Gewerbegebiet im Südwesten. Das neue Ateliergebäude setzt seinen Schwerpunkt vis-à-vis der Hochschulgebäude entlang der Broitzemer Straße, deren Richtung und Höhe es aufnimmt, und staffelt sich zu den eingeschossigen Gewerbehallen im Süden um ein Geschoss ab. Durch den Versatz der Gebäudeflucht reagiert der Baukörper auf den Straßenverlauf des Pippelwegs. Das Gesicht des Neubaus wendet sich dem bestehenden Campus zu und schafft eine Adressbildung zur Ecke Broitzemer Straße/Pippelweg.

Die Identität des Ateliergebäudes wird geprägt durch eine das gesamte Obergeschoss überspannende Sheddachkonstruktion. Sie gibt dem horizontal gerichteten Baukörper einen Rhythmus und fasst die unterschiedlichen Gebäudehöhen zu einer einheitlichen Form zusammen. Sie ist jedoch nicht nur gestalterisches Element, sondern vor allem Abbild der inneren Nutzung.

Die verschiedenen Fachklassen werden entsprechend ihren Anforderungen als gleichwertige Module ausgebildet und übereinander gruppiert. Im Erdgeschoss befinden sich die Ateliers für Skulptur und Bildhauerei mit direkter Anbindung an die Anlieferung und die dazugehörigen Außenbereiche, im Dachgeschoss die Malerateliers, die über die Sheddächer blendfreies Nordlicht erhalten. Die von allen Fachklassen genutzten Sonderarbeitsplätze im ersten Obergeschoss können von den Ateliers auf kurzem Wege über einen Lastenaufzug erreicht werden. Die Ateliers sind als hallenartige Räume konzipiert, die nach den Wünschen der Professorinnen und Professoren durch leichte Trennwände frei unterteilt werden können, und bilden jeweils autarke Einheiten. Sie können über separate Zugänge und Treppenhäuser erschlossen werden. Gleichzeitig sind sie räumlich miteinander verkettet, sodass der Austausch unter den verschiedenen Fachklassen innerhalb des Gebäudes ermöglicht und gefördert wird.

Das Gebäude ist als Holz-Beton-Hybridkonstruktion konzipiert. Der Anteil der Betonelemente wird auf die Bauteile reduziert, bei denen

aufgrund von statischen oder brandschutztechnischen Anforderungen eine massive Bauweise von Vorteil ist. Erschließungskerne, Stützen und Unterzüge sowie die Decken über den Ateliers werden aus Recycling-Beton hergestellt. Für die Stützen wird in Gebäudelängsrichtung ein Achsabstand von 7,50 m gewählt. Innerhalb dieses Rasters lassen sich alle Anforderungen des Raumprogramms variabel abbilden.

Die raumabschließenden Wandelemente werden als vorgestelltes System in Holzrahmenbauweise außerhalb der Tragkonstruktion angeordnet. Die elementierte Bauweise ermöglicht über den hohen Vorfertigungsgrad eine schnelle Montage vor Ort.

Das Dach überspannt eine Konstruktion aus schlanken Stahl-Vierendeelträgern, die das Stützenraster der darunterliegenden Geschosse aufnimmt. Für die Dachflächen werden Brettsperrholz-Kastenelemente vorgesehen.

Als äußere Bekleidung der geschlossenen Fassadenbereiche ist eine senkrechte, vorvergraute Fichtenholzschalung geplant. Holz vereint die Vorzüge einer nachhaltigen Bauweise mit einer hohen haptischen Qualität, die der Nutzung eines Ateliergebäudes angemessen ist. Ein flacher Sockel aus hell pigmentierten, geschliffenen Betonfertigteilen grenzt den Baukörper zum Boden hin ab.

Der Entwurf verfolgt ein ganzheitliches Nachhaltigkeitskonzept. Dazu tragen die kompakte Bauweise, die Langlebigkeit aufgrund der Nutzungsflexibilität und die Verwendung nachwachsender und recycelter Baustoffe bei. Die Ausrichtung des Baukörpers begünstigt zudem die Integration erneuerbarer Energien: Die in Richtung Süden geneigten Dachflächen werden vollflächig mit Photovoltaikmodulen zur Stromerzeugung belegt.

Das Projekt befindet sich aktuell in der Entwurfsplanung.

Wettbewerb Ateliergebäude Freie Kunst, Hochschule für Bildende Künste (HBK), Braunschweig (Siegerentwurf) Abbildungen: eisfeld engel Architekten BDA

Wettbewerbssieger Veranstaltungshalle, Wilhelmshaven
Abb.: Quelle pbr Architekten Ingenieure, Hamburg

WETTBEWERBSSIEGER VERANSTALTUNGSHALLE, WILHELMSHAVEN

Um künftig wieder große Veranstaltungen, Konzerte, Messen, Bälle und Events in Wilhelmshaven stattfinden zu lassen, hatte die Stadt zu Beginn des Jahres 2024 im Auftrag des Rates einen Architekturwettbewerb durchgeführt. Denn bereits seit einigen Jahren hat Wilhelmshaven keine betriebsfähige Stadthalle mehr.

Das Architektur- und Ingenieurbüro pbr aus Hamburg konnte sich gemeinsam mit ihrer Tochtergesellschaft pbr freiraum gegen 16 Wettbewerbsteilnehmer durchsetzen und den Wettbewerb im Mai 2024 für sich entscheiden. Ob und an welchem Ort der Stadthallen-Neubau schließlich realisiert werden kann, ist u.a. aufgrund eines Bürgerbegehrens abschließend noch nicht geklärt.

Das aktuell genutzte Veranstaltungshaus der Stadt Wilhelmshaven befindet sich auf dem Grundstück des ehemaligen Stadtfriedhofs in Wilhelmshaven. Das Gebäude, das unter Denkmalschutz stehende Pumpwerk, ist durch einen öffentlichen Park eingebunden. Der Siegerentwurf von pbr sieht vor, die neue Stadthalle im nördlichen Bereich des Grundstücks zu platzieren. Mit der polygonalen Form des Baukörpers reagieren die Architekten von pbr auf die verschiedenen funktionalen und städtebaulichen Anforderungen und entwickeln öffentlich zugängliche Bereiche mit unterschiedlichen Aufenthaltsqualitäten, wie dem Festplatz und dem Vorplatz. Die neue Stadthalle wird auf diese Weise ganz selbstverständlich als „neue Adresse" wahrgenommen.

Über die Formgebung des neuen Baukörpers erfährt das unter Denkmalschutz stehende Pumpwerk eine respektvolle Rahmung und erhält eine eigenständige Adressbildung von der Jadeallee. Die Erweiterung des Pumpwerks sehen die Architekten von pbr als eine Art Pavillon. Transparent und ruhig konzipiert, gewährleistet dieser eine gute Durchlässigkeit zwischen Innen- und Außenraum. Das Denkmal bleibt auf diese Weise als eigenständige Architektur wahrnehmbar.

Der Festplatz wird als multifunktionale Veranstaltungsfläche von Pumpwerk und Stadthalle räumlich gefasst und kann so von beiden Institutionen gleichermaßen bespielt werden. Es entsteht ein Ensemble, in dem sich die Gebäude Bezüge herstellen, in Reaktion zueinander treten, jedoch eigenständig fungieren und wahrnehmbar bleiben. Die Stadthalle stellt sich als ein ruhiger, ein- bis zweigeschossiger Baukörper dar. Ein gestaltprägendes Holzdach überspannt jegliche Funktionsbereiche. Lediglich der orthogonale Baukörper des Saals ragt aus dem Volumen heraus und bildet so einen Kontrast, der als Landmarke wirkt. Durch intelligente LED-Steuerung kann dieser als Projektionsfläche verschiedener Inhalte dienen und eine besondere Strahlkraft für Wilhelmshaven entwickeln.

Der Eingangsbereich dient des Ankommens und Orientierens. Hier ist auch der Kassenbereich angeordnet sowie der Seminarbereich, der bei Bedarf zum Eingangsbereich dazugeschaltet werden kann. Jedoch besitzt der Seminarbereich einen separaten Eingang, sodass dieser auch unabhängig von der Stadthalle für Veranstaltungen genutzt werden kann. Eine großzügige Freitreppe leitet in den Foyerbereich, der den Blick in den Park freigibt. Von hier erreichen Besucherinnen

und Besucher den Saal, der mit dem Foyer zusammengeschaltet werden kann und so unterschiedliche Nutzungsszenarien zulässt.
Schwerpunkte setzen die Materialien Holz, Glas und Klinker, die in ihrer natürlichen Ausgestaltung und Anmutung sowohl den ökologischen als auch ökonomischen Anspruch des Neubaus unterstützen. Das auskragende Dach sowie die Tragkonstruktion werden in Holz ausgebildet. Der nachwachsende Rohstoff kann vor allem im Kontext der CO_2-Einsparung sowie der Förderung eines positiven Innenraumklimas seine Stärken ausbilden. Vergleichend zu einer konventionellen Betonkonstruktion wird 50 Prozent des CO_2-Fußabdruckes innerhalb der Konstruktion minimiert. Hinsichtlich des Gesamtbaukörpers führt das inklusive der Tragkonstruktion zu einer CO_2-Einsparung von 10 Prozent. Das auskragende Vordach dient neben dem Witterungsschutz im Eingangs- und Anlieferungsbereich auch als natürliche Verschattung und wirkt so einer Aufheizung des Gebäudes passiv entgegen. Für die opaken Fassaden sehen die Architekten von pbr Klinker als regionaltypisches Material vor, um den neuen Baukörper entsprechend in der Umgebung zu verankern. Im Hinblick auf seine Langlebigkeit und seinen wartungsarmen Charakter erfüllt das Material alle Ansprüche an eine hochwertige und dauerhafte Fassade. Ein zukünftiges Potenzial wird zudem in der Möglichkeit gesehen, diesen Baustoff aus Sekundärquellen zu beziehen und damit im besten Sinne nachhaltig zu wirken. Gleiches gilt für die Erweiterung des Pumpwerks. Die Glasfassade setzt den dritten Baustein im Materialkanon und fördert mit ihrer hohen Transparenz die Verzahnung mit der Umgebung und unterstützt das Gebäude und seiner Akzeptanz.
Das Gesamtensemble des Pumpwerks erfährt durch die schließende städtebauliche Setzung auch eine strukturelle, freiraumplanerische Nutzungserweiterung. Durch die neue zusammenfassende Erschließung entsteht ein ganzheitliches lebendiges Kulturquartier. Der neue Vorplatz der Stadthalle bildet sich als offene, großzügige Adresse als Auftakt der Kulturquartierserschließung aus, vernetzt bestehende und neue Angebote behutsam und öffnet sich angemessen zur Wasserkante.
Die bei der Bevölkerung gut angenommenen, identitätsstiftenden Außenflächen des Pumpwerks bleiben in großen Teilen im Bestand und werden durch eine Tribünensituation ergänzt. Bei größeren Konzerten kann die zentrale, freigelassene Festwiese genutzt werden. Eine zurückgenommene Wegestruktur umfasst die Bolz- und Festwiese und leitet verbindend die Gebäudeensemble.
Die große Dachfläche der Stadthalle besitzt ausreichend Flächenpotenzial für naturschutzfachlich-sinnvolle Begrünungen. Geplant ist ein Biodiversitätsdach, das neben der Förderung der Artenvielfalt auch energetische, mikroklimatische und CO_2-bindende Vorteile bietet.
Das Regenwassermanagement baut sich kaskadenartig auf. Die mit Photovoltaik-Modulen belegte Dachfläche leitet die Regenspenden zu dem tiefer liegenden Biodiversitätsdach. Speichermodule stellen der Vegetation auf dem 0-Prozent-Dach dauerhaft ausreichend Wasser zur Verfügung.

Wettbewerbssieger Veranstaltungshalle, Wilhelmshaven
Abbildungen: Quelle pbr Architekten Ingenieure, Hamburg

Sanierung Justizzentrum Braunschweig Abb.: Andreas Bormann

SANIERUNG JUSTIZZENTRUM BRAUNSCHWEIG

Die Odyssee des Oberlandesgerichts Braunschweig, das in der Vergangenheit an unterschiedlichen Standorten untergebracht war, hat seit dem Jahr 2023 ein Ende: Gemeinsam mit der Generalstaatsanwaltschaft hat es seitdem seinen Sitz in einem geschichtsträchtigen, Anfang des 19. Jh. erbauten Gebäude inmitten der Löwenstadt.

Um den Beschäftigten ein zeitgemäßes Arbeiten zu ermöglichen, hat das Staatliche Baumanagement Braunschweig das denkmalgeschützte Gebäude zu einem modernen Justizzentrum umgebaut. Im Zusammenspiel von rund 45 Gewerken galt es, 140 Räume auf rund 4.600 m² Nutzfläche umfangreich zu sanieren, neue Sitzungssäle zu schaffen und einen Erweiterungsbau zu errichten. Im Zuge der Sanierung wurden sämtliche Oberflächen im Inneren des Gebäudes sowie die Fassade des Innenhofs aufgearbeitet. Hier war anspruchsvolle Detailarbeit gefragt, etwa bei den Natursteinbelägen und handwerklich gefertigten Keramikfliesen in den repräsentativen Treppenhäusern. Aufgrund von Asbestbelastung mussten 900 m² Estrich vollständig zurückgebaut und ersetzt werden.

Die historischen Gebäudestrukturen berücksichtigend, wurden vier neue Sitzungssäle errichtet. Dabei wurde ein stark verbauter, historischer Saal wiederentdeckt und auf Basis restauratorischer Untersuchungen als Besprechungsraum neu in Szene gesetzt. Um die Sicherheit der Beschäftigten sowie der Besucherinnen und Besucher zu gewährleisten, hat das Staatliche Baumanagement Braunschweig im repräsentativen Eingangsbereich eine neue, auf die bauliche Gestaltung abgestimmte Sicherheitsschleuse eingebaut.

Zum Innenhof hin ermöglicht ein Erweiterungsanbau die Unterbringung eines barrierefreien Aufzugs sowie öffentlicher Sanitäranlagen, Teeküchen und einer Vorführzelle. Gestalterisch fügt sich der Erweiterungsbau nach Plänen der Krekeler Architekten Generalplaner GmbH aus Braunschweig in den Bestand ein.

Eine besondere Herausforderung bei der Baumaßnahme war es, die Anforderungen an den Denkmalschutz und die hohen Sicherheitsstandards eines Justizgebäudes in Einklang zu bringen. Das galt auch für den Brand- und Schallschutz sowie die Erneuerung der Technik – inklusive Erneuerung und Erweiterung der Heizungs- und Lüftungsanlagen sowie der Elektro- und Dateninstallation. Die Baukosten betrugen 15,4 Mio. Euro.

DACHSANIERUNG, LANDESMUSEUM HANNOVER

Das Landesmuseum in Hannover ist das größte staatliche Museum Niedersachsens. In dem 1902 fertiggestellten Gebäude werden u.a. die sogenannten Kunstwelten in Oberlichtsälen präsentiert. Um die wertvollen Exponate vor direktem Sonnenlicht zu schützen, musste das Museum die Glasdächer jedes Jahr mit hohem Aufwand kalken lassen. Trotz dieser Maßnahme führten die einfachen Glasdächer in den Sommermonaten zu hohen Temperaturen in den Ausstellungsräumen.

In den vergangenen Jahren wiesen die Glasdächer erhebliche Undichtigkeiten auf. Zum einen war Wasser in den Ausstellungsraum eingedrungen, zum anderen war durch ein zu großes Temperaturgefälle Kondensationsfeuchte entstanden.

Es hatte dringender Handlungsbedarf bestanden, sodass das Staatliche Baumanagement Hannover eine Machbarkeitsstudie erarbeitete. Diese ergab, dass der Ersatz der Glasdächer durch eine wärmegedämmte, lichtundurchlässige Konstruktion die beste Option war. Wesentliche Vorteile: Die Kunstwerke sind vor direkter Sonneneinstrahlung und starken Temperaturschwankungen geschützt. Der Aufwand für das jährliche Kalken entfällt, und die Klimatisierung ist leichter möglich.

Kernpunkt des Deckendesigns war es, die ursprüngliche Charakteristik eines durch Tageslicht erfüllten Raumes beizubehalten. Die Museumsgäste sollten das Gefühl haben, Kunst unter freiem Himmel zu betrachten. So setzte das Staatliche Baumanagement im Jahr 2023 ein neues Lichtkonzept um. Für die neuen LED-Lichtdecken ließ es verschiedene Varianten im Lichtlabor der Hochschule für angewandte Wissenschaft und Kunst in Hildesheim entwickeln.

Als Ergebnis wurde eine mehrschichtige „Tageslichteffektdecke" speziell für das Landesmuseum erstellt, die selbst im gedimmten Zustand eine hohe visuelle Qualität hat, ohne die Kunst bei maximaler Helligkeit zu schädigen. Ein eingebautes farbiges Gitter, das sogenannte Grid, sorgt für eine betrachtungsabhängige Dynamik – den „Tageslichteffekt".

Eine besondere Herausforderung bei dieser 7,6 Mio. Euro teuren Baumaßnahme war die Integration der Klima- und Lüftungstechnik sowie der Einbau der mehrschichtigen Lichtdecken in ein denkmalgeschütztes Gebäude. Der Dachraum ist klein und beengt, sodass die Anlagentechnik teilweise auf den Dächern verbaut werden musste. Da der Dachboden nicht tragfähig ist, musste zudem das Gewicht sämtlicher Geräte und Einbauten über neue Stahlträger auf die Außenwände abgeleitet werden.

Für die Planung zeichneten PK+ Architekten und für die Lichtplanung Studio DL, beide Hannover, verantwortlich.

Dachsanierung, Landesmuseum Hannover Abbildungen: Henning Stauch/Studio DL

RATHAUS, NEUSTADT AM RÜBENBERGE

Der Neubau des 2024 fertiggestellten Rathauses prägt mit seinem viergeschossigen Baukörper die für Neustadt am Rübenberge wichtigen städtebaulichen Achsen: Bahnhof – Innenstadt – Liebfrauenkirche – Schloss Landestrost mit dem Naturraum der Leine. In orthogonaler Ausrichtung zur Wallanlage reagiert die Gebäudekubatur mit Rücksprüngen, Durchgängen und der Formulierung neuer Platzsituationen auf diesen örtlichen Kontext. Der nach Nordwesten orientierte Cityplatz und der Ost-West-verbindende Rathausplatz verorten das Gebäude im Stadtraum.

Zieldefinition für das Braunschweiger Büro struhk architektur war die architektonische Ausbildung eines kompakten, geradlinigen Baukörpers, der sich mit seiner Größe und Funktion maßstäblich in die kleinteilige Bebauungsstruktur Neustadts einfügt und die Funktion eines wesentlichen Stadtbausteins definiert.

Unter einer Brückensituation durchlaufend, öffnet der Rathausplatz das Gebäude nach Süden in Richtung Bahnhof; er empfängt als zentrale Kommunikations- und Aktionsfläche den Bürger, gliedert das Gebäude in seine wesentlichen Funktionsbereiche und wirkt im Zusammenhang mit dem Kopfbau des Ratsgebäudes adressbildend. Der Rathausbalkon im Bereich des Brückenbauwerks unterstreicht diese Wirkung und dient in schwebender Höhe als verbindendes Element zwischen Bürgerservicegebäude/Verwaltungs-Karree und Ratsgebäude. Diese baukörperliche Differenzierung ist maßgeblich für den Entwurf. Funktional ermöglicht sie eine zeitlich separate Nutzung der beiden institutionellen Bereiche.

Das neue Rathaus bietet eine optimale Arbeitsumgebung für die Stadtverwaltung. Der nutzbare grüne Innenhof im Verwaltungs-Karree ermöglicht, dass alle Büros an der Außenfassade liegen und damit natürlich belichtet und belüftet werden können. Interne Terrassen und Mittelzonen in den Büroetagen unterstützen den Informationsaustausch, sorgen für eine lebendige Kommunikationskultur und bieten Raum für individuelle Rekreation. Teilverglasungen im Flurbereich führen das Licht in das Gebäudeinnere.

Rathaus, Neustadt am Rübenberge Abbildungen: Frank Aussieker

Vom Rathausplatz erfolgt die Erschließung der Gebäudeabschnitte. Das Foyer mit Anmeldung, Information und Tourismusbüro übernimmt die Verteilerfunktion, von hier aus gelangt man unmittelbar zum Bürgerservice sowie in die anderen Geschosse und in die Tiefgarage. Den Übergang vom Rathausplatz schafft ein repräsentatives Foyer als adäquates Entree für den Ratssaal. Multifunktional nutzbar steht dieser Raum sowohl dem Rat als auch für offizielle Veranstaltungen den BürgerInnen der Stadt Neustadt zur Verfügung. Der Rathausplatz ist sowohl an den öffentlichen Raum als auch an das Gebäude barrierefrei angeschlossen. Im Süd-Westen des Platzes lädt ein Café zum Verweilen in sonniger Atmosphäre ein. Die Rathaustreppe bildet die südöstliche Platzkante. Weiterführend in den Grünraum hinein nimmt die Gestaltung der Außenanlagen dieses Treppenmotiv auf. Somit orientieren sich die Besucher in Richtung des archäologischen Schutzgebietes, welches auf diese Weise für sie erfahrbar wird.

Der Neubau Rathaus in Neustadt am Rübenberge – als ÖPP Projekt – entspricht mit seinen Lebenszyklus- und Nachhaltigkeits-Aspekten der Zertifizierung nach dem Bewertungssystem DGNB in Gold.

PRODUKTIONS- UND VERWALTUNGSSTÄTTE ROSINK, NORDHORN

In Nordhorn haben Westphal Architekten BDA aus Bremen eine neue Produktions- und Verwaltungsstätte für den Objekteinrichter Rosink geplant und realisiert. Mit der neuen Wirkungsstätte direkt an der B213 ist eine zeitgemäße Produktionswelt, aber auch ein identifikationsstiftender Arbeits- und Aufenthaltsort für die mehr als 65 Mitarbeitenden geschaffen worden. Für die Stadt Nordhorn bedeutet dieser Firmensitz zugleich eine signifikante Imagesteigerung.

Das traditionsreiche Unternehmen Rosink Objekteinrichtungen gestaltet seit mehr als 50 Jahren Firmenzentralen und Verwaltungsgebäude, aber auch Einrichtungen des Gesundheitswesens. Es legt daher besonderen Wert auf einen repräsentativen Unternehmenssitz, sodass sich die Geschäftsführung im Jahr 2017 dazu entschlossen hatte, einen nicht offenen Architekturwettbewerb zur Errichtung des neuen Produktions- und Verwaltungsstandortes auszuloben. Insgesamt zehn Büros waren hierzu geladen; Westphal Architekten BDA konnten sich seinerzeit mit ihrem Entwurf durchsetzen und erbrachten die Architekturplanung bis zur Leistungsphase 4.

Für die mittelfristige Ausrichtung des Unternehmens hatte erheblich vergrößerter Platzbedarf bestanden, am bestehenden Produktions- und Verwaltungsstandort war Rosink diesbezüglich zuletzt an seine Grenzen geraten. An der Wehrmaate – in direkter Nachbarschaft zur Maschinenfabrik von Rosink – konnte das Unternehmen schließlich ein Grundstück erwerben, welches die Rahmenbedingungen für die Umsetzung der Zielvorstellungen erfüllte und weiteres Entwicklungspotenzial bot. Das spitzwinklig nach Norden zulaufende Grundstück befindet sich direkt an der B213 sowie in direkter Nähe zum Nordheimer Frei- und Hallenbad „Delfinoh".

Unbedingter Anspruch an den neuen Unternehmenssitz seitens der Firma Rosink war es, ein wirksames bauliches Zeichen nach innen wie auch nach außen zu setzen. Dies ist den ArchitektInnen von Westphal mit ihrer Showcase Factory gelungen und beginnt bei der Positionierung auf dem Grundstück. Der Neubau verläuft parallel zur Straße „Wehrmaate" wie auch zur viel befahrenen B213, sodass die Sicht auf den Neubau für Fahrzeuge, die aus dem Norden die Bundesstraße befahren, bereits in Gänze freigegeben ist. Dabei ermöglicht die großmaßstäblich gegliederte Fassade mit ihren Fassadeneinschnitten einen großzügigen Einblick in das Halleninnere.

Die ausdrucksstarken Fassaden stiften Identität und sorgen für Identifikation. Eloxiertes Aluminium-Trapezblech mit individueller Kantung hüllt die gesamte Produktions- und Verwaltungsstätte in ein champagnerfarbenes Kleid, das je nach Lichtsituation schimmert und changiert. Nichts stört dieses ausdrucksstarke Erscheinungsbild. Jede Tür, jedes Tor wurde bewusst und mit besonderer Liebe zum Detail platziert und so unauffällig wie möglich integriert.

Anthrazite Aluminiumfenster, die in der Verwaltung vorrangig als liegende Formate zum Einsatz kommen und teilweise geschossübergreifend über Blindfelder verbunden wurden, fügen sich harmonisch in das Fassadenbild ein. Im Bereich der Produktion betonen die großformatigen Pfosten-Riegel-Konstruktionen vor jedem neuen Sheddachabschnitt mit ihrer konisch zulaufenden Form die Hallendachkonstruktion einmal mehr.

Während der Verwaltungsbereich auf einem klassisch rechteckigen Grundriss mit zwei Geschossen und Flachdach daherkommt, zeichnet die unmittelbar angebundene Produktion, welche nach Süden hin in Reihe hinter die Verwaltung geschaltet ist, ein dynamischeres Bild –

Produktions- und Verwaltungsstätte Rosink, Nordhorn
Abbildungen: Olaf Mahlstedt, Hannover

Produktions- und Verwaltungsstätte Rosink, Nordhorn
Abbildungen: Olaf Mahlstedt, Hannover

insbesondere durch die Sheddachkonstruktion, über welche unmittelbar und eindeutig gekennzeichnet wird, in welchen Gebäudeteilen sich die Produktion befindet. Dabei entwickelt sich das Sheddach aus der Konstruktion des Stützenrasters. Eine offene Erschließungsachse, die auch zu Ausstellungszwecken und als Ort der Kommunikation dient, der sogenannte Rosinkhof, verbindet Produktion und Verwaltung dabei zu einer starken Einheit, die jederzeit systemisch vergrößert werden kann.

Ein dialogisches Verhältnis zwischen Produktion und Bürowelt prägt das Raumangebot und damit die gesamte innenräumliche Gestaltung. So haben die Architekten viel Wert auf die Entwicklung von Blickbeziehungen zwischen den unterschiedlichen Funktionsbereichen gelegt. Das Verständnis von Mitarbeitenden beider Professionen wird auf diese Weise fundamental gestärkt. Die Innenraumkonzeption kommt mit flexiblen wie auch transparenten Strukturen, einer positiven Arbeitsatmosphäre und der Option, jederzeit auf wachsende wie auch schrumpfende Arbeitsbereiche reagieren zu können, daher. Die moderne Büroarbeitswelt setzt sich u.a. aus Kombibüros, Coffee-Points, Kurzbesprechungszonen und High-Meeting-Points zusammen. Dabei ermöglicht die großzügige Verglasung stets den Blick in die umgebende Landschaft.

Nach Süden entwickelt sich eine raumhohe Verbindung über den Rosinkhof in die Produktion, in der die Anlagensteuerung nun vollständig digital in einem neuen Maschinenpark mit vernetzten und verketteten Maschinen erfolgt. Rosink verkürzt darüber die Durchlaufzeiten bei der Herstellung von Objekteinrichtungen enorm. An der Nahtstelle von Verwaltung und Produktion befindet sich ein großzügiger Aufenthalts- und Mehrzweckraum.

In Bezug auf nachhaltiges Bauen sind es bereits simple Details, die eine große Wirkung entfalten, in der neuen Showcase Factory. So wurden die freien Dachflächen der Produktionshalle vollständig mit PV-Modulen belegt. Durch die Ausrichtung der Sheddach-Flächen Richtung Süden ergibt sich ein hohes Potenzial für solare Gewinne. Ferner gewährleistet die Sheddach-Technologie mit dem hohen Anteil transparenter Fassadenflächen eine maximale Tageslichtausnutzung. Das weit spannende Tragwerk erlaubt insbesondere in der Produktion eine langfristige Nutzungsflexibilität, sodass etlichen Produktionsszenarien und einer späteren möglichen Umnutzung nichts im Wege steht.

Die Wärmeerzeugung erfolgt im Sinne des Kreislaufgedankens ausschließlich durch die Verwertung der produktionseigenen Holzabfallstoffe. So werden Abfälle vermieden und sinnvoll genutzt. In der Verwaltung erlaubt eine mechanische Be- und Entlüftung mit Wärmerückgewinnung außerdem eine effiziente Raumluftverbesserung, ohne Lärmbelästigung durch die nahegelegene Bundesstraße.

Der Freiraum definiert aufgrund unterschiedlicher Funktionsansprüche folgende Qualitäten: Zum einen ermöglicht der Rosinkhof, über den BesucherInnen empfangen und Produkte präsentiert werden können, als Herzstück des neuen Unternehmenssitzes frühzeitig Einblicke in das Unternehmen wie auch für die Mitarbeitenden Ausblicke aus der Verwaltung und Produktion. Zum anderen den Rosinkgarten, der sich unterhalb der gewachsenen Baumgruppe zwischen „Wehrmaate", Zugangsweg und Gebäude befindet. Im Garten können Mitarbeitende ihre Pausen verbringen, aber auch BesucherInnen wird auf diese Weise bereits eine erste Idee des Unternehmens vermittelt.

Fazit: Über eine qualitätsvolle hochbauliche wie auch freiräumliche Gestaltung und eine durchdachte Innenraumgestaltung ist es Westphal Architekten gelungen, eine eigenständige Corporate Architecture mit hohem Wiedererkennungswert zu entwickeln, die den Ansprüchen der Firma Rosink gerecht wird und ihnen baulich Ausdruck verleiht.

EINFAMILIENHAUS, ROTENBURG (WÜMME)

„Die Stadthäuser sind wahrhaft nobel, glanzvoll und zweckmäßig eingerichtet, muss der Edelmann doch all die Zeit in ihnen wohnen, die er für die Verwaltung der Republik oder für die Erledigung eigener Dinge benötigt. Aber nicht geringeren Nutzen und Erholung wird er vielleicht aus den Villen ziehen, wo er den übrigen Teil seiner Zeit damit verbringt, seine Besitzungen im Auge zu haben und sie zu vervollkommnen sowie mit Fleiß und mit Hilfe der Kunst der Landwirtschaft sein Vermögen wachsen zu lassen" – Andrea Palladio.

450 Jahre nach dem der in Padua geborene Architekt Andrea Palladio sich über die Unterschiede von Stadt- und Landhäusern ausgelassen hat, sind aus Edelmännern BauherrInnen geworden, aus der Villa ein „größeres, (…) am Stadtrand liegendes Einfamilienhaus". In Deutschland nimmt die Zahl dieser frei stehenden Wohnhäuser seit 2001 kontinuierlich zu. Inzwischen stehen hierzulande 16,02 Mio. dieser Gebäude (Stand: 2020) und jedes von ihnen benötigt Boden. Diese, immer noch beliebteste, Wohnform steht also in einem Gegensatz zum Wissen um die Endlichkeit der zur Verfügung stehenden Ressourcen. Die Holzrotonda trägt dem Rechnung, indem ihr Fußabdruck im wahrsten wie im übertragenen Sinne minimiert ist. Dieses Einfamilienhaus auf buchstäblich kleinem Fuß haben die Bremer Wirth Architekten im Jahr 2023 in Rotenburg (Wümme) realisiert.

Jedes herkömmliche Haus berührt mit dem Erdgeschoss den Boden, dringt in einigen Fällen mit einem Keller in ihn ein. Deswegen reduziert der Entwurf den umbauten Raum im Erdgeschoss und nimmt um eine zentrale, gewendelte Treppe eine Garderobe, ein Gäste-WC und einen Abstellraum auf. Auch der CO_2-Fußabdruck der Holzrotonda ist klein. Durch die geringe Standfläche konnte der Einsatz von Beton und Dämmstoff auf ein Mindestmaß reduziert werden. Im Inneren wurden weder Installationsschichten noch Verkleidungen mit Gipskarton verbaut. Dies und der Verzicht auf Verbundwerkstoffe machen einen potenziellen Rückbau und eine Anschlussverwertung im Sinne des Cradle-to-Cradle-Prinzips möglich.

Ein weiterer Vorteil des Gebäudes – die extrem günstige Bauweise: Die Baukosten für 152 m² Nettowohnfläche betrugen 294.000 Euro brutto, dies entspricht 1.934 Euro brutto/m² Wohnfläche.

Durch die Reduktion der Baustandards konnten budgetäre Freiheiten gewonnen werden, die in räumlich-atmosphärische Qualitäten reinvestiert wurden. Statt aufwendiger Wand- und Bodenaufbauten, teuren Details oder Vorwandinstallationen wurde in die Räume selbst, beispielsweise in große Fenster, investiert. Und die eingebaute Erdwärmepumpe tut ihren Dienst mit minimalem Energieeinsatz und ohne sichtbares technisches Gerät im Außenraum.

Einfamilienhaus, Rotenburg (Wümme)   Abbildungen: Caspar Sessler, Bremen

Wohnquartier „Herzkamp", Hannover   Abbildungen: tschinkersten fotografie, 2022

WOHNQUARTIER „HERZKAMP", HANNOVER

Um ein innenliegendes Herz formieren sich drei pentagonale Baukörper – ein vitales, pulsierendes Wohnquartier ist entstanden. Der städtebauliche Entwurf von AllesWirdGut versteht sich als prototypischer Quartiersbaustein, der zu einem zusammenhängenden Ensemble beiträgt und einen abwechslungsreichen, lebenswerten Stadtraum schafft. Eingepasst in die Ecken des trapezförmigen Grundstücks erzeugen die drei eigenständigen Baukörper mit schlichten Fassaden eine prägnante Identität und folgen dabei einer flexiblen Wohnquartierstypologie, um auch zukünftig auf etwaig veränderte Anforderungen reagieren zu können.

Die Außenräume des Areals in Hannover-Bothfeld sind abwechslungsreich, großzügig durchgrünt und regen zur gemeinschaftlichen Nutzung an. Ganz im Sinne des sozialen Miteinanders folgt der Quartiersbaustein dem Haus-des-Lebens-Konzept, das eine Hausgemeinschaft mit jeweils rund 80 Personen unterschiedlicher Generationen vorsieht. Diesem Ansinnen folgend, besteht auch der Kern jedes Hauses aus einer zentralen Treppenhalle, die durchschnittlich 27 Wohneinheiten erschließt. Als großzügige, dem Gründerzeittreppenhaus nachempfundene Skulptur schafft sie ob der hohen Aufenthaltsqualität – Tageslicht, Sichtverbindungen, Pflanzen und Wasser – einen Ort des lebhaften Miteinanders und der Begegnung.

Seiner heterogenen Bewohnerschaft entsprechend, manifestiert sich das Ende 2020 fertiggestellte Wohnquartier „Herzkamp" als energiedurchflutete Lebensader, die mittels klar strukturierter und multifunktionaler Innenräume vielfältige Wohnformen ermöglicht.

Mit bestem Dank für die freundliche Unterstützung an:

Niedersächsisches Landesamt für Bau und Liegenschaften (NLBL), Hannover
Hannover Marketing & Tourismus GmbH (HMTG), Hannover
Braunschweig Zukunft GmbH
– Wirtschaftsförderung –, Braunschweig
WMG Wolfsburg Wirtschaft und Marketing GmbH, Wolfsburg
HENN GmbH, Berlin
WESTPHAL ARCHITEKTEN BDA Partnerschaftsgesellschaft mbB, Bremen
struhk architektur GmbH, Braunschweig
Wirth Architekten BDA PartgmbB, Bremen
Sehw Architektur GmbH, Berlin
eisfeld engel Architekten BDA, Hamburg
pbr Architekten Ingenieure, Hamburg
AllesWirdGut Architektur ZT GmbH, Wien

Anzeige

Menard sucht: Baugrund.

Locker und mit weichem Kern, für eine stabile Zukunft.

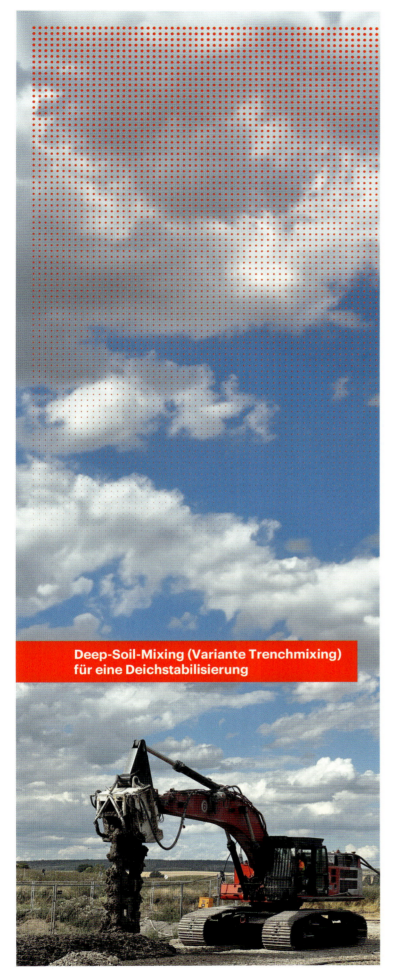

Deep-Soil-Mixing (Variante Trenchmixing) für eine Deichstabilisierung

Mit unseren 12 Verfahren zur Baugrund-Verbesserung haben wir die Lösung für die Gründung Ihres Projekts.

Von CMC® über DYNIV® bis hin zum Trenchmixing – alle Verfahren sind bestens erprobt und für die unterschiedlichen Bodenbeschaffenheiten und Ihre Anforderungen entwickelt. So können Sie immer auf unsere tatkräftige Unterstützung von der Planung bis zur Projektfertigstellung bauen.

Mehr dazu erfahren Sie unter:
www.menard.gmbh

 Vorbelastung   Eigenverdichtung   Säulen

 Mitglied der DGNB

Anzeige

Vorstellung der Papenburg Unternehmensgruppe

Ein Leben im Einklang mit der Natur, ohne auf die Vorteile der modernen Großstadt verzichten zu müssen, wird in der Wasserstadt Limmer zu bezahlbarer Realität. Auf der Halbinsel im Nordwesten Hannovers entsteht ein neuer, einzigartiger Stadtteil.

Die Entwicklung und Umsetzung des innenstadtnahen und für Hannover bedeutungsvollen Bauprojektes erfolgt durch die Papenburg Gruppe, die sich mit einem Jahresumsatz von ca. 1 Mrd. € und 60 operativ arbeitenden Unternehmen der Aufgabe gewidmet hat, auf dem ehemaligen Fabrikgelände der Continental den für die Landeshauptstadt dringend benötigten Wohnraum zu schaffen.

Vor Beginn der Bauarbeiten musste zunächst das Gelände des ehemaligen Continental-Werks aufwändig durch die GP Günter Papenburg AG saniert werden, da sich durch den langen Betrieb der Herstellung von Reifen und diverser Gummiprodukte auf dieser Fläche mögliche Schadstoffe im Boden hätten ablagern können und man dieser potenziellen Gefährdung von vornherein entgegenwirken wollte. Der gesamte Boden wurde auf einer Tiefe von 2,50 Meter ausgehoben und neu verfüllt. Mit Beginn der hochbaulichen Tätigkeiten im Frühjahr 2019, wurden bisher im 1. Bauabschnitt rund 500 Wohneinheiten sowie eine Kita, Gewerbeeinheiten, ein großer Supermarkt und ein Pflegeheim fertiggestellt. Die Entwicklung des 2. Bauabschnitts mit rund 1.350 Wohneinheiten im Bereich des Conti-Turms bis zur Spitze des Geländes, befindet sich seit 2021 in der Entwicklung und soll Ende 2025 mit dem Bebauungsplan Nr. 1536 Satzungsreife erhalten. Parallel befindet sich das Grundstück zweier ehemaliger Fabrikgebäude in der Entwicklung, welche aufgrund einer Kontamination aus der Gummiproduktion nicht zu sanieren sind und entsprechend abgebrochen werden müssen. Aus dem Ergebnis eines hochbaulichen Wettbewerbes wird für die Ersatzbauten ein vorhabenbezogener Bebauungsplan entwickelt.

Die Papenburg Gruppe ist nicht nur für sämtliche Bauleistungen verantwortlich, sondern hat die Quartiersentwicklung bereits im Jahre 2002 mit der Übernahme der alten Continental-Fabrik begonnen. Insbesondere vor dem Hintergrund der Nachhaltigkeit, ist das Schaffen von Wohnraum auf dem ehemaligen Fabrikstandort mit umfassenden Abbruch-, Entsorgungs-, Bodensanierungsmaßnahmen durch die Firmen der Papenburg Gruppe besonders zu erwähnen. Umfassende Fachkompetenz verschiedener Baubereiche (Rohstoffe, Baustoffe, Bau-

Anzeige

unternehmen, Baumaschinen und Anlagen, Entsorgung, Spedition und Service) in Verbindung mit kurzen firmenübergreifenden Entscheidungswegen gehören dabei zu unseren Stärken und machen die Entwicklung eines neuen Stadtviertels erst möglich.

Die GP Papenburg Baugesellschaft mbH, als Teil der Papenburg Gruppe und eines der führenden Erd-, Straßen- und Tiefbauunternehmen in Hannover, wurde mit den Erschließungsarbeiten für das neue Baugebiet betraut und hat im 1. Bauabschnitt ca. 1.300 m Schmutzwasserkanal und 1.600 m Regenwasserkanal realisiert und wird auch die Erschließung des deutlich größeren 2. Bauabschnitts umsetzen. Zudem leistet sie in Zusammenhang mit der Gestaltung der Außenanlagen bzgl. der dafür notwendigen Erdarbeiten die Zuarbeit.

Zusammen mit dem Know-how im Bereich der Pflastersteine, der ebenfalls zum Konzern gehörenden Gala-Lusit-Betonsteinwerke GmbH, werden die Außenanlagen der Wasserstadt Limmer zu einem Naherholungsgebiet in absolut zentraler Lage und laden zum Spazieren oder Fahrradfahren entlang des Kanals ein.

Die geschickte Gestaltung der Wohn- und Parkanlagen machen das Leben im ersten Bauabschnitt schon jetzt zu einem Wohlfühlerlebnis. Das Gebiet erhält eine Quartiers-Zertifizierung der DGNB in Gold sowie die Zertifizierung einzelner Baufelder, was für uns die konsequente Fortführung des Nachhaltigkeitsgedankens darstellt.

GP Günter Papenburg AG
Anderter Straße 99c
30559 Hannover
Tel.: 0511-228899-300
Fax: 0511-228899-393
Mail: info@gp-papenburg.de

GP Papenburg Baugesellschaft mbH
Anderter Straße 99c
30559 Hannover
Tel.: 0511-228899-300
Fax: 0511-228899-393
Mail: info@papenburgbau.de

GP Hoch- und Ingenieurbau GmbH
Anderter Straße 99c
30559 Hannover
Tel.: 0511-228899-400
Fax: 0511-228899-490
Mail: info@gp-bau.com

Gala-Lusit-Betonsteinwerke GmbH
Anderter Straße 99c
30559 Hannover
Fax: 0511-228899-491
Mail: info@gala-lusit.de

Moderne Infrastruktur für Wolfsburg

Neubau Hauptwache der Berufsfeuerwehr Wolfsburg – eine der modernsten Feuerwachen Deutschlands / Neu- und Umbau sowie Erweiterung der Grundschule Käferschule in Wolfsburg

Hauptwache Berufsfeuerwehr Wolfsburg: In der komplett neuen Feuer- und Rettungswache sollen bis 2026 u.a. Fahrzeughallen, eine Leitstelle, eine Atemschutzübungsstrecke und diverse Werkstätten entstehen Abb.: Quelle Stadt Wolfsburg

HAUPTWACHE BERUFSFEUERWEHR WOLFSBURG

Eine der modernsten Feuerwachen Deutschlands entsteht aktuell in Wolfsburg. Mehr als 100 Mio. Euro nimmt die Stadt Wolfsburg in die Hand, um an einem neuen Standort eine komplett neue Feuer- und Rettungswache zu bauen.

Der Gebäudetyp nach einem Entwurf der Kölner SUPERGELB Architekten GmbH basiert auch nach Reduzierung durch den Wechsel zur 2-Wachen-Strategie auf dem Doppelhof-Typ der 1-Wachen-Strategie, der den introvertierten Nutzungen der Rettungs- und Feuerwache Rechnung trägt und den bestehenden Gebäudetyp fortsetzt. Die Nutzungsbereiche des Hauptbaukörpers sind ablesbar und räumlich verbunden. Der Werkstattbereich mit den offenen Parkgaragen im 1. und 2. Obergeschoss schließt die Höfe nach Süden ab. Gleichzeitig wird hierdurch der Schallschutz für die anschließende Bebauung geschaffen. Weiterhin aus Schall- und Sichtschutzgründen (Scheinwerferkegel) erhält der Südriegel eine Fassade aus vertikalen Metalllamellen. Die geschossweisen Schichten der Fassade bilden in ihrer unterschiedlichen Lage eine Raumkante zur Dieselstraße aus und nehmen gleichzeitig den Richtungswechsel im Städtebau auf. Ebenso wird die differenzierte Nutzung der Geschosse deutlich.

Im Erdgeschoss bilden anthrazit durchgefärbte Betonfertigteile einen massiven und anprallsicheren Sockel. Die Obergeschosse erhalten eine langlebige und wartungsarme, vorgehängte Metallfassade, die eine Leichtigkeit der überhängenden Bauteile erzeugt und die monolithische Form verstärkt. Es wird bewusst auf den Einsatz von Verbundwerkstoffen verzichtet. Der Einsatz von recyceltem Aluminium ist angestrebt. Das Gebäude kann für 72 Stunden autark betrieben werden, um auch bei ungünstigen Umweltbedingungen, wie z.B. Dauerregen oder langanhaltendem Stromausfall, den Gefahrenabwehrauftrag im Brandschutz, der Technischen Hilfeleistung und im Rettungsdienst für die Bürgerinnen und Bürger der Stadt Wolfsburg uneingeschränkt wahrnehmen zu können. Zudem erhält das Gebäude eine Photovoltaikanlage. Durch die Nutzung der erzeugten Energie wird die Bereitstellung von Energie aus dem öffentlichen Netz reduziert. Darüber hinaus wird die Möglichkeit der Ladung von Dienst-Kfz und privaten Pkw geschaffen. Alle raumlufttechnischen Anlagen sind mit einer Wärmerückgewinnung mit einem hohen Wirkungsgrad ausgestattet. Durch die Fernwärmenutzung der Abwärme des Volkswagen-Werkes und den Einsatz von Hocheffizienzpumpen wird die Heizungstechnik nachhaltig abgebildet.

Die Feuerwehrtechnische Zentrale besteht aus den folgenden Werkstattbereichen: Einsatzmittellager, Waschhalle, Kfz-Wesen, Gerätewesen, Pumpenwesen, Tauchwesen, Elektrowesen und Atemschutzwesen mit angebundener Atemschutzübungsstrecke.

Die komplette Verwaltung des Geschäftsbereiches Brand- und Katastrophenschutz (37), bestehend aus den vier Abteilungen „Gefahrenabwehr & Rettungsdienst", „Gefahrenvorbeugung", „Technik", „Verwaltung" (derzeit ausgegliedert) und der Stabstelle 37-SPP „Strategisches Projekt- und Prozessmanagement" (derzeit ausgegliedert) befindet sich im 3. Obergeschoss. Im Ostriegel des zweiten Oberge-

Hauptwache Berufsfeuerwehr Wolfsburg Abb.: Quelle Stadt Wolfsburg

Darüber hinaus liegt die Käferschule in Reislingen in einem Bereich, der mit relativ kurzen Wegen an das kommende Neubaugebiet Sonnenkamp angebunden ist.

Der nach Entwurf der Wob Consult aus Wolfsburg entstandene Anbau wurde als zweigeschossiges Gebäude mit je drei Unterrichtsräumen pro Geschoss errichtet. Um flexible pädagogische Möglichkeiten zu schaffen, wurden zwischen den Unterrichtsräumen analog zum Bestand Differenzierungsräume angeordnet. Gegenüber den Unterrichtsräumen wurden funktionale Räume – WCs, Therapieraum, Lager, Technik – situiert. Der Anbau wird durch ein neu geschaffenes Foyer mit dem Bestandsgebäude verbunden. Von hier aus ist die neue Hausmeisterloge zugänglich. Das neue Foyer kann durch die erfolgte bauliche Anpassung des bisherigen Mehrzweckraums diesem durch Öffnen einer Schiebewand zugeschaltet werden, sodass ein zentraler Ort für das Schulleben entstehen kann.

Der Bereich der Mensa wurde um einen Anbau für eine Regenerierküche mit entsprechender Spülleistung erweitert. Der dadurch frei werdende bisherige Küchenbereich wurde dem Essbereich zugeschlagen. Hiermit wurde auch die im Bestand vorhandene ungünstige Wegeführung (Schüler/Küchenpersonal) neu strukturiert und voneinander getrennt. Um die relativ große Anzahl an Schülern in möglichst nicht mehr als zwei Schichten essen zu lassen, war zudem eine bauliche Erweiterung des Essbereichs notwendig.

Die Gebäudeergänzungen führten auch zu einer räumlichen Neuordnung der Freiflächen. Für die nunmehr rund 300 Schülerinnen und Schüler sollten in den Außenflächen zeitgemäße und ganzjährig nutzbare Angebote mit hohem Aneignungspotential unter Berücksichtigung von Aspekten zur Inklusion und Barrierefreiheit bereitgestellt werden – dies bei gewachsenem Nutzungsdruck und einer gleichzeitigen Verringerung der verfügbaren Flächen. Zusätzliche Anforderungen ergaben sich durch die von Schule und Vereinen genutzte Sport-

schosses sind ausreichend Reserveflächen für Einzelbüros, Doppelbüros und Aktenlager zukunftssicher vorgesehen. Auch mit Blick auf die auf der Ebene der Verwaltung tätigen Einsatzleiter und Führungsassistenten zeigt der Entwurf kurze Laufwege zu den Rutschschächten und garantiert auch hier kurze Ausrückzeiten.

GRUNDSCHULE KÄFERSCHULE, WOLFSBURG

Die im Wolfsburger Stadtteil Reislingen gelegene Käferschule wurde im Zusammenhang mit dem Ausbau des Bildungsstandortes von Zwei- auf Dreizügigkeit sowie des Ganztagsangebotes einschließlich der Mensakapazitäten erweitert. Ausschlaggebend für die Planungen an dem Standort waren die Erfahrungen, dass die Käferschule bereits stark ausgelastet war und zuletzt die Einschulungen über ein Lossystem entscheiden musste. Ein abnehmender Bedarf ist in diesem Planungsbereich auf mittlere Sicht weiterhin nicht prognostizierbar.

Grundschule Käferschule, Wolfsburg: Das Projekt wurde in zwei Bauabschnitten fertiggestellt. Im ersten Schritt entstand ein neues Schulgebäude. Anschließend folgten dann der Umbau und die Erweiterung der Mensa Abb.: Quelle Stadt Wolfsburg

Grundschule Käferschule, Wolfsburg: Der Neubau beinhaltet sechs Klassenzimmer, vier Differenzierungsräume und einen Therapieraum für besondere Angebote. Es gibt einen großzügigen Flurbereich mit Spielnischen in Verbindung mit großen Erkerfenstern
Abb.: Quelle Stadt Wolfsburg

halle, in deren Nachbarschaft auch entsprechende Bewegungs- und Aktivitätsangebote im Freien abgebildet werden sollten. Das Investitionsvolumen belief sich für die rund 12.000 m² umfassenden Außenanlagen auf 1,9 Mio. Euro.

Das Freiraumkonzept sieht die Erschließung über eine zentrale Zugangsachse vor, die zugleich eine Gliederung zwischen der Schulhofkernzone mit individuellen Aufenthalts-, Rückzugs- und Spielangeboten und der Aktivitätszone mit integrierten Bewegungs- und Sportangeboten (Trampoline, Slackline, Streetball, 50-m-Laufbahn mit Sprunggrube) erreicht. Zwischen diesen Bereichen wurde ein multifunktional nutzbares Spielfeld als eine Art Scharnier abgebildet, welches während der Pausen genauso wie im Ganztagsbetrieb und im Zuge der Sportnutzung angenommen wird. Die Achse selbst mündet trichterförmig auf eine kleine Platzfläche als Ankommensbereich. Eine angrenzende Kombination aus Rampen- und Stufenelementen übernimmt die barrierefreie Verteilerfunktion zwischen dem Haupteingang der Schule und dem etwas tiefer gelegenen Halleneingang und konnte als attraktiver Treffpunkt mit Sitzmöglichkeiten aufgewertet werden. Die technische Wirtschaftszufahrt u.a. zur Belieferung des Mensabetriebes liegt dem Lerngeschehen abgewandt in der sogenannten Pufferzone hin zur angrenzenden Wohnbebauung.

Bei den Umbaumaßnahmen wurde ein besonderes Augenmerk auf den Umgang mit Ressourcen gelegt, was sich gestalterisch in modellierten Hügelformationen (Bodenmanagement), offenporigen Belagsmaterialien und Ausmuldungen (Regenwassermanagement), der positiven Beeinflussung des Kleinklimas durch möglichst hohe Vegetationsanteile, einer klimaresilienten Pflanzenauswahl und einer modernen Außenbeleuchtung widerspiegelt.

Abhängig vom Fortschritt der hochbaulichen Maßnahmen wurden die Freianlagen im laufenden Schulbetrieb in zwei Bauabschnitten innerhalb von 18 Monaten Ende 2024 fertiggestellt.

Grundschule Käferschule, Wolfsburg: Entwurfs-Lageplan
Abb.: Pro Garten, Berlin

Bauherr:
Stadt Wolfsburg

Partner am Bau:
- REITZ und PRISTL Ingenieurgesellschat mbH
- EHS beratende Ingenieure für Bauwesen GmbH
- entricon GmbH
- GINTEC GmbH
- Daenicke Stahl-Metallbau GmbH
- Wuttke Gesellschaft für Lüftungs- und Klimatechnik mbH
- Jaspers Haustechnik Kälte und Klima GmbH
- Scholz - Planungsbüro für innovative Großküchen- und Speisenverteil-Konzepte
- Keller Tersch GmbH
- Bode Innenausbau
- SCHOLZ + PARTNER mbB
- TSN-Beton

reitz ▲ pristl
Tragwerksplanung

Tragwerksplanung
Rohbau-Überwachung
Bauphysik
Bautechnische Überprüfungen

REITZ und PRISTL Ingenieur-GmbH
Kassel

EHS.

Tragwerksplanung
BIM – Building Information Modeling
Bauphysik
Erhaltung & Instandsetzungsplanung

Feuer- und Rettungswache Wolfsburg
Visualisierung: Supergelb Architekten

EHS beratende Ingenieure für Bauwesen GmbH
Kassel | Braunschweig | Stuttgart | Hamburg

wir sind das team für ihre immobilie.

entricon.de

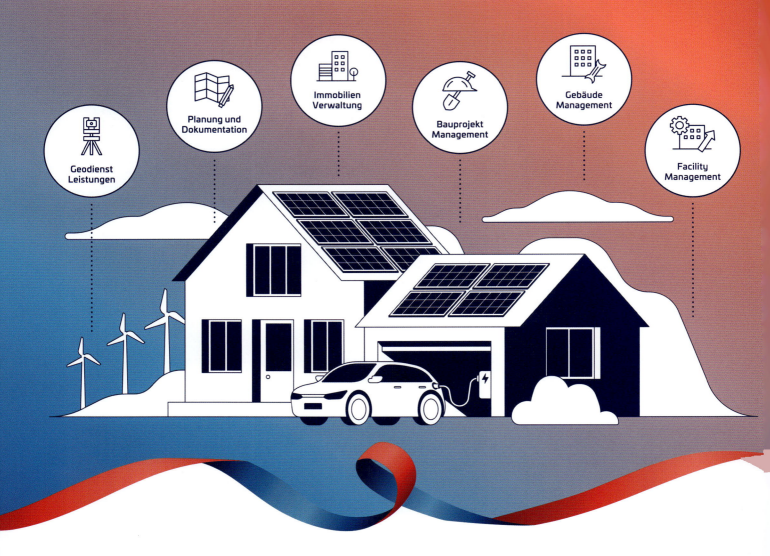

Mit unserem breiten Kompetenzspektrum setzen wir genau da an, wo Ihre Immobilie Unterstützung benötigt. Ob Neubau, Umbau oder die langfristige Betreuung – wir sind Ihr zuverlässiger Partner.

Steht ein neues Bauprojekt an, geht es um das Einmessen von Versorgungsinfrastruktur oder benötigen Sie neue Pläne für Ihren Altbau? Kein Problem – mit unseren Geodienstleistungen erarbeiten wir durch den Einsatz modernster Technologien präzise Daten und 3D-Modelle für Sie. Die Planung Ihres Projekts? Unsere Experten für technische Gebäudeausstattung sorgen dafür, dass alles nach den neuesten Standards umgesetzt wird. Für die reibungslose Umsetzung sorgt unser erfahrenes Bauprojektmanagement. Und wenn das Gebäude einmal fertiggestellt ist und glänzt? Dann übernehmen wir die Immobilienverwaltung und das Facility Management, damit alles rund läuft und Sie sich entspannt zurücklehnen können.

Mit uns haben Sie alles aus einer Hand – kompetent, zuverlässig und immer einen Schritt voraus. Unser Team mit derzeit 40 Mitarbeitenden, darunter Auszubildende in den Berufen Immobilienkaufmann/-frau und Technische/-r Systemplaner/-in, steht Ihnen jederzeit zur Verfügung. Unser Sitz befindet sich in Wolfsburg, wo wir mit Expertise und Leidenschaft für Ihre Immobilie da sind.

Tel. 05361 893963 – 0
info@entricon.de

Anzeige

DDC-Lösungen
Haus- und Gebäudeautomation
Systemintegration und
Projektleitung

G.intec GmbH
Zu dem Balken 25, 38448 Wolfsburg
Fon +49 (0) 5361-89 16 965
Fax +49 (0) 5361-89 16 966
mailto: office@g-intec.eu
web: www.g-intec.eu

Starke Pläne erfordern starke Partner! Partner, die wissen, dass man Kunden nicht mit Schönreden überzeugt, sondern mit Qualität, Erfahrung und Können!

DAENICKE
STAHL-METALLBAU GMBH
Schweißfachbetrieb nach DIN EN 1090
Malerstr. 4 · 38550 Isenbüttel · Tel. (05374) 930-0 · Fax 930-30

Partner für professionelle Lösungen

Seit 100 Jahren erfolgreich im Markt, genießt unser Unternehmen einen guten Ruf weit über die Grenzen unseres Standortes hinaus. Fordern Sie uns!

Wir bieten Beratung, Projektierung, Installation und Wartung von Lüftungs- und Klimaanlagen einschließlich kompletter Rohrleitungssysteme, Elektrotechnik, Isolierung sowie Mess-, Steuer- und Regelungstechnik aus einer Hand und für individuelle Anforderungen.

Wuttke Gesellschaft für Lüftungs- und Klimatechnik mbH, Scheidebuschstr. 26, 39126 Magdeburg
Tel. 0391 5053-90, info@wuttke-klimatechnik.de, www.wuttke-klimatechnik.de

JASPERS

HAUSTECHNIK
KÄLTE – KLIMA
KALTWASSER
LÜFTUNG

Jaspers Haustechnik Kälte und Klima GmbH
Carl-Miele-Str. 17, 38518 Gifhorn
Tel. 05371 7434214, info@jaspers-haustechnik.de, www.jaspers-haustechnik.de

Als erstes kommunales Schulgebäude bundesweit

Der Hortneubau an der Grundschule Anne-Frank in Lüneburg wurde komplett in lehmverputzter Strohbauweise errichtet

Die Hansestadt Lüneburg hat in unmittelbarer Nähe zur Grundschule Anne-Frank im Stadtteil Kaltenmoor einen Hort neu gebaut. Es ist das erste kommunale Schulgebäude bundesweit, das komplett in lehmverputzter Strohbauweise errichtet wurde. Im Oktober 2024 – und damit gut eineinhalb Jahre nach dem feierlichen ersten Spatenstich – konnten die Kinder das neue Hortgebäude beziehen.

Das Konzept sieht eine zweigeteilte Nutzung vor: Am Vormittag schaffen die Räume im Hortneubau dringend benötigten zusätzlichen Platz für die benachbarte Grundschule. Am Nachmittag wird das Gebäude dann als klassische Horteinrichtung genutzt. Dieses gemeinsame Konzept stellt ein Novum in der Hansestadt Lüneburg dar und sorgt dafür, dass der Neubau bestmöglich genutzt wird.

Das Gebäude umfasst vier Gruppenräume, zwei Hausaufgabenräume, einen Bewegungsraum und einen Snoezelraum. Im offen gestalteten Foyer ist eine multifunktionale Nutzung durch bis zu 60 Personen möglich. Hinzu kommen ein Werkraum, eine Fahrradwerkstatt und eine Küche sowie ein Büro, ein Raum für die Mitarbeitenden, ein Besprechungsraum und ein Maschinenraum mit Brennofen. Die Bruttogeschossfläche liegt bei 1.300 m².

Doch nicht das vielfältige Raum- und Nutzungskonzept macht diesen Neubau zu einem besonderen Gebäude. Auch die Bauweise ist besonders nachhaltig: Nach dem Bewertungssystem Nachhaltiges Bauen des Bundes (BNB) zertifiziert und an das Konzept „Cradle to Cradle" angelehnt, haben Verwaltung, Planer und ausführende Fachfirmen darauf geachtet, möglichst endlose Materialkreisläufe zu ermöglichen. Lüneburg ist Mitglied der niedersächsischen Modellregion „Cradle to Cradle". Diese steht für einen Ansatz, bei dem ökologische Materialien beim Bauen zum Einsatz kommen und in einem Kreislauf aus vielfältigen Nutzungsformen bleiben.

Beim Hortneubau lagen durch dieses Netzwerk bereits nützliche Erfahrungen und Kontakte für nachhaltige Baustoffe vor. So hat sich, zusammen mit vielen Fachplanerinnen und Fachplanern und einer engagierten Handwerkerschaft, eine weitreichende Kooperation ergeben. Insgesamt 27 Firmen verschiedener Gewerke arbeiteten tatkräftig mit,

Vormittags zusätzlicher Platz für die benachbarte Grundschule – nachmittags klassische Horteinrichtung Abb.: Quelle Hansestadt Lüneburg

Im Oktober 2024 konnten die Kinder das neue Hortgebäude beziehen
Abb.: Quelle Hansestadt Lüneburg

Im offen gestalteten Foyer ist eine multifunktionale Nutzung durch bis zu 60 Personen möglich
Abb.: Quelle Hansestadt Lüneburg

darunter eine Gruppe Handwerkerfirmen für traditionelle Handwerkskunst und eine auf Strohbau spezialisierte Fachfirma.

Die Ausführungsverfahren wurden so ausgewählt, dass sie bei einem Ausbau oder dem Ende der Nutzung eine sortenreine Trennung der Baustoffe zulassen. So gibt es zum Beispiel eine unbehandelte, verschraubte Holzfassade und eine geölte, geschraubte Holzdiele. Auf das Lackieren oder Verkleben solcher Elemente wurde bewusst verzichtet. Auch die technische Gebäudeausstattung wurde sichtbar montiert, sodass ein Nachinstallieren, Austauschen oder Rückbauen jederzeit möglich ist.

Um den Materialeinsatz zu reduzieren, hat die Hansestadt Lüneburg auf zusätzliche Wandbekleidungen, abgehängte Decken und Fußbodenaufbau verzichtet. Die Anforderungen an die Akustik können in vielen Bereichen mit „Sowieso-Bauteilen" erreicht werden.

Rund 450 m³ regionales Voll- und Leimholz wurden für die Außen- und Innenwände, die Decken und die Massivholzböden genutzt. In der Dämmung der Außenwände stecken rund 260 m³ regional gewonnenes Stroh. Insgesamt 1.500 m² wurden mit Lehm verputzt. Die Fundamente ließ die Stadtverwaltung mit Recycling-Beton herstellen. Mit Lehm, Stroh und Holz kamen Materialien zum Einsatz, die alle einen geringen CO_2-Fußabdruck aufweisen und zugleich weitere Synergieeffekte bieten. Lehm hat sehr gute Brandschutzeigenschaften und wirkt sich außerdem positiv auf das Gebäudeklima aus. Stroh ist ein effektiver Dämmstoff, und der Holzrahmenbau ermöglichte einen zügigen Bauablauf, da Teile im Werk vorgefertigt werden können.

Die Stromgewinnung für das Gebäude erfolgt über eine Photovoltaikanlage auf dem begrünten Dach. Zudem sollte die vorhandene Vegetation nur minimal beeinträchtigt werden. Um das natürliche Gefälle des Geländes auszugleichen, entschieden sich die Planer deshalb für ein Zwischengeschoss. Nahezu alle Bäume und Pflanzen rund um das Gebäude konnten erhalten werden und wurden in die Freiraumplanung integriert.

Zusammenfassend spart die gewählte Ausführung klimaschädliche Emissionen in Höhe von ca. 188 t CO_2-Äquivalente über den gesamten zu bilanzierenden Lebenszyklus von 50 Jahren – im Vergleich zur Massivbauweise. Das entspricht etwa 39 Erdumrundungen mit einem typischen Verbrenner-Kleinwagen.

Im vergangenen Jahr hat die Hansestadt Lüneburg mit dem Hortneubau am Wettbewerb „Klimaaktive Kommune 2024" teilgenommen. Dieser Wettbewerb wird seit 2009 im Rahmen der Nationalen Klimaschutzinitiative ausgelobt (weitere Informationen unter www.klimaschutz.de/wettbewerb2024). Als Projekttitel wählte die Stadt „Mit Holz, Stroh und Lehm zum nachhaltigen Grundschul-Hort" und nahm damit in der Kategorie Mittel- und Kleinstädte teil. In dieser Kategorie gab es 25 Bewerbungen, aus denen zwei Gewinnerprojekte ausgewählt wurden. Eins davon ist der Hortneubau in Lüneburg. Das Preisgeld in Höhe von 40.000 Euro ist nun in weitere Klimaschutzmaßnahmen zu investieren. Die Hansestadt Lüneburg nutzt das Geld, um ein Stadtteilhaus im Stadtteil Ebensberg mit einem Gründach und einer Photovoltaikanlage auszustatten.

Mit Lehm, Stroh und Holz kamen Materialien zum Einsatz, die alle einen geringen CO_2-Fußabdruck aufweisen und zugleich weitere Synergieeffekte bieten
Abb.: Quelle Hansestadt Lüneburg

Bauherr:
Hansestadt Lüneburg

Herausfordernde Baumaßnahme

Die denkmalgerechte Sanierung der Stadthalle Braunschweig ist ein Leuchtturmprojekt der Stadt Braunschweig im Bereich nachhaltiges Bauen. Die große Herausforderung: Denkmalschutz mit Nachhaltigkeit und Wirtschaftlichkeit zu vereinen

Abb.: Archiv Braunschweiger Veranstaltungsstätten GmbH

Die Stadt Braunschweig investiert in ihren Lebenswert. Deswegen wird u.a. die Stadthalle Braunschweig vollständig saniert. Das Ziel ist es, die denkmalwürdige Stadthalle zu einem zeitgemäßen und wettbewerbsfähigen Tagungs- und Kongresszentrum zu entwickeln. Mit diesem Projekt wurde 2023 die Hochbau-Sparte der Struktur-Förderung Braunschweig (SFB) beauftragt. Die besondere Herausforderung ist es, die Anforderungen des Denkmalschutzes, sowie Nachhaltigkeitsaspekte und die Wirtschaftlichkeit im Betrieb zu vereinen.

Der Denkmalschutz fordert, dass die Stadthalle als beispielhaftes Gebäude aus der Zeit des Brutalismus ihre ursprüngliche Gestaltung und Materialität weitestgehend bewahrt. Nur so kann ihr historischer, kultureller und architektonischer Wert für zukünftige Generationen gesichert werden. Die Stadthalle als leuchtendes Beispiel des Brutalismus weist im Bereich Ressourcenschonung allerdings eklatante Mängel auf, die mit dem Erhalt ihrer ursprünglichen Gestaltungsidee nach heutigen Maßstäben nur schwer ausgeglichen werden können. Ziel ist es den Energieaufwand der Stadthalle auf ein Minimum zu reduzieren und dieses möglichst vollständig mit nachhaltigen Energien zu decken.

DÄMMUNG

Was für die Bauzeit typisch ist, stellt aus heutiger Sicht eine Katastrophe dar. So sind die meisten tragenden Betonstützen der Fassaden im Außenbereich gänzlich ungedämmt. Die naheliegendste Lösung, eine durchgehende Wärmedämmung an den Stützen anzubringen und eine effiziente Dreifachverglasung in den Glasflächen zu ersetzen, ist aufgrund des bestehenden Denkmalschutzes nicht möglich. An den weiterhin ungedämmten Stützen wird eine exakt kalkulierte Begleitheizung eingebracht, um die Oberflächen im Innenbereich über den Taupunkt zu erwärmen und eine Kondensation zu vermeiden. Da die Glasflächen aufgrund ihrer Größe in den filigranen Stahlrahmen nur als Zweifachverglasung ausgeführt werden können, werden Konvektoren im Boden vor den Glasfronten installiert, die über Warmluftschleier ähnliche Effekte erzeugen. Wenn man die Stadthalle von außen betrachtet, sind sicherlich die als „hässlich" empfundenen Waschbetonplatten ein gestaltgebendes Merkmal. Das Wechselspiel der grauen und gelben Waschbetonplatten ergibt einen einzigartigen Tiefen-Effekt in den spielerisch kombinierten Körpern und ist eins von vielen liebevollen Details, welche die Stadthalle so besonders machen. Bedauerlicherweise ist die Anbringung dieses sehr nachhaltigen Baustoffs nicht nachhaltig. Der einfache ungedämmte Aufbau der tragenden Betonwand mit den vorgehängten Waschbetonplatten weist nur eine Luftschicht von 6 bis 10 cm auf. Um in diesem Luftraum eine Wärmedämmung einzubringen, werden sämtliche Waschbetonplatten abgenommen und in einer Feldfabrik im vorhandenen Parkdeck saniert. Mit dem Abbau der Platten kommt allerdings die nächste Herausforderung: Aufgrund des Denkmalschutzes ist es wichtig, dass alle Betonplatten an der exakt gleichen Stelle wieder eingebaut werden, an der sie abgenommen wurden. Deswegen wurde ein spezielles Abnahme- und Lagerungsverfahren entwickelt. Die Verfahrbarkeit der hierfür erforderlichen Lagerböcke, die Bearbeitung der Platten und der folgende Wiedereinbau ist eine Aneinanderreihung aus individuell konzipierten Sonderlösungen.

Isolation der Stadthalle

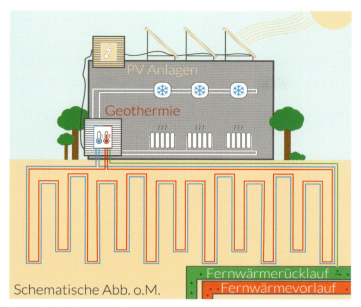

Energiekreislauf der Stadthalle

ENERGIEMANAGEMENT

Durch die möglichen Dämmungen der Fassade und die Verbesserung der Dämmwerte der Glasfassaden kann keine ausreichende Energieeffizienz erreicht werden. Hier wird über ein ausgeklügeltes Energiekonzept darauf abgestellt, langfristig vollständig auf fossile Brennstoffe zu verzichten. Die Stadthalle wird zukünftig über geothermische Wärmepumpen mit Tiefensonden versorgt. Über den geothermischen Wärme- und Kälteaustausch gelingt es, die Stadthalle das ganze Jahr zu temperieren. In den Wintermonaten steht unterstützend der Fernwärmerücklauf zur Verfügung. Die erforderliche elektrische Energie der Systeme wird mit rund 1.500 m² Photovoltaik-Modulen erzeugt.

WEITERE HERAUSFORDERUNGEN

Energie und Nachhaltigkeit sind nicht die einzigen Herausforderungen in der denkmalgerechten Sanierung der Stadthalle: Themen wie die Restaurierung der Parkettböden aus Tropenholz wie „Banga Wanga", eine zeitgemäße Auslegung der Belüftung und Entrauchung der großen Säle oder eine wirtschaftlich vorteilhafte parallele Nutzung verschiedener Bereiche unter Berücksichtigung verschiedener Entfluchtungsszenarien stehen genauso auf der Agenda wie genderneutrale Sanitäranlagen und Barrierefreiheit.

In enger Abstimmung mit dem Denkmalschutz gelingt es, alle Belange abzuwägen und die Stadthalle zukunftsfähig und am Veranstaltungsstättenmarkt konkurrenzfähig zu machen.

Bauherr:
Stadt Braunschweig

Partner am Bau:
- Energietechnik Lis GmbH
- Lowke Schiessl Ingenieure GmbH
- shl ingenieure GmbH
- Kolb Planung GmbH & Co. KG

— Anzeige —

Energietechnik Lis GmbH
Egstedter Grenzweg 8, 99096 Erfurt, Telefon: 0361 644961-0
info@planung-energietechnik.de, www.planung-energietechnik.de

- Heizung-Lüftung-Sanitär
- Betriebskostenoptimierung
- Thermografie
- Erneuerbare Energien
- Planungsleistungen
- Elektro
- Hydraulischer Abgleich
- Energetische Beratung
- Sonderbereiche
- BIM

Wir...
- ...sind Spezialisten für Beton und bearbeiten Projekte im Bereich der Baustofftechnologie, der Bauwerksdiagnose und der Bauwerkserhaltung.
- ...untersuchen gezielt und entwickeln individuelle Konzepte für dauerhafte Neubau- und Instandsetzungsprojekte.
- ...erarbeiten innovative Lösungsansätze und beraten gerne bei Ihren Projekten.

Lowke Schiessl Ingenieure GmbH
Wendentorwall 25
38100 Braunschweig
www.lowke-ing.de

Bauwerke, die verbinden

Quartiersentwicklung Kronsrode, Baufeld A9, in Hannover / Kräftig in den Standort investiert: Bürogebäude mit Halle für die Firma Wehrhahn in Delmenhorst / Neubau der zweizügigen Grundschule Bliedersdorf-Nottensdorf mit einer Mensa und einer Sporthalle

KRONSRODE BAUFELD A9, HANNOVER

Die Quartiersentwicklung Kronsrode ist das größte Wohnungsbauprojekt im Bundesland Niedersachsen. Auf 53 ha entstehen insgesamt zwischen 3.500 und 4.000 Wohneinheiten. Das Wohnquartier liegt am südöstlichen Stadtrand von Hannover, etwa 8 km vom Stadtzentrum entfernt. Mit der Stadtbahnlinie 6 ist das neue Quartier direkt an die Innenstadt angebunden.

Auf dem Kronsberg in Hannover-Bemerode errichtete AUG. PRIEN Niederlassung Bremen für die PHI Grundstücks GMBH auf Baufeld A9 ein Wohnensemble bestehend aus zwei Mehrfamilienhäusern mit 92 Wohneinheiten sowie 26 Reihenhäuser mit einem Innenhofgebäude mit insgesamt 9.435 m² Wohnfläche. 30 der Wohneinheiten sind öffentlich gefördert. Des Weiteren sind eine Kita, ein Café sowie zwei

Kronsrode Baufeld A9, Hannover: Das zukunftsweisende Wohnprojekt umfasst zwei Mehrfamilienhäuser mit insgesamt 92 Wohneinheiten, 26 Reihenhäuser sowie ein Innenhofgebäude. Zusätzlich wurden eine Kita, ein Café und zwei Sozialbüros integriert
Abb.: Quelle AUG. PRIEN Bauunternehmung

Kronsrode Baufeld A9, Hannover: Die architektonische Gestaltung zeichnet sich durch eine harmonische Einbettung in die Hanglage aus, was zu zahlreichen Gebäudevorsprüngen führt. Diese bauliche Besonderheit, kombiniert mit der Verwendung von vier unterschiedlichen Verblendsteinfarben, verleiht dem Bauvorhaben eine kleinteilige und ästhetisch ansprechende Optik
Abb.: Quelle AUG. PRIEN Bauunternehmung

Sozialbüros realisiert worden. Die Entwürfe stammen vom Architekturbüro Mäckler aus Frankfurt am Main, die Ausführungsplanung von KBG Architekten. Überdies sind 91 Pkw-Tiefgarageneinstellplätze, drei oberirdische Car-Sharing-Stellplätze und 22 oberirdische Pkw-Stellplätze, die mit elektrischen Ladesäulen ausgestattet sind, entstanden. Das Grundstück wird im Norden durch die Straße Bärenbleek begrenzt und erschlossen. Im Osten des Grundstücks verläuft die Straße Steinworth, im Süden grenzt die Christine-Hardt-Straße und im Westen die Lüddersworth an das Grundstück.

Die Wohnungen sind ansprechend mit Parkett ausgestattet und haben großzügige Loggien bzw. Balkone. Die frei finanzierten Wohnungen erhielten eine hochwertige Küchenausstattung.

Das Bauvorhaben ist auch aufgrund seiner Hanglage besonders und zeichnet sich durch viele Gebäudevorsprünge aus. Aufgrund der vier Verblendsteinfarben wirkt es architektonisch sehr kleinteilig.

Der Innenhof dient zum einen als Außenspielfläche für die Kita und zudem als schöne Aufenthaltsmöglichkeit für die Bewohner.

Das Bauvorhaben wurde im August 2022 begonnen und wurde Ende 2024 fertiggestellt.

Kronsrode Baufeld A9, Hannover: Baustand vom Juli 2023
Abb.: Quelle GRBV Ingenieure im Bauwesen

Bürogebäude Firma Wehrhahn mit Halle, Delmenhorst: Die Firma Wehrhahn hat kräftig in ihren Standort investiert und von AUG. PRIEN einen dreigeschossigen Neubau schlüsselfertig errichten lassen
Abb.: maßstab, Christian Haase, Bremen

BÜROGEBÄUDE WEHRHAHN MIT HALLE, DELMENHORST

Die Firma Wehrhahn, Hersteller von Porenbeton- und Faserzementproduktionsanlagen, hat kräftig in ihren Standort in Delmenhorst investiert. AUG. PRIEN zeichnet sich für die schlüsselfertige Errichtung des dreigeschossigen Büroneubaus im Oktober 2023 verantwortlich. Das scheinbar kleine Maschinenbauunternehmen hatte bereits 2019 die Idee eines Neubaus für die eigenen Büroräume. Ein befreundeter Architekt riet mit den Worten „die können das!" zu AUG. PRIEN. Kurze Zeit später klingelte in der Niederlassung Bremen das Telefon — und das Projekt nahm seinen Lauf.

Doch nach ersten Entwürfen und Angeboten für die Planung und den Neubau des Bürogebäudes bremste Corona leider alle aus. So wurde der Vertrag mit dem Bauherrn erst knapp ein Jahr später, im November 2020, unterschrieben. Im Januar 2021 wurde daraufhin der Bauantrag eingereicht. Nach „nur" knapp elf Monaten war dann die Baugenehmigung für dieses 10-Mio.-Euro-Projekt erteilt.

Mit Baustart im April 2022 wurden zwei Altbestände im vorderen Bereich der Mühlenstraße zurückgebaut, um dort mit dem 1. Bauabschnitt zu beginnen. Hier ist der vordere Bürokomplex mit Haupteingangsbereich und ca. 3.000 m² Nutzfläche in konventioneller Bauweise entstanden. In dem Gebäude kommen Laborräume, WC-Einheiten, Tee-

Bürogebäude Firma Wehrhahn mit Halle, Delmenhorst: Die Bauweise entspricht einer typischen Stahlbeton-Konstruktion mit massiven Treppenhauskernen sowie Stützen im Innenbereich
Abb.: maßstab, Christian Haase, Bremen

Bürogebäude Firma Wehrhahn mit Halle, Delmenhorst: Die Innenraumaufteilung erfolgt überwiegend in Leichtbauweise
Abb.: maßstab, Christian Haase, Bremen

küchen sowie eine Cafeteria mit Dachterrasse unter. Die Innenbereiche bestehen im Wesentlichen aus Parkettflächen, etwas Fliese, Tapeten sowie Farbanstrichen und viel Haustechnik.

Die Bauweise entspricht der heutigen Zeit typischen Stahlbeton-Konstruktion mit massiven Treppenhauskernen sowie Stützen im Innenbereich zur Realisierung von großräumigen Büroflächen und einem abschließenden Flachdach. Die Innenraumaufteilung erfolgt überwiegend in Leichtbauweise. Im Obergeschoss wurde die Dach-Fassadenfläche straßenseitig mit einem 66 Grad steilen Sparrendach einschließlich einer Metalleindeckung (Stehfalzdach) ausgeführt. Ansonsten ist die Fassade als klassische Verblendfassade mit dunklem Klinkerstein sowie farblich darauf abgestimmten Fenstern umgesetzt worden.

Der spätere Verbindungsbau zur Hallenerweiterung bekam eine Plattenfassade.

NEUE GRUNDSCHULE, BLIEDERSDORF-NOTTENSDORF

Die Samtgemeinde Horneburg realisiert in der Nottensdorfer Straße in Bliedersdorf den Neubau einer zweizügigen Grundschule mit einer Mensa und einer Sporthalle. Am 30. Mai 2024 fand die feierliche Grundsteinlegung statt.

Samtgemeindebürgermeister Knut Willenbockel begrüßte neben den Ratsmitgliedern der Samtgemeinde und den geladenen Gästen auch den Geschäftsführer des verantwortlichen Bauunternehmens AUG. PRIEN, Michael Groß. „Ich freue mich sehr, dass wir mit diesem Neu-

Neue Grundschule, Bliedersdorf-Nottensdorf: Der 19 Mio. Euro teure Schulneubau soll zum Schulstart im Sommer 2025 fertiggestellt sein. Zukünftig werden rund 200 Kinder die Grundschule besuchen können   Abb.: Quelle AUG. PRIEN Bauunternehmung

bau nicht nur eine Schule bauen, sondern mit der Sporthalle und der dazugehörigen Freiraumplanung zugleich auch einen neuen Treffpunkt für alle Bewohnerinnen und Bewohner aus Bliedersdorf und Nottensdorf schaffen", so Willenbockel.

Der Schulbau entsteht auf einem rund 10.000 m² großen Gelände und gliedert sich in drei Funktionsbereiche: die Sporthalle im Westen, die Lernbereiche im Osten sowie die allgemein genutzten Bereiche mit Foyer, Mensa und Verwaltung. Auch für den ab 2026 geplanten Ganztagsausbau in Niedersachsen sind Räumlichkeiten vorgesehen. Der Bau erfolgt eingeschossig und barrierefrei.

Neue Grundschule, Bliedersdorf-Nottensdorf: Der Schulbau entsteht auf einem rund 10.000 m² großen Gelände und gliedert sich in drei Funktionsbereiche: die Sporthalle im Westen, die Lernbereiche im Osten sowie die allgemein genutzten Bereiche mit Foyer, Mensa und Verwaltung   Abb.: moka-studio GbR

Realisiert wird das Projekt von der Firma AUG. PRIEN Bauunternehmung (GmbH & Co. KG), die die Planung, den Bau der Gebäude sowie das Anlegen der Außenanlagen übernimmt. „Die Grundsteinlegung der Grundschule Bliedersdorf-Nottensdorf markiert den Beginn der Rohbauarbeiten und ist ein besonderer Moment, da die Planungen nun sichtbar werden. Als Generalübernehmer legen wir großen Wert darauf, ein Gebäude zu errichten, in dem sich die Kinder wohl und behütet fühlen. Bildung ist ein wichtiges Gut, und wir freuen uns, dieses Projekt als nachhaltiges und architektonisch ansprechendes Bauwerk umzusetzen", so Michael Groß.

Entsprechend dieser Zielsetzung waren neben den Fragen des Energiekonzeptes, dem Errichten von Solaranlagen, dem Brandschutzkonzept mit Lösungen zur Entfluchtung, der Fassadengestaltung mit verschiedenen Formen und Klinkerfarben, auch die Planung der Lernräume besonders bedeutsam. Ihre Gestaltung wurde in enger Zusammenarbeit mit der Schulleitung abgestimmt.

So sehen die Planungen zwei Lernhäuser vor, die jeweils über einen lichtdurchfluteten Mittelpunkt verfügen, der mit integrierten Sitzecken viel Raum und Flexibilität für individuellen Unterricht bietet. Die zwischen den Klassenräumen positionierten Gruppen- und Differenzierungsräume erlauben zusätzlichen Platz für Individual- sowie Gruppenarbeiten.

Der 19 Mio. Euro teure Schulneubau soll zum Schulstart im Sommer 2025 fertiggestellt sein. Zukünftig werden rund 200 Kinder die Grundschule besuchen können.

Neue Grundschule, Bliedersdorf-Nottensdorf: Die Sporthalle wird im Westen liegen. Durch die vier Eingänge können alle Bereiche „autark" genutzt werden. Wärmepumpe und Photovoltaik sichern die Energieversorgung
Abb.: Quelle AUG. PRIEN Bauunternehmung

Neue Grundschule, Bliedersdorf-Nottensdorf: Die eingeschossige Bauweise des Neubaus sorgt für eine barrierefreie Zugänglichkeit. Der kindgerechte Maßstab und die harmonische Einbindung in die Ortsstruktur schaffen einen lebendigen und einladenden Ort für Kinder
Abb.: Quelle AUG. PRIEN Bauunternehmung

Generalunternehmer:
AUG. PRIEN Bauunternehmung (GmbH & Co. KG),
Niederlassung Bremen

Partner am Bau:
- OP Engineers GmbH
- Mull & Ohlendorf GmbH & Co. KG
- GRBV Ingenieure im Bauwesen GmbH & Co. KG
- Ingenieurbüro Drecoll PartGmbB
- Wilhelm Modersohn GmbH & Co. KG
- plan voll GmbH
- kbg architekten bagge · grothoff · halupzok Partnerschaftsgesellschaft mbB
- GP Papenburg Baugesellschaft mbH
- Janisch GmbH
- Hartec GmbH
- TSN-Beton

Anzeige

Kompetenz im Haus

Ein umfangreiches Paket an Bau- und Dienstleistungen rund um die Immobilie

Die AUG. PRIEN Bauunternehmung setzt auf eingespielte Teams mit flachen Hierarchien, schnellen Kommunikationswegen und kontinuierlichem Austausch von Erfahrungen, um jederzeit eine optimale Lösung auf dem neuesten Stand der Technik zu verwirklichen. Wir planen, bauen, sanieren, erweitern und verändern. Ob Bürogebäude, Produktionsstätten, Lager- und Logistikhalle, Warenhaus oder Schule. Mit seinen Kernkompetenzen Hochbau und Schlüsselfertiges Bauen bietet AUG. PRIEN seinen Kunden ein umfangreiches Paket an Bau- und Dienstleistungen rund um die Immobilie. Dabei sind wir in der Umsetzung einer Bauaufgabe in Einzelgewerken ebenso erfahren wie als Generalunternehmer oder IPA-Partner, in Partnermodellen oder PPP-Verfahren. Wirtschaftlichkeit und Qualität, ansprechende Architektur und Optimierung von Wartungs- und Betriebskosten sind die Eckpfeiler der Aktivitäten von AUG. PRIEN. Wir konzipieren unsere Objekte unter neuesten energetischen und umweltschutzrelevanten Kriterien, mit Blick auf kommende Generationen.

Ebenso sind wir im Hafen- und Wasserbau dort aktiv, wo es um innovative und effiziente Infrastruktur am und im Wasser geht. Bauwerke für die Schifffahrt und für den Hochwasserschutz sind unsere Leidenschaft.

Verlässlichkeit, Vertrauen und Offenheit in der Zusammenarbeit sind

für uns nicht nur Selbstverpflichtung, sondern auch der Schlüssel zum Erfolg. Unsere Kunden profitieren von unserer Erfahrung aus über 150 Jahren Unternehmens- und Baugeschichte sowie 75 Jahren in der Niederlassung Bremen.

Generalunternehmung, Bauunternehmung und Baudienstleistungen:
AUG. PRIEN Bauunternehmung (GmbH & Co. KG), Bremen

Anzeige

Ingenieure mit Leidenschaft für digitale Technik

Das Thema der Digitalisierung im Bauwesen geht mit einem baukulturellen Wandel einher. Die Herausforderungen der nächsten Jahre erfordern eine intensivere Zusammenarbeit von Bauherren, Beratern, Planern und Ausführenden – „kollaborative Kompetenz" wird entscheidend. Fachwissen und Standpunkte können mit digitalen Techniken zu abgestimmten Lösungen zusammengeführt werden.

Die zentralen Planungswerkzeuge fallen unter den Begriff Building Information Modeling (BIM) – Gebäudedatenmodellierung. Bürointern wurden hierfür frühzeitig die Weichen gestellt. In der Tragwerksplanung bedeutet dies:

„Erst virtuell bauen, dann real."

Seit fast 20 Jahren werden von der ersten Leistungsphase an datenbankorientierte Gebäudemodelle erzeugt, woraus Tragstrukturen und Lastabtrag entwickelt werden. Alle Bauteile werden als Volumenelemente konstruiert, und die notwendigen Informationen werden in der Bauteildatenbank hinterlegt. Das Gebäudemodell wird ständig verfeinert. Fehler aufgrund von nicht durchgeführten Änderungsübernahmen werden vermieden – der Austausch mit Architekten und Fachplanern kann über eine Projektplattform (CDE) erfolgen.

Baufirmen nutzen das Gebäudemodell für ihre Kalkulationsprogramme. Fragestellungen im Planungsprozess können anschaulich dargestellt und als Entscheidungsvorlage aufbereitet werden. Knifflige Detailpunkte werden in frühen Leistungsphasen erkannt und nicht erst im Rahmen der Ausführungsplanung gelöst. Entscheidungen werden im frühen Planungsprozess getroffen. Aus den Modellinformationen werden Zeichnungen und Listen generiert, sowohl in der Ortbeton- als auch in der Fertigteilplanung – Schnittstellenverluste werden vermieden.

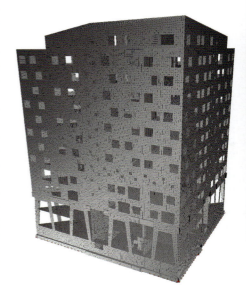

Die konstruktive Bearbeitung unserer Projekte erfolgt in Tekla Structures (Trimble). Für statische Aufgaben nutzen wir EDV-Programme von Infograph, RIB-Software und Dlubal. Die Gebäudemodelle korrespondieren mit der Bemessungssoftware. Wir optimieren kontinuierlich unsere Planungsprozesse in der Ortbeton- und Fertigteilplanung. Die innovative Entwicklung von Komponenten ermöglicht es uns, Fertigteilwerke in Deutschland und Dänemark termingerecht mit Planunterlagen und Datenaustauschformaten zu bedienen.

Starke Basis, sicherer Aufbau

Ihr Teamplayer in Sachen Bau

Wir entwickeln für Sie mit hoher Motivation, Kompetenz, Kreativität und Innovationskraft die optimalen Tragwerke und betreuen Ihre Projekte in allen Planungs- und Bauausführungsphasen.

op/engineers
Beratende Ingenieure

www.op-engineers.de

/ Ingenieurbüro
Tragwerksplanung
Ausführungsplanung
Fertigteilplanung

MULL & OHLENDORF
Performance im Galabau

Kreativ + innovativ   Individuelle Planung   Angebote nach Absprache   Optimale Umsetzung

Anzeige

Anzeige

Konzeption und Planung von Großküchen

Auf Grund langjähriger Erfahrung und der Konzentration auf das Wesentliche entsteht eine kreative Planung.

Grossküche auf den Punkt gebracht

Edgar Schaller
Drögenkamp 8
27313 Dörverden

info@planvollgmbh.de
www.planvollgmbh.de

kbg architekten
bagge · grothoff · halupzok
Zeughausstraße 70 · 26121 Oldenburg
www.kbgarchitekten.de

Produktinfo ◀

Drehtürantrieb ETS 42

Elektromotorischer Antrieb von ECO Schulte für Türen bis 150 kg

Speziell für kleinere Türen hat ECO Schulte den elektromotorischen Drehtürantrieb ETS 42 mit nur 70 mm Aufbauhöhe auf den Markt gebracht. Während das Modell ETS 73 für Türen bis 400 kg geeignet ist, endet der Einsatzbereich für den ETS 42 bei maximal 150 kg. Ein neues Gleitschienen- und Gestängesystem ermöglicht beim neuen Antrieb eine um 50 mm flachere Bauart. Dies erleichtert den Einsatz auch an schmalen Türprofilen oder bei engen baulichen Gegebenheiten. Der Drehtürantrieb ist sowohl für ein- als auch zweitürige Anlagen mit durchgehender Abdeckung vorgesehen und ist zudem besonders geräuscharm.

Wählbar sind Betriebsarten mit und ohne Servounterstützung. Die Federschließkräfte für das stromlose Schließen der Türen sind dabei ebenso einstellbar wie die Offenpositionen und die Anfahrkraft für den elektrischen Betrieb. Auch eine Anfahrtsverzögerung lässt sich bedarfsgerecht konfigurieren, insbesondere bei Motorschlössern und wenn Schließfolgeregelungen einzuhalten sind.

Für die verschiedenen Anwendungen hat der Türsystemspezialist ECO Schulte in seinem Portfolio umfangreiches Zubehör für den elektromotorischen Antrieb im Angebot.

Weitere Informationen unter: www.eco-schulte.com

Drehtürantrieb ETS 42: Ein neues Gleitschienen- und Gestängesystem ermöglicht für diesen Antrieb eine besonders kompakte Bauart   Abb.: ECO Schulte

Charme und Vielfalt

DREI HÖFE in Oldenburg: Hotel, Büros, Wohnungen und Markthalle treiben die Stadtteilentwicklung im Bahnhofsviertel voran / NOORD Hotel in Carolinensiel: neues architektonisches Highlight in der Region

DREI HÖFE, Oldenburg: Das Leuchtturmprojekt im Bahnhofsviertel vereint Hotellerie, Gastronomie, Einzelhandel, Büros und Wohnraum
Abb.: Quelle Alfred Döpker GmbH & Co. KG Bauunternehmen, Oldenburg

DREI HÖFE, OLDENBURG

Nachhaltigkeit hat viele Facetten – zunächst ökologische, klar. Aber nicht nur. Auch die Bausubstanz, Innovationskraft und die Beziehungen zwischen Kunden, Unternehmen sowie Mitarbeitern sollten auf Nachhaltigkeit gebaut sein. Dass das möglich ist, zeigt das Bauunternehmen Alfred Döpker seit über einem halben Jahrhundert – auch dank seiner Expertise im schlüsselfertigen Bau, in der Modernisierung, Sanierung und der digitalen Baudatenmodellierung. Denn: Döpker baut auf hochqualitative, solide, verlässliche Arbeit, die dauerhaft Vertrauen bei Bauherren, Partnern und Mitarbeitern schafft. Hierzu hat das gesamte Team Döpker nicht nur ein verbindliches Wertesystem entwickelt, sondern auch mehrere Corporate-Happiness-Botschafter etabliert, die einerseits als Ansprechpartner und inspirierende Ideengeber dienen und andererseits die gemeinsame Unternehmenskultur pflegen. Auf dieser Grundlage verwirklicht das Generalunternehmen selbst umfangreiche Quartiere im Rahmen einer nachhaltigen Stadtentwicklung mit maximaler Sicherheit. Die DREI HÖFE in Oldenburg sind da ein gutes Beispiel.

Zwischen Hafenpromenade, Innenstadt und Bahnhof gelegen, hat das Generalunternehmen Döpker mit den DREI HÖFEN im Jahr 2023 einen Komplex schlüsselfertig übergeben, der weit über die Region hinaus-

DREI HÖFE, Oldenburg: Vielfältige Mischnutzung setzt neue Impulse für die Stadtentwicklung
Abb.: Quelle Alfred Döpker GmbH & Co. KG Bauunternehmen, Oldenburg

DREI HÖFE, Oldenburg: Das Herzstück bildet das HIIVE Hotel mit 104 Zimmern und 230 Betten Abb.: Quelle Alfred Döpker GmbH & Co. KG Bauunternehmen, Oldenburg

strahlt: ein Projekt, das mit einer Folge aus drei offen gestalteten Innenhöfen und einem bunten Mischkonzept auf rund 9.500 m² Grundfläche Hotellerie, Gastronomie, Einzelhandel, urbanes Wohnen und Arbeiten vereint.

Der zentrale Baustein des Komplexes bildet das HIIVE Hotel, das das Land Niedersachsen im Rahmen der einzelbetrieblichen Investitionsförderung im Beherbergungsgewerbe unterstützt. Der Name des ersten Hotels der neu gegründeten HIIVE Experience Hotels Group ist Programm: Das Haus an der Rosenstraße am Stau soll zu einer Art urbanem Bienenstock (engl. „hive") wachsen. Die Bedingungen hierzu sind ausgesprochen gut: Mit seinem stilvollen Design, einem Bereich für Wellness, Konferenzen und Tagungen, seinen 104 Zimmern und insgesamt 230 Betten ist es seit Fertigstellung das größte Hotel in der Huntestadt. Hochwertig gestaltet und ausgestattet sowie kosmopolitisch ausgerichtet, bleibt das HIIVE lokal verbunden. Die markante Planung verdeutlicht dies: Durch einen großen öffentlichen Bereich im Erdgeschoss mit Lobby, Café und Bar öffnet sich das Hotel einladend zur Stadt hin. Eine 800 m² große Markthalle und Einzelhandelsflächen sollen das Erdgeschoss zusätzlich beleben. Im zweiten und dritten Obergeschoss entstanden 2.500 m² moderne offene Büroflächen unterschiedlicher Größen. Die oberste Etage bietet Raum für 13 hochwertig ausgestattete Penthouse-Mietwohnungen mit privaten Dachterrassen.

Der Bauherr der DREI HÖFE, die NBO Entwicklungsgesellschaft mbH, taxiert dessen Investitionsvolumen auf etwa 40 Mio. Euro.

DREI HÖFE, Oldenburg: Das HIIVE Hotel präsentiert sich elegant und einladend, mit stilvollen Bereichen für Wellness, Konferenzen und Tagungen
Abb.: Quelle Alfred Döpker GmbH & Co. KG Bauunternehmen, Oldenburg

NOORD HOTEL, CAROLINENSIEL

Inmitten des malerischen Nordseebads Carolinensiel ist ein besonderes Bauprojekt fertiggestellt worden: das NOORD. Dieses Hotelensemble, das Döpker für die Hotelgruppe HIIVE Experience Hotels umgesetzt hat, verspricht nicht nur höchsten Komfort, sondern markiert auch eine bedeutende Investition in die Zukunft der Region. Seit seiner Eröffnung im August 2024 hat das NOORD Hotel seine Türen für Reisende geöffnet und ist zu einem neuen architektonischen Highlight geworden. Die Anlage besteht aus dem historischen Gulfhof, einem modernen Hotelgebäude sowie drei Gästehäusern und fügt sich auf einfühlsame Weise in die natürliche Umgebung ein.

Mit insgesamt 63 Apartments in den Gästehäusern und stolzen 83 Hotelzimmern im Hotelgebäude bietet das NOORD eine breite Auswahl an Unterkünften. Um den Charakter des alten Gulfhofes zu erhalten, ist der bestehende Wirtschaftstrakt abgetragen und durch einen neuen Holzrahmenbau ergänzt worden. In diesen Räumlichkeiten sind das Restaurant und der Seminarraum mit Nebenräumen untergebracht.

Das Wohnhaus – Anfang des 20. Jh. errichtet – wurde ertüchtigt. Das Erdgeschoss des Wohnhauses dient als Café, während das Obergeschoss ungenutzt bleibt.

Die Hotelanlage ist als Gebäudeensemble angelegt, welches aus einem U-förmigen Hauptgebäude und drei annähernd baugleichen Gästehäusern besteht. Die Gebäude sind in eine Parkanlage eingebettet, welche sowohl an die Promenade entlang der Harle als auch an die Anlagen der Cliner Quelle im Süden anschließt. Die vier Häuser orientieren sich in Höhe und Form an der umliegenden Bebauung und verfügen jeweils über drei Geschosse und Satteldächer. Das Hauptgebäude ist mit seinen symmetrischen Seitenflügeln in Richtung Harle ausgerichtet. Zwischen den Gebäudeflügeln ist ein großzügiger, dreiseitig geschlossener Hof entstanden, in dem sich u. a. ein an die Hotellobby angrenzender Außenbereich befindet. Im Nordosten des Grundstücks wurden 139 Stellplätze geschaffen. Gegenüber des östlich angrenzenden Campingplatzes wird die Parkplatzanlage durch eine Schallschutzwand abgegrenzt.

Das beeindruckende Erscheinungsbild des NOORD wird durch eine Fassade aus Verblendern und einer Vielzahl an Sichtbetonfertigteilen ge-

NOORD Hotel, Carolinensiel: Mit insgesamt 63 Apartments in den Gästehäusern und stolzen 83 Hotelzimmern im Hotelgebäude bietet das NOORD eine breite Auswahl an Unterkünften   Abb.: Quelle Alfred Döpker GmbH & Co. KG Bauunternehmen, Oldenburg

NOORD Hotel, Carolinensiel: Das NOORD besteht aus einem Ensemble aus historischem Gulfhof, modernem Hotelgebäude und drei Gästehäusern – stilvoll gestaltet und eingerichtet   Abb.: Quelle Alfred Döpker GmbH & Co. KG Bauunternehmen, Oldenburg

NOORD Hotel, Carolinensiel: Besonders markant ist der historische Gulfhof
Abb.: Quelle Alfred Döpker GmbH & Co. KG Bauunternehmen, Oldenburg

prägt. Diese gelungene Kombination aus traditionellen und modernen Materialien verleiht dem Gebäude einen einzigartigen Charakter und fügt sich perfekt in die umgebende Landschaft ein. Eine Betonung des Haupteingangs erfährt die Westfassade durch eine großflächige Verglasung mit dahinterliegendem Luftraum sowie einem Vordach. Auskragende Balkone sind darüber hinaus im ersten Obergeschoss vertreten. Die Satteldächer erhielten eine graue Pfanneneindeckung. In die Dachflächen fügen sich Gauben, Dachterrassen und Loggien ein. Die Bekleidungen der Gauben bestehen aus Leichtmetall in unterschiedlicher Ausführung.

Auch die Innenräume des NOORD überzeugen mit höchster Qualität. Die Hotelzimmer und Apartments sind mit hochwertigem Parkettboden ausgestattet, während die Flure mit Teppichboden und die Treppenhäuser mit Betonwerkstein gestaltet wurden. Diese raffinierten Details schaffen eine gemütliche und stilvolle Atmosphäre, in der sich die Gäste sofort wohlfühlen. Für die notwendige Entspannung sorgt u. a. ein großzügig dimensionierter Wellnessbereich mit direktem Blick auf das seichte Wasser der Harle sowie ein Kaminzimmer, das auch an kalten Tagen zum Verweilen einlädt.

Die Bauarbeiten an diesem beeindruckenden Projekt hatten im Mai 2022 begonnen. Nun haben Reisende aus aller Welt die Möglichkeit, die Schönheit und den Komfort des NOORD zu genießen und unvergessliche Momente in dieser einzigartigen Destination zu erleben.

NOORD Hotel, Carolinensiel: Um den Charakter des alten Gulfhofes zu erhalten, ist der bestehende Wirtschaftstrakt abgetragen und durch einen neuen Holzrahmenbau ergänzt worden   Abb.: Quelle Alfred Döpker GmbH & Co. KG Bauunternehmen, Oldenburg

Generalunternehmen:
Alfred Döpker GmbH & Co. KG Bauunternehmen, Oldenburg
-Projekt „DREI HÖFE, Oldenburg"
Bauherr:
NBO Entwicklungsgesellschaft mbH, Oldenburg
Planender Architekt:
ANGELIS & PARTNER Architekten mbB, Oldenburg
-Projekt „NOORD Hotel, Carolinensiel"
Bauherr:
Norddeutsche Bau NB GmbH & Co. KG, Oldenburg
Planender Architekt:
ANGELIS & PARTNER Architekten mbB, Oldenburg

Partner am Bau:
- Metall & Glas Sosath & Lippa GmbH
- Uwe Thormählen GmbH
- Björn Knuth Trocken- & Akustikbau GmbH & Co. KG
- Ponel Bau GmbH
- Sonnenschutz-Partner GmbH
- IVENS Gesellschaft für Haustechnik mbH & Co. KG
- OP Engineers GmbH
- Ingenieurberatung Bröggelhoff GmbH

Anzeige

Gemeinsam in die Zukunft

Mit Teamgeist, Innovation und einer starken Unternehmenskultur geht das Bauunternehmen Alfred Döpker neue Wege

Digitalisierung, smarte Technologien, Automatisierung, vernetzte Zusammenarbeit: An der Schwelle zur Wissensgesellschaft ist das Oldenburger Bauunternehmen Alfred Döpker ganz vorne dabei. Dabei geht es seinen eigenen Weg – den Mitarbeiter aktiv mitgestalten können.

„Eine sinnstiftende und erfüllende Tätigkeit steigert die Zufriedenheit und Motivation; schließlich ist Arbeitszeit auch Lebenszeit", ist der geschäftsführende Gesellschafter von Döpker, Christian Schaefer, überzeugt. Für ihn und sein Team steht fest: „Jeder Mitarbeiter und jede Mitarbeiterin soll die eigenen persönlichen Stärken einbringen und entfalten können." Alle im Team sollen die Möglichkeit haben, ihre Ideen einzubringen und aktiv an der Weiterentwicklung des Unternehmens mitzuwirken. Schließlich schafft diese Kultur der offenen Kommunikation und des gegenseitigen Respekts ein kreatives und produktives Arbeitsklima.

Deshalb setzt Döpker bereits seit Jahren auf flache Hierarchien und individuelle Förderung. Hierzu gehören wie selbstverständlich regelmäßige gemeinsame Events, Workshops, Teamcoachings, aber auch Ausflüge und gemeinsame Frühstücke.

Den Teamgeist hat das Oldenburger Unternehmen sogar in ein für alle verbindliches gemeinsames Wertefundament gegossen: Döpker startete eine Mitarbeiterumfrage, fing anonymisierte Meinungen ein. Sie mündete in ein damals für die Firmengeschichte einzigartiges Vorhaben: Auszubildende, Maurer, Ingenieure und Chefs entwickelten gleichberechtigt in drei Gruppen die Vision, die Mission und die Leitwerte des Unternehmens. Nach einjähriger Arbeit stand ein Ergebnis, für das jeder Mitarbeiter persönlich einstand – und das zugleich ein unverstelltes Bekenntnis zum Unternehmen darstellte.

Bis heute pflegen mehrere Mitarbeitende, die sich zu Corporate Happiness® Botschafter*innen haben ausbilden lassen, die Unter-

Bei Döpker engagieren sich ausgebildete Corporate Happiness® Botschafter*innen als Ideengeber und Ansprechpartner fürs gesamte Team
Abbildungen: Quelle Alfred Döpker GmbH & Co. KG, Oldenburg

Das Bauunternehmen Alfred Döpker setzt seit Jahren auf flache Hierarchien, um Talente gezielt nach Stärken zu fördern   Abb.: Quelle Alfred Döpker GmbH & Co. KG, Oldenburg

nehmenskultur. Sie sind inspirierende Ideengeber, Multiplikatoren und Ansprechpartner fürs gesamte Team. Denn eine Kultur, die nicht gelebt wird, geht schließlich verloren. Aus diesem Grund prangen in der Firmenzentrale für jeden gut sichtbar die neun Unternehmenswerte – als Fundament für künftige Maßnahmen und Projekte. Und zur Erinnerung an die gute Zusammenarbeit. Döpker zeigt, dass ein Bauunternehmen nicht nur durch technologische Kompetenz und handwerkliches Können überzeugen kann, sondern auch durch eine werteorientierte und mitarbeiterzentrierte Unternehmenskultur. So wird der Erfolg von Döpker zu einem Erfolg für alle Beteiligten – Mitarbeitende, Kunden, Partner und die Gemeinschaft.

Alfred Döpker GmbH & Co. KG, Bauunternehmen
Ekernstraße 62, 26125 Oldenburg
Tel. 0441/9 39 91-0

„WIR LEBEN HANDWERK – MIT SYSTEM!"

Glasfassaden I Fenster und Türen I automatische Türanlagen
Wintergärten I Terrassenüberdachungen I repräsentative Eingangsanlagen
Brandschutztüren und Verglasung I Glasdächer

Am Altendeich 6 • 26939 Ovelgönne
Tel. 04401 9308-0 • info@metall-glas.de • www.metall-glas.de

NORDISH BY NATURE

Gerade hier oben im Norden sind Hausdächer und Fassaden durch Hagel, Sturm, Schnee und Perioden intensiver Sonneneinstrahlung auf besondere Weise beansprucht. Will man hier langlebige Bauten realisieren, erfordert es spezielles Know-how und Können – das haben wir!

Denn seit über 40 Jahren setzen wir dem norddeutschen Wetter etwas entgegen: Und zwar Dächer und Wände, die allen Wettern gewachsen sind.
Als Dachdecker-, Zimmerei- und Bauklempnerbetrieb bieten wir seit 1979 individuelle Lösungen rund ums Dach an. Wir zählen mit rund 80 Mitarbeitern zu den größten Handwerksbetrieben in der Region.

Unser Leistungsspektrum umfasst die komplette Dachgestaltung über die Wärmedämmung bis zur Eindeckung mit Reet, Ziegel, Betondachsteinen, Schiefer, Zink und Kupfer sowie den Fassadenbau mit eigens verarbeiteten Materialien.

Darüber hinaus hat das Thema Holzbau in den letzten Jahren stetig an Bedeutung gewonnen. Bei Dachkonstruktionen als Tragwerk setzen wir auf unsere bewährten Holzrahmenbauten, die wir in unserem eigenen Werk fertigen.

Zu unseren aktuellen Referenzen zählen u. a. folgende Objekte:

- **NOORD Hotel, Carolinensiel**
- **Wohn- und Geschäftshaus, Oldenburg**
- **Wichernstift, Ganderkesee**

Uwe Thormählen GmbH / Bardenfleth 25 / 26931 Elsfleth / Tel: 04485 - 419 680 / info@uwe-thormaehlen.de

Björn Knuth

Wir realisieren Ihre Traumprojekte in Trockenbau, Akustik und Brandschutz.

Trockenbau & Akustikbau
Raumlösungen mit Schallschutz

Brandschutz
Sicherheit für Ihr Zuhause und Ihr Unternehmen

Altbausanierung
Mit Liebe zum Detail zum neuen Glanz

Tischlerarbeiten
Fenster, Türen und Treppen nach Maß gefertigt

In guten Händen. Von Anfang an.

- ✓ Zuverlässigkeit und Kompetenz
- ✓ Höchste Qualität
- ✓ Flexibilität und Schnelligkeit
- ✓ Faire Preise
- ✓ Rundum-Service aus einer Hand
- ✓ Persönlicher Ansprechpartner

Ihre Experten für Altbausanierung und modernes Bauen und Wohnen

Björn Knuth
Hanomagstraße 8 | 26629 Großefehn
bjoern-knuth@t-online.de

Tel.: 04943 - 40557 - 0
Fax: 04943 - 40557 - 11

www.akustikbau-knuth.de

Präqualifiziert

Nr. 011.130067

Anzeige

Modernisiert und damit attraktiver

Erster Spatenstich für den Neubau des neuen Terminals am Flughafen Braunschweig-Wolfsburg

Das neue Terminal vor dem denkmalgeschützten Hauptgebäude
Abb.: Bühring Architekten

Mit dem Bau eines neuen Terminals wird der Flughafen Braunschweig-Wolfsburg sowohl baulich als auch technisch modernisiert und damit attraktiver. Der Neubau war notwendig geworden, um Platz für neue behördliche Anforderungen an die Abfertigung von Passagieren und Gepäck erfüllen zu können, für die im denkmalgeschützten Hauptgebäude kein Platz war.

Mit dem ersten Spatenstich durch die Oberbürgermeister Dr. Thorsten Kornblum (Braunschweig) und Dennis Weilmann (Wolfsburg) sowie dem Flughafen-Aufsichtsratsvorsitzenden Matthias Disterheft und Geschäftsführer Michael Schwarz und Andreas Köster, Geschäftsführer von Gerlach-Schlüsselfertigbau startete am 5. September 2024 der offizielle Baubeginn. Die Inbetriebnahme ist bis spätestens Oktober 2025 geplant.

Der Check-In und die Sicherheitskontrollen für den Abflug finden derzeit noch im Foyer des historischen Flughafengebäudes statt, das für die Abfertigung des Vorkriegs-Verkehrsflugzeugs JU 52 mit 15 Passagieren ausgelegt worden war. Heute nimmt die Sicherheitstechnik beinahe den gesamten Raum ein, sodass es bei größerem Passagieraufkommen nicht zu vermeiden ist, dass die Fluggäste vor dem Gebäude im Freien warten müssen.

Diese extrem beengte Situation sowie verschärfte Anforderungen u.a. bei der Sicherheitskontrolle haben die Investition von mehr als 4 Mio. Euro in das neue Terminal mit einer Brutto-Grundfläche von 825 m² erforderlich gemacht. Es wird auf der nördlichen Seite zwischen Vorfeld und Hauptgebäude als filigraner Stahl-Glasbau nach einem Entwurf des Büros Bühring Architekten aus Wolfsburg entstehen. Bei Bau und Betrieb wird hohe Energieeffizienz umgesetzt. Die Aufenthaltsqualität wird sich vor allem durch zeitgemäße Sitzgelegenheiten, Barrierefreiheit, Beleuchtung und Belüftung sowie auch sanitäre Einrichtungen für Passagiere und Mitarbeitende deutlich verbessern. Dazu wird auch der freie Blick auf das Vorfeld beitragen.

„Durch das neue Terminal wird der Flughafen sowohl technisch als auch im Hinblick auf die Kundenorientierung erheblich aufgewertet. So können die Anforderungen des Clusters am Research Airport und des Flugbetriebs noch besser erfüllt werden. Der moderne Glasbau des Terminals verschmilzt harmonisch mit dem denkmalgeschützten alten Flughafengebäude und bildet so einen attraktiven Eingang zu unserer Stadt", sagte der Braunschweiger Oberbürgermeister Dr. Thorsten Kornblum.

Und der Wolfsburger Oberbürgermeister Dennis Weilmann meinte: „Der Flughafen hat für Wolfsburg als Wirtschafts- und auch Forschungsstandort eine große Bedeutung. Wir sind daher sehr froh, dass die Infrastruktur nun noch weiter ausgebaut wird. Der Flughafen wird mit dem neuen Terminal nochmal deutlich aufgewertet und eine noch größere Rolle in unserer Region einnehmen."

Check-In und Sicherheitskontrolle für den Abflug sowie die Passkontrolle und Gepäckausgabe für Ankunft finden während der Bauzeit unverändert statt.

Der erste Spatenstich zum offiziellen Baubeginn des Terminals (von links) durch Braunschweigs Oberbürgermeister Dr. Thorsten Kornblum, Flughafen-Aufsichtsratsvorsitzenden Matthias Disterheft, Flughafen-Geschäftsführer Michael Schwarz, Wolfsburgs Oberbürgermeister Dennis Weilmann und Andreas Küster, Geschäftsführer Gerlach Fertigbau
Abb.: 0816 Media/Flughafen

Bauherr:
Flughafen Braunschweig-Wolfsburg GmbH, Braunschweig

Partner am Bau:
- TSN-Beton

Planung und Realisierung mit neuester Methodik

Havekant „U-Hof 3" – Alter Stadthafen Süd in Oldenburg / Neues EDEKA-Center und Rossmann für Marienhafe

HAVEKANT U-HOF 3

Am südlichen Ufer des Alten Stadthafens entsteht in unmittelbarer Nähe zur Oldenburger Innenstadt das Stadtquartier Havekant. Bereits in den vergangenen Jahren konnte die Freytag & v. d. Linde Projekt-, Management- und Baugesellschaft mbH & Co. Kommanditgesellschaft als Generalunternehmer die dortigen Bauvorhaben „Turm & Riegel" sowie U-Hof 1 erfolgreich realisieren. Mit dem U-Hof 3 konnte nun im August 2024 das dritte große Bauvorhaben fertiggestellt und an die Auftraggeber übergeben werden.

Der U-Hof 3 widmet sich dem Thema „Neues Wohnen und Arbeiten" und wird nach den Anforderungen der BEG (Bundesförderung für effiziente Gebäude) als Effizienzhaus 40 ausgeführt. Der u-förmige Komplex, bestehend aus drei Gebäuden, umschließt einen zur Hunte offenen Innenhof. Im Erdgeschoss wurden Flächen für Gastronomie und Gewerbe erstellt, in den darüberliegenden Geschossen sind hochwertige und flexible Büroeinheiten mit Coworking Bereichen entstanden. Bereits in der Bauphase wurde besonders auf die individuellen Wünsche der Mieter eingegangen, was teilweise Umbauten oder sogar Rückbauten im laufenden Bauprozess erforderte. Die Büroeinheiten wurden mit hochwertigen Glastrennwänden, modernen Küchen, flexiblen mobilen Trennwänden und speziellen Leuchten ausgestattet. Darüber hinaus übernahmen wir die KNX-Programmierung, für eine smarte Gebäudesteuerung.

Durch den Einsatz einer modernen Deckenheizung und -kühlung in Kombination mit dieser intelligenten Technologie wird den künftigen Mietern ein fortschrittlicher und komfortabler Arbeitsplatz geboten, der höchsten Ansprüchen gerecht wird.

Im Wohngebäude ist eine Betonkerntemperierung (BKT) verbaut, die mittels Erdsonden im Sommer für die passive Kühlung der Wohnungen genutzt wird. Abgerundet wird das Konzept mit einer großen Photovoltaikanlage auf dem Dach, die u.a. die über 20 Ladesäulen für E-Mobility in der Tiefgarage speist.

Nicht nur bautechnisch ist der U-Hof 3 ein interessantes und

U-Hof 3: Der Neubau widmet sich dem Thema „Neues Wohnen und Arbeiten". Die Flächen für Wohnen und Coworking-Angebote greifen ineinander und erzeugen so einen innovativen, urbanen Komplex   Abb.: maßstab, Bremen

U-Hof 3: Alle drei Gebäudekörper umschließen den zur Hunte offenen Innenhof
Abb.: maßstab, Bremen

fortschrittliches Projekt. Er ist darüber hinaus ein BIM-Projekt und wurde mit der LEAN-Methodik abgewickelt. Dabei wurden sämtliche Projektbeteiligte wie Bauherr, Architekt, Tragwerksplaner sowie die Fachplaner HLS und Elektro in den Prozess und die Methodik eingebunden. Gemeinsam wurde sich auf eine kooperative Projektbearbeitung nach der BIM-Methodik während der Planungs- und Ausführungsphase verständigt. Bereits vor dem ersten Spatenstich sollten somit die Fachmodelle der Architektur, Tragwerksplanung und technischen Gebäudeausrüstung überlagert werden und vorab einen digitalen Zwilling des gesamten Projekts abbilden. Viele Themen konnten so im Vorfeld durch ein Koordinierungsmodell festgestellt und gelöst werden.

Auf dieser Grundlage werden alle planungs- und ausführungsrelevanten Themen, Mängel und Kollisionen direkt im Modell bzw. auf der verknüpften 2D-Planung verortet. Für jedes Thema wird ein eigenständiger Punkt (sogenannte Pendenz) in einem offenen Austauschformat (BCF) angelegt. Jeder Pendenz werden weitere, dem jeweiligen Thema zugehörige Informationen angehängt wie z.B. Status, Priorität und verantwortliche Bearbeiter. Zudem können Dateien angehängt und über einen Chat kommuniziert werden. Über eine Historie lassen sich Änderungen an jeder Pendenz nachverfolgen.

Die LEAN-Methodik widmet sich im Wesentlichen dem Schaffen von Werten unter Vermeidung von Verschwendung. Im Zuge der LEAN-Taktplanung werden sogenannte Waggons erschaffen, die aus visueller Sicht wie ein Zug durch das Bauvorhaben fahren. Dazu werden im ersten Schritt die Taktbereiche und die Gewerkesequenz ausgearbeitet. Während der Bauausführung finden tägliche Taktsteuerungsbesprechungen in den jeweiligen Taktbereichen statt. Dies dient dem Abgleich von Terminen, Qualität und Arbeitssicherheit. So bleibt man stets am Puls der Baustelle.

U-Hof 3: Die prägnante zweischalige Außenwand überzeugt durch ein vielfarbiges Verblendmauerwerk im Wildverband
Abb.: maßstab, Bremen

Freytag & v.d. Linde Projekt-, Management- und Baugesellschaft mbH & Co. KG

NEUES EDEKA-CENTER UND ROSSMANN-FILIALE IN MARIENHAFE

Am 25. April 2024 wurde im Herzen von Marienhafe das neue E-Center, gemeinsam mit einem Rossmann eröffnet. Der Andrang war groß. Zu Recht, denn die beiden neuen Märkte bilden einen neuen zentralen Einkaufsknotenpunkt in der Region.

Der Bau erfolgte im Auftrag der EDEKA-MIHA Immobilien-Bau GmbH durch die Freytag & v. d. Linde Projekt-, Management- und Baugesellschaft mbH & Co. Kommanditgesellschaft als Generalunternehmer. Auf einer Gesamtfläche von 15.700 m² sind in 16 Monaten Bauzeit zwei neue Märkte sowie die Außenanlagen schlüsselfertig und termingerecht übergeben worden.

Die neuen Märkte bestechen durch ihr modernes äußeres Erscheinungsbild – eine geteilte Fassade aus weißem Außenputz, Trespa-Platten Holzoptik und grauen Großformatplatten sowie dunklem Verblendmauerwerk. Auch im Außenbereich wurde auf eine stimmige Farbpalette, Kontraste und gut sichtbare Übergänge geachtet.

Das moderne Erscheinungsbild setzt sich im Inneren fort. Durch das sichtbare Dachtragwerk aus Fischbauchbindern mit einer Länge von bis zu 30 m wird ein Blick bis unter das Trapezblech und die abgehängte technische Gebäudeausstattung ermöglicht.

Der gesamte Nutzungsbereich des E-Centers umfasst insgesamt 4.230 m², auf die Verkaufsfläche entfallen davon 2.300 m². Technisch ist das Gebäude auf dem aktuellen Stand der Technik. Die Behei-

Edeka-Center: Das Gebäude ist auf dem neuesten Stand der Technik. In der gesamten Verkaufsfläche wurde eine Betonkernaktivierung verbaut und punktuell mit einer Fußbodenheizung ergänzt
Abb.: maßstab, Bremen

zung erfolgt über die Abwärme der Kälteanlage sowie über eine Wärmepumpe. In der gesamten Verkaufsfläche wurde eine Betonkernaktivierung verbaut und punktuell mit einer Fußbodenheizung ergänzt. Die gesamte Haustechnik, inklusive Beleuchtung, wird über die MSR geregelt, gesteuert und überwacht. Die Stromversorgung des Centers erfolgt über einen Trafo und eine Photovoltaik-Anlage. Der Außenbereich besteht aus 239 Parkplätzen, davon vier Eltern-Kind-, sechs Behinderten- und zwei Treckerstellplätze. Ergänzt wird das Angebot durch vier E-Ladepunkte. Alle nicht asphaltierten und nicht gepflasterten Flächen wurden mit bienenfreundlichen

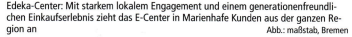

Edeka-Center: Mit starkem lokalem Engagement und einem generationenfreundlichen Einkaufserlebnis zieht das E-Center in Marienhafe Kunden aus der ganzen Region an
Abb.: maßstab, Bremen

Edeka-Center: Den KundenInnen wird große Vielfalt auf modernen und lichtdurchfluteten Verkaufsflächen im maritimen, ostfriesischen Stil geboten Abb.: maßstab, Bremen

Sträuchern und Stauden sowie zusätzlich mit Gräsern und Bodendeckern bepflanzt. Ergänzend wurden zwei Bienenhotels gebaut sowie die schattigen Bereiche der Gebäudeaußenkanten und der Räumstreifen zur Bundesstraße mit Rasen bepflanzt.

Im Blick auf den geplanten Eröffnungstermin und die notwendigen Zeiträume für Feinreinigung, Sachverständigenabnahmen und den Ladenbau wurde ab Projektbeginn der Fokus auf die bauliche und organisatorische Optimierung sowie den notwendigen Planungsstandard gelegt. Einen hohen Stellenwert nahm die LEAN-Construction ein, hier speziell mithilfe des Last-Planner-Systems. Auf Grundlage eines Raumbuchs wurden alle Räume leistungsbezogen getaktet und in eine zeitliche Abfolge gebracht. Durch den detaillierten Einstieg in die Ausführung im frühen Planungsstadium konnten bereits konkrete Detailfragen geklärt werden und die Ergebnisse in die Ausschreibung der jeweiligen Nachunternehmerleistungen einfließen.

Neben der organisatorischen Bauzeitoptimierung wurde auch baulich nach Möglichkeiten gesucht. Zeitliches Einsparpotenzial ist dabei durch die Verwendung von vorgefertigten Porotonwänden entstanden, die vor Ort zwischen die bereits hergestellten Stützenreihen gestellt und verbunden wurden.

Das baubegleitende Mängelmanagement vor Ort erfolgte plattformbasiert und digital. Erkannte Mängel und Restleistungen wurden direkt nach Bekanntwerden mit Bilddokumentation und Beschreibung sowie genauer Verortung an die zuständigen Nachunternehmen weitergeleitet. Diese Vorgehensweise setzt sich im Betrieb und innerhalb des Gewährleistungszeitraums fort.

Generalunternehmer:
Freytag & v.d. Linde Projekt-, Management- und Baugesellschaft mbH & Co. KG, Oldenburg
-Projekt „U-Hof 3, Oldenburg"
Bauherr:
Hafenkante U-Hof 3 GmbH, Bremen
Planender Architekt:
Angelis & Partner Architekten mbB, Oldenburg
-Projekt „E-Center mit Drogeriemarkt, Marienhafe"
Bauherr:
EDEKA-MIHA Immobilien-Bau GmbH, Minden

Partner am Bau:
- Bauplanung Nord - Oldenburg GmbH & Co. KG
- Ihr Tischler-Partner, Meisterbetrieb
- AIMA Malereifachbetrieb GmbH & Co. KG
- Hartec GmbH
- Christoffers GmbH
- Fliesen Helmerichs
- Bodo Westerholt Straßen- und Tiefbau GmbH
- Metall & Glas Sosath & Lippa GmbH
- Sonnenschutz-Partner GmbH
- Ponel Bau GmbH
- OP Engineers GmbH

Anzeige

Anzeige

MEISTERBETRIEB

Wir fühlen uns traditionellem Handwerk verbunden und beraten Sie vor Ort, um Ihre Wünsche im persönlichen Gespräch gezielt zu erarbeiten.

Als Meisterbetrieb sind wir auch interessiert, der nächsten Generation unser Know-how weiterzugeben und sind deswegen auch Ausbildungsbetrieb.

TISCHLERHANDWERK

Als Tischler sind vor allem zwei Dinge wichtig: geschickte Hände und technisches Verständnis. Wir verfügen über beides. Was uns wirklich motiviert, ist die Möglichkeit, mit natürlichen Werkstoffen zu arbeiten und dabei Ihre Wünsche kreativ umzusetzen.

Als Tischler fertigen und montieren wir diverse Produkte aus Holz und vielen weiteren Materialien und schrecken dabei auch vor komplizierten oder speziellen Kundenwünschen nicht zurück. Von der Fenstermontage bis zur Fußleiste sind wir Ihr Ansprechpartner. Nach Kundenwunsch fertigen wir spezielle Regale oder Schränke, passen Türen und Zargen Ihren Maßen an oder montieren Fenster, Türen und Insektenschutz.

Als Meisterbetrieb sorgen wir stets für hochwertige Verarbeitung durch unser fachliches Know-how. Mit professionellem Werkzeug sind unsere Tischler in Varel und Umgebung für Sie unterwegs. Ob Holzarbeiten im Innen- oder Außenbereich, Möbel- oder Innenausbau, Fenster und Türen – sprechen Sie uns an.

SACHVERSTÄNDIGER

Als Sachverständiger für das Tischlerhandwerk der Handwerkskammer Oldenburg erstelle ich außerdem Gerichts-, Schieds- und Privatgutachten zur Beurteilung Ihres Objekts.

Gerne führen wir eine Ortsbesichtigung durch, um Sie Ihren Anforderungen nach zu beraten.

LEISTUNGEN

- Innenausbau
- Türen einbauen
- Insektenschutz
- Haustüren
- Fenstermontage
- Beschattung

Ihr Tischler-Partner Meisterbetrieb

Inhaber Carsten Lüschen

 Wiefelsteder Straße 188, 26316 Varel, Tel. 04456 - 948320
info@ihr-tischler-partner.de, www.ihr-tischler-partner.de

Wir setzen Ihre kreativen Ideen in die Realität um!

Seit 2016 stehen wir bei der **AIMA Malerfachbetrieb GmbH & Co. KG** für Qualität, Kompetenz und Leidenschaft im Handwerk. Unser Ziel ist es, Ihre individuellen Wünsche zu erfüllen und dabei höchste Standards in Beratung, Material und Ausführung zu garantieren.

UNSERE LEISTUNGEN: KREATIV. HOCHWERTIG. NACHHALTIG.
Der erste Schritt zu Ihrem perfekten Ergebnis beginnt mit einer professionellen Beratung vor Ort. Gemeinsam mit Ihnen entwickeln wir maßgeschneiderte Lösungen, die Ihre Ideen und Anforderungen optimal umsetzen.

Wir legen besonderen Wert darauf, dem Handwerk die Wertschätzung zu geben, die es verdient. Dafür setzen wir ausschließlich auf Markenprodukte führender Hersteller, die nicht nur höchste Qualität, sondern auch gesundheitliche Unbedenklichkeit gewährleisten. Denn Ihre Sicherheit und Zufriedenheit sind für uns oberstes Gebot.

IHRE GESUNDHEIT IM FOKUS
Bei Renovierungsarbeiten spielen gesundheitliche Aspekte eine entscheidende Rolle – besonders für Allergiker und Familien mit Kindern. Als verantwortungsbewusster Handwerksbetrieb sind wir mit umweltfreundlichen, schadstoffarmen und allergikergerechten Materialien bestens vertraut. Unser Team berät Sie gerne zu den besten Optionen für Ihre individuellen Bedürfnisse.

WARUM AIMA?
- Erfahrung & Expertise: Über 30 hochqualifizierte Mitarbeiter stehen Ihnen zur Seite.
- Nachhaltigkeit & Qualität: Wir achten auf umweltbewusste Materialien und langlebige Lösungen.
- Individuelle Betreuung: Persönliche Beratung und passgenaue Lösungen.

Lassen Sie uns Ihre Projekte gemeinsam verwirklichen!

Vereinbaren Sie einen unverbindlichen Beratungstermin und überzeugen Sie sich selbst von unserer Arbeit. Wir freuen uns darauf, Ihre Ideen in die Realität umzusetzen!

AIMA
Malereifachbetrieb GmbH & Co. KG

Bramkampsweg 14a, 26215 Wiefelstede
Telefon: 04458 / 94 99 333
info@maler-aima.de, www.maler-aima.de

Anzeige

Unser familiengeführtes Unternehmen Hartec GmbH ist in den Bereichen Stahlbau / Metallbau und Verkehrstechnik vertreten. Mit unserem starken Team werden individuelle Lösungen von der Planung bis zur Montage in höchster Qualität umgesetzt. Des Weiteren fertigen wir nach Kundenwunsch Blechzuschnitte im Plasma- und Autogenverfahren.

Stahl- und Metallbau:
- Treppen- und Geländerbau
- Stahlbaukonstruktion unter anderem für den Leitungsbau / Stahlwasserbau
- Sonderkonstruktion
- Baugruppen- und Serienfertigung

DIN EN 1090
REG.-NR. 0114159

Verkehrstechnik: Unsere verschiedenen Standardkonstruktionen sowie Sonderkonstruktionen tragen dazu bei, die Verkehrstechnik sicher zu gestalten. Wir bieten für alle Bereiche der Verkehrstechnik ausgereifte Lösungen.
- Rundmasten
- MSH-Masten
- Gabelständer
- Tri-Masten
- Brückenschildhalterungen
- Ankerkörbe

DIN EN ISO 9001
REG.-NR. Q1 0114159

Brennanlage: Mit unserer Brennanlage brennen wir Plasma- und Autogenzuschnitte für diverse Kunden und, um ein hohes Maß an Flexibilität in der Fertigung zu schaffen, auch für den Eigenbedarf.
- Schnelle und flexible Auftragsabwicklung
- Hohe Qualitätsansprüche
- Ein hohes Maß an Zuverlässigkeit
- Kundennähe

Hartec GmbH, Sandfelderstraße 5a, 26931 Elsfleth
Tel. 04404/970419, Info@hartec-ht.de, www.hartec-ht.de

Anzeige

Ihr Partner für Wasserhaltungen

LÖSUNGSORIENTIERTE KONZEPTE FÜR WASSERHALTUNGEN UND -AUFBEREITUNGEN

Die Christoffers GmbH ist ein Bauunternehmen mit Schwerpunkt Wasserhaltungen und Wasseraufbereitungen. Insbesondere für Baugruben aller Art und Größe bieten wir eine komplette Leistung an, damit die folgenden Gewerke verlässlich eine trockene Baugrube vorfinden. Unser Leistungsportfolio ist mittlerweile umfassend, sodass wir uns als Komplettanbieter im Gewerk Wasserhaltung sehen. In jeder Niederlassung hat unser Team eine umfangreiche Erfahrung im Spezialtiefbau.

Wir beraten gern Projekte in der Planungsphase, um unsere Erfahrungen einzubringen. Wir können auf Basis Ihrer Baugrubenplanung eine mögliche Wasserhaltung vorschlagen und dimensionieren, Absenkradien optimieren, den Genehmigungsprozess strukturieren sowie eine wirtschaftliche Einleitsituation im Vorfeld entwickeln. Insbesondere das Gewerk Wasserhaltung steht oftmals nicht im Fokus der Planungsbüros und kann sich bei einer baubegleitenden Planung unter Zeitdruck zu einem wirtschaftlichen Risiko entwickeln.

Die Knappheit von Flächen führt zu einer immer häufigeren Auswahl von Baufeldern, die eine Bodenkontamination aufweisen. Erhöhte Umweltauflagen und die Forderung nach einem ressourcenschonenden Umgang mit dem Grundwasser führen ebenfalls zu einer erhöhten Komplexität durch eine Wasseraufbereitung. Wir sind in der Lage, Reinigungsprozesse zu bewerten und mit unseren modernen Reinigungsanlagen durchzuführen.

Gern übernehmen wir die Wasserhaltung auch im direkten Auftragsverhältnis und koordinieren uns eigenständig mit den Folgegewerken (Erdbau, Tiefgründung, Rohbauer, usw.). Bis zur Auftriebssicherheit begleiten wir zumeist ein Projekt längerfristig und möchten zusammen mit dem Bauherrn eine zufriedenstellende Abwicklung sicherstellen.

Christoffers GmbH Herrenhauser Straße 1 | 26215 Wiefelstede | Telefon: 04458 949 37 0
NL Brunn Friedländer Str. 4a | 17039 Brunn | T.: 039608 260 60
NL Celle Im Flath 1 | 29313 Hambühren | T.: 05084 98 790 20
NL Hamburg Appenstedter Weg 63-65 | 21217 Seevetal | T.: 040 25 499 060

KONTAKT / PREIS-ANFRAGEN: info@christoffers.de

CHRISTOFFERS.DE

Anzeige

Produktinfo ◀

Komplettes System für die Löschwasserversorgung

Neuer QuadroTake Löschwasserentnahmeschacht von FRÄNKISCHE

Mit dem neuen Entnahmeschacht bietet FRÄNKISCHE künftig ein komplettes System für die Löschwasserbevorratung und -nutzung. QuadroTake ist eine Ergänzung zum unterirdischen RigoCollect-Löschwasserbehälter und lässt sich ins Rigofill Blockraster integrieren. Bauunternehmen profitieren vom einfachen Einbau, der flexiblen Höhenanpassung durch die bauseitige Montage der Schachtaufsetzrohre und der nachträglich montierbaren innenliegenden Bauteile.

EFFIZIENTER BRANDSCHUTZ: WARTUNG OHNE ENTLEEREN

Maximale Sicherheit zu jeder Zeit: Die gedichteten RigoCollect-Anlagen sind auch im befüllten Zustand, über die integrierbaren Inspektionsschächte, nachweislich mittels Kameratechnik befahrbar und damit komplett einsehbar. Der unterirdische Behälter muss demzufolge auch für Kontroll- und Wartungszwecke nicht entleert werden – ein entscheidender Vorteil für einen durchgängigen Brandschutz.

LÖSCHWASSERSPEICHER: FLEXIBEL IN FORM UND GRÖSSE

Grundelement für die gedichteten RigoCollect-Anlagen sind die vom Deutschen Institut für Bautechnik (DIBt) zertifizierten Rigolenfüllkörper Rigofill inspect. Die Blöcke tragen die Allgemeine bauaufsichtliche Zulassung mit allgemeiner Bauartgenehmigung für den Geltungsbereich der DIN 14230. Dank der modularen Bau-

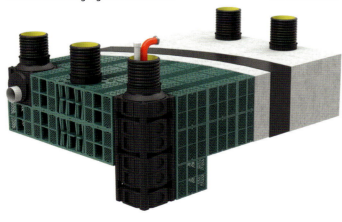

Einfacher Einbau, flexible Höhenanpassung und ins Rigolen-Blockraster integrierbar: Der neue Löschwasserentnahmeschacht QuadroTake komplettiert das System für die Löschwasserversorgung von FRÄNKISCHE. Abb.: FRÄNKISCHE

weise lassen sich die RigoCollect-Speicher in nahezu allen erdenklichen Geometrien verwirklichen: von klein (bis 75 m³) bis groß (über 300 m³) – und das als ein-, zwei- oder dreilagige Speicher. Der QuadroTake lässt sich einfach ins Blockraster integrieren und ist für die unterschiedlichen Anlagengrößen mit dem passenden Zubehör erhältlich. Der Löschwasserentnahmeschacht besteht im Allgemeinen aus einem Grundschacht mit Pumpensumpf gemäß DIN 14230, einem Schachtaufsetzrohr, einem Saugrohr DN/ID 125 mit einem Überflursauganschluss ohne Peilstutzen gemäß DIN 14244 und einer Belüftereinheit.

REGENWASSER ALS LÖSCHMITTEL SPART TRINKWASSER-RESSOURCEN

Eine nachhaltige Alternative zur Nutzung des knappen und kostbaren Trinkwassers als Löschwasser ist die Bevorratung von Regenwasser. Damit der Behälter nicht verschlammt oder verschmutzt, bietet FRÄNKISCHE kompatible Systemlösungen für die Regenwasserbehandlung.

Weitere Informationen unter
https://www.fraenkische.com/de-DE/application/harvesting.

Nachhaltigkeit und Effizienz im Fokus

Zwei herausragende Beispiele sind das Quartier Abraham in Oldenburg und das neue Verwaltungsgebäude der EWE AG in Delmenhorst

QUARTIER ABRAHAM: NACHHALTIGKEIT IN DER INNENSTADT

Inmitten der belebten Oldenburger Fußgängerzone entsteht mit dem Quartier Abraham ein wegweisendes Bauprojekt, das modernes Wohnen und wirtschaftliche Nutzung vereint. Das Gebäude, welches sich harmonisch in die Umgebung einfügt, kombiniert Einzelhandels- und Gastronomieflächen im Erdgeschoss mit insgesamt 121 Mikroappartements in den oberen Etagen. Damit wird nicht nur dem Bedarf an Wohnraum in zentraler Lage Rechnung getragen, sondern auch die Attraktivität der Innenstadt als urbaner Lebensraum gestärkt.

Auf einem großzügigen Grundstück von 2.700 m² wurde eine Immobilie errichtet, die den hohen Anforderungen des KfW-Effizienzhaus-55-Standards entspricht. Die PORR übernahm als Generalunternehmerin sowohl den Abbruch des vorherigen Gebäudes als auch die schlüsselfertige Erstellung des Neubaus.

Ein besonderer Ansatz war die Wiederverwendung von Baumaterialien: Der anfallende Bauschutt aus dem Abbruchprozess wurde direkt vor Ort fragmentiert und für den Neubau weiterverwendet. Diese Methode trug nicht nur zur Reduktion des CO_2-Ausstoßes bei, indem Transportwege minimiert wurden, sondern setzte auch ein starkes Zeichen für die Etablierung einer nachhaltigen Kreislaufwirtschaft im Bauwesen.

Quartier Abraham: Mit dem Neubaukomplex wurden vier Gewerbeeinheiten und 121 Mietwohnungen geschaffen, die Platz für etwa 170 Bewohner bieten
Abb.: Jaroslav Weber/mood-studio.de

LOGISTISCHE MEISTERLEISTUNG

Die Innenstadtlage des Neubaus stellte das Bau-Team vor außergewöhnliche Herausforderungen: Enge Straßen und begrenzte Anlieferungszeiten erforderten ein durchdachtes und präzises Logistikkonzept. In enger Zusammenarbeit mit der Stadt Oldenburg entwickelte die PORR ein Konzept, das es ermöglichte, den Abfuhrverkehr auf ein Minimum zu reduzieren. Gleichzeitig wurde die Sicherheit in der stark frequentierten Fußgängerzone gewährleistet, wodurch ein störungsfreier Ablauf der Bauarbeiten möglich war.

INNOVATIVE BAUWEISE

Besonderes Augenmerk wurde auch auf die Fassadendämmung des Gebäudes gelegt, die zu der direkt angrenzenden Nachbarbebauung

Quartier Abraham: Der Neubaukomplex ist auf dem Areal des ehemaligen Oldenburger Kaufhauses C.W. Meyer realisiert worden. Die PORR realisiert das Bauvorhaben als vollumfängliche Generalunternehmerin
Abb.: PORR

Quartier Abraham: Luftaufnahme Abb.: HS-Architekten

mit 20 cm dicken MiWO-Dämmpaneelen realisiert wurde. Aufgrund der beengten Platzverhältnisse war es nicht möglich, die Dämmarbeiten während der Rohbauphase durchzuführen. Stattdessen kamen erfahrene Industriekletterer zum Einsatz, die unter anspruchsvollen Bedingungen in einer Höhe von 16 m die Dämmplatten montierten.

VERWALTUNGSGEBÄUDE DER EWE AG

Ein weiteres Beispiel für nachhaltiges Bauen zeigt sich im neuen Verwaltungsgebäude der EWE AG in Delmenhorst. Dieses Projekt, das ebenfalls von der PORR realisiert wird, setzt mit dem angestrebten DGNB-Gold-Standard (Deutsche Gesellschaft für Nachhaltiges Bauen) Maßstäbe in Sachen Effizienz und Ressourcenschonung. Auf einem Grundstück von 3.714 m² entsteht ein zweigeschossiges Verwaltungsgebäude mit einer Nettogrundfläche von 1.700 m². Ergänzt wird das Bauvorhaben durch umfangreiche Außenanlagen, die Stellplätze, Nebengebäude und eine Dachbegrünung umfassen.

RESSOURCENSCHONENDE BAUWEISE

Die Bauweise des Verwaltungsgebäudes spiegelt den hohen Anspruch an Nachhaltigkeit wider. Durch die Verwendung vorgefertigter Kalksandstein-Modulbauwände wurde der Rohbau nicht nur beschleunigt, sondern auch besonders ressourcenschonend realisiert. Zudem sorgen Decken- und Fußbodenheizungen, die durch eine effiziente Wärmepumpe betrieben werden, für eine umweltfreundliche Energieversorgung. Eine Photovoltaikanlage mit integriertem Speicher trägt zusätzlich zur Energieeffizienz bei. Zahlreiche Fahrradstellplätze und Ladestationen für Elektrofahrzeuge fördern eine nachhaltige Mobilität der Mitarbeitenden und Besucher.

EFFIZIENTE PROJEKTABWICKLUNG

Das gesamte Bauvorhaben wird nach den Prinzipien des LEAN Construction durchgeführt. Diese Methode stellt sicher, dass die Planung optimiert und die Abläufe reibungslos gestaltet sind. Durch klare Kommunikationswege und transparente Prozesse kann das Projekt termingerecht und unter Berücksichtigung der Ressourcenschonung realisiert werden.

GEMEINSAM FÜR EINE NACHHALTIGE ZUKUNFT

Die Projekte Quartier Abraham in Oldenburg und das Verwaltungsgebäude der EWE AG in Delmenhorst zeigen eindrucksvoll, wie moderne Bauweisen und innovative Konzepte zu nachhaltigen Lösungen führen können. Mit dem Fokus auf Wiederverwendung von Materialien, ressourcenschonende Technologien und die Einhaltung anspruchsvoller Standards setzen beide Bauvorhaben Maßstäbe für zukunftsorientiertes und verantwortungsbewusstes Bauen.

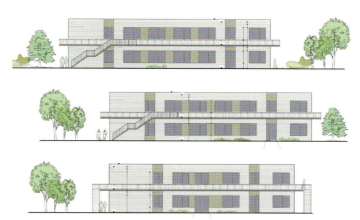

Verwaltungsgebäude EWE AG: Dank des quadratischen Grundrisses bietet das zweigeschossige Gebäude dem langfristigen Mieter EWE auf 1.700 m² Nettogrundfläche höchste Flexibilität und kurze Wege Abbildungen: PORR

Generalunternehmer:
PORR GmbH & Co. KGaA, Hochbau Nord, Hamburg
-Projekt „Abraham Quartier, Oldenburg"
Bauherr:
Zweite ANIMA, Oldenburg Projektgesellschaft mbH & Co. KG/ VIMUM Service GmbH, Hamburg
Planendes Architekturbüro:
HS-Architekten PartGmbB
SCHMIDT LIMMROTH FUNCK KLAPSING, Hamburg
-Projekt „EWE Verwaltungsgebäude, Delmenhorst"
Bauherr:
HBG Bauträger GmbH, Oldenburg

Partner am Bau:
- Bauplanung Nord - Oldenburg GmbH & Co. KG
- TGA Planungsbüro Drebber GmbH
- Architekturbüro Team-Ing2
- Meisterbetrieb Karsch Innenausbau
- Uwe Thormählen GmbH
- Ponel Bau GmbH
- AIMA Malereifachbetrieb GmbH & Co. KG

Anzeige

Das Architekturbüro Team-Ing2 in Oldenburg ist seit 2005 auf die Verbindung von Architektur und Energie spezialisiert. Mit Fokus auf modernen Holzrahmenbau bietet das Büro Leistungen in den Bereichen Neubau, energetische Sanierung, Baubetreuung und Energieberatung an. Ziel ist die Entwicklung gesunder, energieeffizienter und nutzungsgerechter Bauwerke.

Architekturbüro TEAM-ING2

www.team-ing2.de

Maria-von-Jever-Straße 3, 26125 OLDENBURG
TEL. 0441 / 408 108 8-0, info@team-ing2.de

Meisterbetrieb
KARSCH INNENAUSBAU

- Innentüren
- Dachausbau
- Akustikbau
- Trockenbau
- Fenster/Rollläden
- Bodenverlegung

Am Hasenberg 1 · 31618 Liebenau · Tel. 05023/3294960 · info@karsch-innenausbau.de · www.karsch-innenausbau.de

Kreative Werbung und professionelles Marketing

- Individuelle Lösungen mit Full-Service
- Alle Medien von Print bis Digital
- B2B- und B2C-Kommunikation

M.V.GEISSER GmbH Full-Service-Werbeagentur
Tel. +49 6241 950002   E-Mail info@mvgeisser.de

www.mvgeisser.de

Zukunftsfähiger Schnellweg

Die Sanierung des Südschnellwegs (B3) in Hannover ist eines der bedeutendsten Infrastrukturprojekte in Niedersachsen. Seit 2023 wird die historische Verkehrsachse modernisiert

Der Südschnellweg im Süden Hannovers ist seit seiner Eröffnung im Jahr 1954 eine zentrale Verkehrsader sowohl für die Region Hannover als auch für den überregionalen Verkehr. Als leistungsstarke Ost-West-Verbindung zwischen den Autobahnen A2 und A7 stellt er die Anbindung an das übergeordnete Autobahnnetz und die benachbarten Metropolregionen sicher. Im Stadtteil Ricklingen beginnend umfasst er bis nach Anderten die Bundesstraßen 3, 6 und 65. Mit zwei Fahrstreifen pro Richtung wird die Verkehrsachse täglich von mehreren zehntausend Fahrzeugen befahren. Um den sicheren und reibungslosen Verkehrsfluss auf dem Südschnellweg auch in Zukunft zu sichern, wird die Strecke modernisiert. Ziel dieser Maßnahme ist es, die bestehenden Brücken über die Hildesheimer Straße und die Schützenallee durch einen 1.100 m langen Straßentunnel zu ersetzen. Dieser soll die Ost-West-Verbindung im Süden Hannovers nachhaltig verbessern und den Verkehrsfluss optimieren.

Die ARGE B3 Südschnellweg, bestehend aus den PORR Leistungsbereichen Ingenieurbau und Spezialtiefbau sowie der Hagedorn Unternehmensgruppe, feierte die Fertigstellung der Stahlkonstruktion für die Behelfsbrücke im Projekt B3 Südschnellweg in Hannover Abb.: PORR

TEMPORÄRE BEHELFSBRÜCKE ALS SCHLÜSSEL FÜR DEN PROJEKTERFOLG

Im Auftrag der Niedersächsischen Landesbehörde für Straßenbau und Verkehr setzt die PORR den ersten Abschnitt dieses ehrgeizigen Großprojekts um. Im Oktober 2024, 22 Monate nach der Zuschlagserteilung, wurde mit einer terminlichen Punktlandung die 940 m lange Behelfsbrücke parallel zur bestehenden Hochstraße für den Verkehr freigegeben. Diese temporäre Brücke gewährleistet den Verkehrsfluss während der Tunnelbauarbeiten. Die Errichtung der Behelfsbrücke begann nach dem erfolgreichen Abschluss der Schlitzwandarbeiten, die die Basis für die Baugrube und die zukünftigen Rampenbauwerke bilden. Die Schlitzwände, die eine Gesamtlänge von über 1.100 m erreichen, sind ein entscheidender Bestandteil des Projekts.

In Modulbauweise errichtet die PORR aus 18 Teilbauwerken eine parallel verlaufende Ersatzbrücke am Südschnellweg in Hannover Abb.: PORR

Nach Fertigstellung des Stahltragwerks wurden die Fertigteile auf die Stahlträger aufgesetzt
Abb.: PORR

Die Behelfsbrücke selbst besteht aus 18 modularen Teilbauwerken, die parallel gefertigt und vor Ort montiert wurden. Ihre Konstruktion umfasst über 40 Brückenpfeiler, 2.000 m Längsträger und 3.500 m Querträger. Die Stahlbauteile wurden in mehreren Werken produziert und vor Ort mit hoher Präzision zusammengesetzt. Mehr als 100 Lkw-Ladungen waren notwendig, um die massiven Bauteile zu liefern. Die Montage auf engstem Raum war eine logistische Höchstleistung, die durch minutiöse Planung und Koordination ermöglicht wurde. Dank modernster Technologien und innovativer Verfahren konnte die Bauzeit dadurch deutlich reduziert werden.

INNOVATIVE TECHNOLOGIEN UND NACHHALTIGE LÖSUNGEN PRÄGEN DEN BAUFORTSCHRITT

Im Rahmen des Projekts kommen hochmoderne Technologien wie Building Information Modeling (BIM) zum Einsatz. Dieses digitale Modell ermöglicht eine exakte Abstimmung der verschiedenen Gewerke, eine präzise Baufortschrittsplanung und eine transparente Abrechnung. Besonders in den neuralgischen Kreuzungsbereichen Hildesheimer Straße und Schützenallee war eine reibungslose Koordination essenziell, um Verkehrsbehinderungen zu minimieren.

Ein Beispiel für die komplexen Anforderungen des Projekts ist das Teilbauwerk 13, eine der acht Trogbrücken, die aufgrund ihrer geringen Bauhöhe in innerstädtischen Kreuzungsbereichen eingesetzt werden. Die Fertigung und Montage der Stahl- und Betonteile erfolgte just-in-time, um Platzbedarf und Bauzeit zu reduzieren. Zwei Autokrane hoben synchron tonnenschwere Stahlteile millimetergenau an ihre Position. Abschließend wurde die Fahrbahn betoniert, wodurch die Rohbauarbeiten im August 2024 erfolgreich abgeschlossen werden konnten.

Auch der Faktor Nachhaltigkeit spielt bei der Sanierung des Südschnellwegs eine zentrale Rolle. Die ARGE setzt auf ressourcenschonende Bauverfahren und ein umfassendes Recycling hochwertiger Baustoffe. Die Planung des Projekts berücksichtigt darüber hinaus einen schadlosen Hochwasserabfluss, um die Umweltbelastung zu minimieren. Arbeitssicherheit hat oberste Priorität und spiegelt sich in der minutiösen Planung und Ausführung wider.

MODERNISIERUNG DER VERKEHRSINFRASTRUKTUR: MEILENSTEIN FÜR DIE ZUKUNFT

Mit der Fertigstellung der Behelfsbrücke beginnt im Frühjahr 2025 der Rückbau der alten Schnellwegbrücke. Anschließend wird der Bau des 1.100 m langen Straßentunnels in Angriff genommen. Die Rampenbauwerke, die Teil des Tunnelsystems sind, werden parallel errichtet. Bis 2030 soll der gesamte Streckenabschnitt zwischen dem Landwehrkreisel und den Bahnbrücken vor dem Seelhorster Kreuz modernisiert werden. Dieses Projekt wird nicht nur die Verkehrsinfrastruktur der Landeshauptstadt Hannover nachhaltig verbessern, sondern auch die gesamte Region von einem modernen, sicheren und zuverlässigen Verkehrsnetz profitieren lassen.

Die Sanierung des Südschnellwegs ist ein Paradebeispiel für intelligente Bauweise, innovative Technologien und erfolgreiche Zusammenarbeit. Mit Präzision und Fachwissen wurde eine Grundlage geschaffen, um Hannovers Verkehrsinfrastruktur zukunftssicher zu gestalten. Die Behelfsbrücke, die als sichtbares Zeichen dieses Fortschritts dient, ist ein entscheidender Schritt hin zur Fertigstellung des Gesamtprojekts. Mit diesem Vorhaben setzt die Region Hannover ein starkes Signal für eine nachhaltige und moderne Infrastrukturentwicklung.

Das Tragwerk 2 ist eines der längsten Brückenmodule
Abb.: PORR

Generalunternehmer:
ARGE Südschnellweg – PORR GmbH & Co. KGaA/
PORR Spezialtiefbau GmbH/
Hagedorn Unternehmensgruppe

Entwurfsplaner:
Emch & Berger, Berlin (LE1 Behelfsbauwerk)/
BUNG GmbH, Heidelberg (LE3 Tunnel)

Planer ARGE:
Leonhardt, Andrä und Partner Beratende Ingenieure VBI AG, Berlin/
Wendt-Witte-Pirlet Ingenieurgesellschaft mbH, Düsseldorf

Bauherr:
Niedersächsische Landesbehörde für Straßenbau und Verkehr, Hannover

Planer Ausführung:
- BST Railkonzept GmbH
- König und Heunisch Planungsgesellschaft mbH Leipzig
- Lindschulte Ingnieurgesellschaft mbH
- Wendt-Witte-Pirlet Ingenieurgesellschaft mbH
- Leonhardt, Andrä und Partner Beratende Ingenieure VBI AG (LAP), Dresden

Partner am Bau:
- TSN-Beton
- Matthäi Trimodalbau GmbH & Co. KG
- Heisig Spezialtief- und Wasserbau GmbH
- Ingenieurbüro Drecoll PartGmbB
- GP Papenburg Baugesellschaft mbH
- Janisch GmbH

Anzeige

Hagedorn wirkt bei Hannovers Großbaustelle mit

Mehr als 2000 Beschäftigte sind bei der Hagedorn Unternehmensgruppe tätig. Hagedorn gilt als Deutschlands leistungsstärkster Rundum-Dienstleister für den Strukturwandel und deckt die Bereiche Rückbau, Entsorgung und Recycling, Tiefbau, Schwerlastlogistik und Flächenrevitalisierung ab. Mit modernsten Maschinen ist das Hagedorn-Team deutschlandweit im Einsatz, um mithilfe seiner starken Prozesskette den Boden für Neues zu ebnen, Brachen zu reaktivieren und Städte und Regionen mitzugestalten. Nicht nur im Rheinland, auch im Norden des Landes ist die Gruppe mit der Hagedorn Hannover GmbH und ihrem Geschäftsführer Martin Beese stark vertreten. Zu den aktuell größten Projekten zählt der Ausbau der wichtigsten Verkehrsachse Hannovers: dem Südschnellweg.

Seit 2022 stemmt die Hannoveraner Gruppe mit weiteren Partnerunternehmen die Großbaustelle, denn die Arbeitsgemeinschaft Südschnellweg, bestehend aus Hagedorn, PORR S.A. und PORR Spezialtiefbau, übernimmt einen besonders aufwendigen Abschnitt des 600-Millionen-Projekts.

Auf einer zwei Kilometer langen Strecke müssen insgesamt drei Brücken zurückgebaut werden, darunter eine 484 Meter lange Brücke, die über eine Straßenbahnlinie verläuft. Die bestehende Brücke soll durch einen Tunnel ersetzt werden. Um weiterhin die Verkehrstüchtigkeit zu gewährleisten, wurde parallel zum Bestandsbauwerk eine 940 Meter lange Behelfsbrücke errichtet, die Ende Oktober 2024 für den Verkehr freigegeben wurde. Neben den Abbrucharbeiten übernimmt Hagedorn auch die Leitungsverlegung im öffentlichen Verkehrsraum, die Durchführung von Asphaltarbeiten sowie Aushubtätigkeiten für die Tunneltröge und die erdbautechnische Erweiterung des Straßendamms.

Die Herausforderungen der Baustelle liegen insbesondere in alten, nicht kartographierten Leitungen im Baugrund und belasteten Asphalt-Tragschichten im Straßenbereich. Zudem erfordert die innerstädtische Lage innovative Abbruchmethoden sowie einen ökologischen Umgang mit den Aushubmaterialien und ein durchdachtes Bodenmanagement zur höchstmöglichen Verwertung der Aushubmassen.

Die Hagedorn Unternehmensgruppe ist der leistungsfähige und zuverlässige Rundum-Dienstleister der Baubranche.

WIR SCHAFFEN PERSPEKTIVEN

ug-hagedorn.de

Per Mausklick und App Überblick über Baubranche

Ausgaben der Architekturtitel des WV-Verlages unter www.bauenundwirtschaft.com als Vollversion im Internet. Verlags-App und -Newsletter informieren zusätzlich

Mit der Entstehung des Internets hat sich die Welt grundlegend gewandelt und es ist aus unserem Leben nicht mehr wegzudenken. Informationen und Wissen sind heutzutage die mitunter wichtigsten Erfolgsfaktoren – für jeden einzelnen Menschen, aber auch für Unternehmen. Und genau diese stellt das Internet zur Verfügung. Auch aus wirtschaftlicher Hinsicht ist das Internet eine positive Entwicklung, denn es hat zahlreiche neue Berufe sowie Arbeitsplätze geschaffen. Die meisten Unternehmen sind heutzutage unverzichtbar auf das Internet angewiesen – zum Beispiel für die internationale Kommunikation mit ihren Kunden oder das Marketing.

ARCHITEKTURTITEL IM INTERNET

Eine Internet-Version aktueller Publikationen bieten heutzutage viele Verlage an – doch Internet-Präsentation ist nicht gleich Internet-Präsentation. Der WV-Verlag, u.a. Herausgeber von Architekturfachbüchern, wartet im Internet unter www.bauenundwirtschaft.com mit einigen Details auf, die nicht alle Internet-Auftritte in diesem Umfang bieten. Sie wollen sich schnell über neue Architekturprojekte und/oder Handwerksfirmen informieren? Hier finden Sie Projekte, Architekten, Baugesellschaften, öffentliche Einrichtungen, ausführende Firmen und vieles mehr. Den Gesamtüberblick bieten Ihnen die Branchenverzeichnisse „Die Bauspezialisten" unserer Ausgaben, von dort erhalten Sie nach einem Mausklick auf die Adresse den entsprechenden Beitrag oder das gewünschte Firmenprofil angezeigt. Wurde in der gedruckten Ausgabe eine Homepage-Adresse veröffentlicht, so sind Sie durch die von uns als Service gesetzte Verlinkung wiederum nur einen Mausklick von der gewünschten Firmenhomepage entfernt.

Auch ein Überblick über ausländische Bauprojekte und die Architekturszene ist auf der Seite www.bauenundwirtschaft.com möglich: Die Ausgaben des WV-Verlages erscheinen mit regionalem Bezug in Deutschland, Österreich, der Schweiz und dem Fürstentum Liechtenstein.

Inhalte, die Sie auch über unsere Verlags-App abrufen und die Sie z.B. auf Ihrem Smartphone immer bei sich tragen können. Sie ist unter dem Stichwort „WV Verlag" kostenlos erhältlich im App-Store (iOS) und im Google Play Store (Android).

Wer regelmäßig über verlagseigene Neuerscheinungen und Vorankündigungen informiert sein möchte, meldet sich einfach über unsere Homepage für unseren kostenlosen Newsletter an. Ab dann werden Sie automatisch über die von Ihnen eingetragene E-Mailadresse zu unseren Veröffentlichungen im Baubereich informiert.

WIR GESTALTEN AUCH IHREN PROFESSIONELLEN INTERNETAUFTRITT

Fast alle Unternehmen und Betriebe haben die Möglichkeiten des Internets bereits für sich entdeckt. Sie werben für sich (Imageaufbau), ihre Produkte und Dienstleistungen. Gleichzeitig haben sie per Social Media den schnellen und direkten Kontakt zu ihren Kunden. Auch für kleinere Unternehmen ist der Internetauftritt eine interessante Möglichkeit, über sich zu informieren. Die Seite im Netz schafft Raum, die Firmenphilosophie, Angebote, Leistungen und Referenzen vorzustellen. Die eigene Homepage kann alle Produkte mit Bild und Beschreibung präsentieren, eine gelungene, stets aktuelle Werbung mit geringem Aufwand – auch finanziell. Die eigene Firmen-Homepage ohne spezielles Fachwissen über Kommunikation und Programmierung zu erstellen, wird bei einer unprofessionellen Außendarstellung unweigerlich zu Negativ-Werbung führen. Wir beraten Sie gerne und gestalten Ihren Internet-Auftritt auf Ihr Unternehmen zugeschnitten mit vielen Serviceleistungen wie Anmeldung in Suchmaschinen oder regelmäßige Aktualisierungen – zu günstigem Preis.

Angebote erhalten Sie unter:
Tel. 0 62 47/9 08 90-0
Fax 0 62 47/9 08 90-10

Ausgewählte Publikationen

„Bauen + Wirtschaft Architektur der Region im Spiegel" München / Oberbayern 2024

„Bauen + Wirtschaft Architektur der Region im Spiegel" Rhein-Main 2024

„Bauen + Wirtschaft Architektur der Region im Spiegel" Köln / Bonn / Aachen 2024

„Bauen + Wirtschaft Architektur der Region im Spiegel" Düsseldorf / Niederrhein 2024

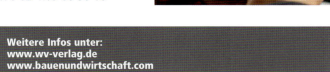

Weitere Infos unter:
www.wv-verlag.de
www.bauenundwirtschaft.com

Wohnen wird zum Gefühl

Hospiz Heiligendorf-Wolfsburg gibt dem Sterben ein Zuhause / Wohncarré Wilhelmstraße-Wolfsburg bildet eine harmonische Blockbebauung

Hospiz Heiligendorf, Wolfsburg: Ein Wechselspiel zwischen ruhigen, hellen Putzflächen und der warmen Holzfassade, die an allen zurückspringenden Wandflächen angeordnet wurde, zieht die Blicke an Abb.: moretti wohn- und bauprojekte GmbH

EIN BESONDERES HAUS ALS ENTREE FÜR DAS NEUBAUGEBIET „KRUMMER MORGEN"

Eines der ersten Gebäude im Heiligendorfer Neubaugebiet „Krummer Morgen" in Wolfsburg wurde das Hospizhaus. Städtebaulich übernimmt es die Funktion eines Entrees – gesellschaftlich ist seine Bedeutung jedoch von unschätzbarem Wert, denn es gibt dem Sterben ein Zuhause.

Errichtet wurde es als zweigeschossiger Bau an der Barnstorfer Straße/Ecke Landwehrkamp, und seit Sommer 2023 können Gäste die zwölf Zimmer beziehen. Mit dem Neubau unterhält der Wolfsburger Hospizverein (Hospizarbeit Region Wolfsburg e.V.) ein zweites Hospizhaus, in dem Menschen und ihre Angehörigen, die an einer Erkrankung leiden, begleitet werden. Das Hospizhaus in der Eichendorffstraße/Stadtmitte und der Neubau im ländlichen Heiligendorf beherbergen jährlich etwa 250 bis 300 Gäste. Hinzu kommen viele ambulant versorgte Gäste. Ohne Ehrenamt und Spenden ist diese Arbeit nicht zu leisten.

GLÄSERNE FUGE DURCHSCHNEIDET DAS GEBÄUDE

Eine Herausforderung des Bauherrn war die Einhaltung des Budgets von 8,1 Mio. Euro brutto bei gleichzeitigem Fertigstellungstermin im August 2023. moretti wohn- und bauprojekte GmbH übernahm bei dem ambitionierten Projekt die Projektsteuerung, die Bauleitung und die Budgetverantwortung. Der Entwurf von Wolfsburg Consult GmbH

Hospiz Heiligendorf, Wolfsburg: Die Einrichtung spiegelt eine helle und freundliche Atmosphäre wider Abb.: Lars Landmann

sah einen zweigeschossigen Baukörper vor, der im Innern im Wesentlichen drei Bereiche beherbergt: den Gast-, den Besucher- bzw. Beratungs- und den Verwaltungsbereich. Der Entwurf konnte sich im Wettbewerb als Sieger durchsetzen und überzeugte vor allem durch die gläserne Fuge, die das geradlinige, längliche Gebäude schräg „durchschneidet". Sie teile den Neubau damit gewissermaßen in zwei Hälften, die versetzt zueinander angeordnet sind. Von außen erkennt man die Teilung an den verglasten Elementen, im Innern verbindet die Fuge den Eingangsbereich und die Terrasse im Garten miteinander. So entstand eine angenehme Begrüßungszone. Im Obergeschoss setzt sich der Einschnitt fort und endet jeweils mit einem Wintergarten. Zusätzlich bietet ein umlaufender Balkon Freiraum für die dort befindlichen Gästezimmer. Im Erdgeschoss entstand eine Wohndiele mit Essbereich, ein Gruppenraum für Familienfeiern und ein Raum der Stille. Der Keller bietet Lagerräume, eine eigene Wäscherei sowie eine Werkstatt. Insgesamt verfügt der Neubau über rund 1.600 m² Fläche. Das äußere Erscheinungsbild des Gebäudes passt sich seiner Umgebung an, die von der Atmosphäre eines Wohngebietes geprägt ist. Ein Wechselspiel zwischen ruhigen, hellen Putzflächen und der warmen Holzfassade, die an allen zurückspringenden Wandflächen angeordnet wurde, zieht die Blicke an.

Bei der Umsetzung des Konzeptes für das zweite Hospizgebäude des Vereins konnte auf die Erfahrungen des ersten Hauses in der Eichendorffstraße in Wolfsburg zurückgegriffen werden. So wurden integrierte Infektionsschleusen entwickelt, die sich in der Praxis bereits bewährt haben. Es gibt im ganzen Gebäude Klimaanlagen und ein gut durchdachtes Lagerkonzept. Der Außenbereich umfasst eine große Terrasse, viele Pflanzbeete und Parkplätze.

Am Ende der Bauzeit waren Budget und Terminvorgaben eingehalten.

WOHNCARRÉ WILHELMSTRASSE, BRAUNSCHWEIG

In exklusiver Innenstadtlage, zentral und doch grün, entsteht derzeit das Wohncarré Wilhelmstraße mit insgesamt 30 großzügigen Eigentumswohnungen und zwei Gewerbeeinheiten. Die Planer von Stauth Architekten aus Braunschweig entwickelten dazu drei zusammenhängende, hochwertige Gebäude, die sich drei- bis fünfgeschossig um einen Innenhof gruppieren, von dem alle Wohnungen aus erschlossen sind. Dieser bildet zusammen mit seinem grünen „Deckel" den Mittelpunkt der Wohnanlage.

Das Bauprojekt befindet sich in einer Braunschweiger Toplage mit fußläufig erreichbaren Geschäften, Museen und Kulturangeboten. Der nahegelegene Inselwall- und Museumspark sowie die Oker bieten vielseitige Erholungsmöglichkeiten im Grünen. Mit nahem Anschluss an die A2 und den öffentlichen Nahverkehr vor der Haustür ist die Wilhelmstraße hervorragend angebunden.

Hospiz Heiligendorf, Wolfsburg: Der Entwurf konnte sich im Wettbewerb als Sieger durchsetzen und überzeugte vor allem durch die gläserne Fuge, die das geradlinige, längliche Gebäude schräg „durchschneidet" Abb.: Lars Landmann

Wohncarré Wilhelmstraße, Braunschweig: Dank einer ansprechend modernen Architektur und einer hochwertigen Klinkerfassade fügt sich das Wohncarré perfekt in die Umgebung ein und bildet eine harmonische Blockrandbebauung Abb.: moretti wohn- und bauprojekte GmbH

Wohncarré Wilhelmstraße, Braunschweig: Zu jeder Einheit gehört, je nach Lage im Gebäude, ein Garten, Loggien oder Terrassen und Dachterrassen
Abb.: moretti wohn- und bauprojekte GmbH

EIN NEUES HAUS, EIN NEUER MENSCH

„Ein neues Haus, ein neuer Mensch" – das wusste schon Johann Wolfgang von Goethe. Das Wohncarré Wilhelmstraße bietet dafür den richtigen Rahmen. Alle Einheiten sind barrierefrei errichtet, zudem wurde jede achte Wohnung rollstuhlgerecht geplant. Auch in der Garage werden vier Stellplätze für eine rollstuhlgerechte Nutzung reserviert. Der Innenhof formiert sich maßgebend um die beiden großen Lichthöfe. Solitärgewächse laden zum Verweilen ein, ergänzt um die privaten Gärten. Das Gesamterscheinungsbild wird durch verschiedene Angebote wie den geplanten Balancierparcour oder die riesige „Hängematte" abgerundet. Kommunikationsbereich an den Hauseingängen sowie Treffpunkte und Sitzmöglichkeiten im Innenhof bieten den Bewohnern Austauschmöglichkeiten mit Nachbarn und Gästen.

Dank einer ansprechend modernen Architektur und einer hochwertigen Klinkerfassade fügt sich das Wohncarré perfekt in die Umgebung ein und bildet eine harmonische Blockrandbebauung. Mit den Vor- und Rücksprüngen in der hell geklinkerten Fassade entsteht ein spannendes Gebäudeensemble, das zwischen der höheren straßenbegleitenden Bebauung und der rückwärtigen Hofbebauung vermittelt.

Offene Wohn-Küche-Bereiche, bodentiefe Fenster und die hohe Qualität der Innenausstattung lassen kaum Wünsche offen. Die Grundrisse teilen sich in zwei bis fünf Zimmer auf, mit Wohnflächen zwischen ca. 60 m² und bis zu ca. 156 m². Zu jeder Einheit gehört, je nach Lage im Gebäude, ein Garten, Loggien oder Terrassen und Dachterrassen.

-Projekt „Hospiz Heiligendorf, Wolfsburg"
Bauherr:
moretti wohn- und bauprojekte GmbH, Wolfsburg
Architektur:
Wolfsburg Consult GmbH
Generalunternehmer:
Pätzold Bauunternehmen GmbH, Goslar

-Projekt „Wohncarré Wilhelmstraße, Braunschweig"
Bauherr:
moretti wohn- und bauprojekte GmbH, Wolfsburg
Architektur:
Stauth Architekten Partnergesellschaft mbB, Braunschweig
Generalunternehmer:
Köster GmbH, Braunschweig

Partner am Bau:
- SCHOLZ + PARTNER mbB
- Thieme GmbH & Co. KG
- Elektro Hogreve & Krögerrecklenfort GmbH
- GATZ INGENIEURE FÜR BRANDSCHUTZ
- Keller Tersch GmbH
- TIETGE Beratende Ingenieure Partnerschaftsgesellschaft mbB
- Bode Innenausbau
- TSN-Beton

Anzeige

STAUTH | Architekten

Frankfurter Straße 4 | 38122 Braunschweig | 0531 88980-0
info@stauth-architekten.de | www.stauth-architekten.de

SCHOLZ + PARTNER
Beratende Ingenieure für Statik und Baukonstruktion

Das Ingenieurbüro wurde im Jahre 1982 von Dipl.-Ing. Gerber und Dipl.-Ing. Tappert gegründet und hat sich seither stets weiterentwickelt. Mittlerweile wird die Partnerschaftsgesellschaft mbB von Dipl.-Ing. Christian Scholz und Dipl.-Ing. Maike Schwarz geführt in Kooperation mit dem Prüfingenieur Dipl.-Ing. Andreas Geselle.
Unsere Leistungen umfassen die vollumfängliche Tragwerksplanung für Neubauten und das Bauen im Bestand, die Bauüberwachung von Tragwerken sowie die bautechnische Prüfung von Standsicherheitsnachweisen und Ausführungsplänen einschließlich des konstruktiven Brandschutzes. Darüber hinaus bieten wir eine umfassende Energieberatung und Wärmeschutzplanung an.

Unsere erfahrenen Bauingenieure und Bauzeichner erarbeiten unter Anwendung komplexer Computerprogramme optimale Lösungen auf dem Gebiet der Tragwerksplanung, Bautechnik und Bauphysik. Alle Mitarbeitenden befinden sich an einem Standort im Büro im ARTmax. Durch Gruppenarbeit in Teams, die langjährige Berufserfahrung und Kompetenz aller Mitarbeitenden und deren übergreifende Bearbeitung in den einzelnen Leistungsphasen werden Arbeitseffektivität und Qualität sichergestellt. Moderne Arbeitsplätze, ein effizienter Einsatz von Bemessungs- und CAD-Programmen sowie regelmäßige Schulungen und Weiterbildungen sind für uns selbstverständlich.

Die Ansicht zeigt eines unserer aktuellen Projekte Quartier Leineauen in Hannover. Zu diesem Ensemble zählen sieben fünfgeschossige Wohnblöcke sowie ein bis zu elf Geschosse hoher Komplex für Büros, Gewerbe und Kita. Die massiven Gebäude befinden sich auf einer gemeinsamen Tiefgarage in WU-Bauweise.

SCHOLZ + PARTNER Statik | Baukonstruktion, Braunschweig

Tragwerksplanung | Bauphysik | Gutachtenerstellung | Bautechnische Prüfung

Von kleinen Baumaßnahmen bis zu komplexen Großprojekten
im Wohnungs-, Geschäfts- und Industriebau
sind wir Ihr Partner in Sachen Statik und Baukonstruktion.

Dipl.-Ing. Andreas Geselle, Prüfingenieur für Baustatik
Frankfurter Straße 4 | 38122 Braunschweig
info@scholz-ing.com | bs@ping-geselle.de
T 0531 273260 | **www.scholz-ing.com**

SEIT 1898

Thieme
INDUSTRIE- UND GEBÄUDETECHNIK

05361 85 030
INFO@THIEME-WOLFSBURG.DE

AUS ERFAHRUNG GUT

Die Geschichte der Thieme & Co. KG reicht über ein Jahrhundert zurück – und in dieser Zeit haben wir uns stets weiterentwickelt. Was 1898 als kleine Kupferschmiede in Aschersleben begann, ist heute ein etabliertes mittelständisches Unternehmen für Gebäudetechnik mit Sitz in Wolfsburg. Unser Leistungsschwerpunkt liegt in den Regionen Wolfsburg, Gifhorn, Braunschweig sowie Helmstedt.

Unsere Ursprünge lagen im Bereich Rohrleitungs-, Heizungs- und Sanitäranlagen. Im Laufe der Jahre haben wir unser Fachgebiet kontinuierlich erweitert und bieten heute auch Lüftungs- und Kälteanlagen sowie Hochbau- und Tiefbauarbeiten an. Zuletzt haben wir unser Portfolio um Isolierarbeiten ergänzt. Durch die Erweiterung unserer Leistungsbereiche konnten wir wertvolle Synergien zwischen den Gewerken schaffen, die unseren Kunden einen entscheidenden Vorteil verschaffen: „Alles aus einer Hand". Dies bedeutet für unsere Kunden nicht nur eine effiziente Projektabwicklung, sondern auch hohe Qualität und Transparenz in allen Phasen.

Als wachsendes Unternehmen bieten wir aktuell 110 Mitarbeitern einen sicheren Arbeitsplatz – sowohl im gewerblichen als auch im kaufmännischen Bereich. Darunter befinden sich auch Auszubildende im gewerblichen Bereich sowie in der Verwaltung, die wir gezielt in ihre berufliche Zukunft begleiten. Weiterhin bieten wir in dem Bereich Energie- und Gebäudetechnik ein duales Studium an.

HEIZUNG   **KÄLTE**   **LÜFTUNG**   **SANITÄR**   **FLIESEN**   **ISOLIERUNG**   **HOCHBAU**   **TIEFBAU**

Anzeige

Neues Wohn- und Geschäftsgebäude in Braunschweig:
Köster überzeugt mit Vorschlägen für optimierte Planung und präziser Ausführung

Köster realisiert in Braunschweig den erweiterten Rohbau für ein hochwertiges Wohn- und Geschäftsgebäude mit Klinkerfassade. Die besondere Architektur mit zahlreichen Vorsprüngen erfordert äußerst präzises Arbeiten – ebenso wie die herausfordernde innerstädtische Logistik.

In der Wilhelmstraße 58-59 entstehen 30 Eigentumswohnungen, zwei Gewerbeeinheiten und 37 Stellplätze. Köster wurde mit dem erweiterten Rohbau beauftragt.

Die zentrale Lage stellt hohe Anforderungen an die Baustellenlogistik. Beengte Platzverhältnisse und eine hohe Verkehrsfrequenz erfordern eine präzise Koordination. Köster setzt frühzeitig auf die Köster Logistik App, um Anlieferungen effizient zu steuern und Verzögerungen zu vermeiden.

Für das Fundament entwickelte Köster eine optimierte Lösung: Statt einer Pfahlgründung mit Balkenrost wurde eine wirtschaftlichere Variante mit Pfahlgründung und Bodenplatte vorgeschlagen. Dadurch konnte die Schalung vereinfacht, Zeit gespart und Kosten reduziert werden.

Ein architektonisches Highlight ist die aufwendige Klinkerfassade. Aufgrund der vielen Vorsprünge, Balkone und Loggien erfordert sie höchste Präzision. „Hier gilt es, äußerst präzise zu arbeiten", betont Arwed Kähler, Projektleiter bei Köster.

Mit der Fertigstellung im Frühjahr 2025 entsteht ein modernes Stadtquartier mit hochwertigem Wohn- und Geschäftsraum.

Baukosten im Budget!
Unsere Planungs- und Baukompetenz macht Ihr Projekt möglich.

Sprechen Sie uns an:

Sebastian Geese
Bereichsleiter
HB Braunschweig

T: +49 531 5904-205
M: +49 163 8396-444
sebastian.geese@koester-bau.de

Lukas Hellmer
Vertriebsingenieur
HB Braunschweig

T: +49 531 5904-116
M: +49 151 44077-483
lukas.hellmer@koester-bau.de

koester-bau.de

Bei uns erhalten Sie höchste Qualität

WIR SIND IHR VERTRAUENSWÜRDIGER ELEKTROPROFI FÜR ELEKTROINSTALLATIONEN FÜR WOLFSBURG UND UMGEBUNG.

Unsere Mission ist es, Ihr Zuhause mit der neuesten Technologie auszustatten, damit es nicht nur funktionell, sondern auch intelligent wird. Von der Installation von Photovoltaik-Anlagen, Wallboxen bis hin zur Integration von Smart Home-Technologien und Blitzschutzanlagen nach Norm – wir bieten Ihnen maßgeschneiderte Lösungen, die Ihr Leben vereinfachen und verbessern. Alles aus einer Hand - mit Qualitätsgarantie!

Wir sind stolz darauf, sowohl für private Auftraggeber als auch für renommierte Bauunternehmer tätig zu sein. Egal ob Sie eine Steckdose im Gartenhaus brauchen oder 100 Wohneinheiten installiert haben möchten – wir stehen Ihnen mit unserem Fachwissen und unserer Erfahrung zur Seite.

VORTEILE EINER EIGENEN SOLARANLAGE

Leisten Sie einen entscheidenden Schritt zu einer Energiesicherheit in den eigenen vier Wänden. Selbst produzierter Strom mit einer Photovoltaikanlage bietet eine Vielzahl von Vorteilen.
- Sparen von Energiekosten
- Unabhängiger von steigenden Strompreisen
- Wertsteigerung der Immobilie
- Nachhaltige Energieerzeugung
- Verringerung des CO_2-Fußabdrucks
- Staatliche Förderungen der Investition
- Schnelle Amortisation der Anschaffungskosten

VORTEILE EINER EIGENEN WALLBOX VON ELEKTRO HK
- Schnelles Aufladen Ihrer E-Autos
- Zuverlässige und sichere Installation
- Kompatibel mit einer SmartHome-Lösung
- Sicherheit durch Schutzvorrichtungen
- Der Wert Ihrer Immobilie steigt

VORTEILE EINER SMARTHOME-LÖSUNG VON ELEKTRO HK
- Automatisierung vieler Routineaufgaben im Haushalt
- Energiemanagement spart bis zu 40% Energiekosten
- Erhöhte Sicherheit durch Überwachungs- und Alarmsysteme
- Komfortable Steuerung aller Geräte und Systeme per Smartphone
- Bis zu 20% Erstattung Ihrer Investitionskosten vom Staat
- Nachhaltige Wertsteigerung Ihrer Immobilie
- Barrierefreiheit und Unterstützung im Alter

VORTEILE EINER BLITZSCHUTZ- UND ERDUNGSANLAGE VON ELEKTRO HK
- Schutz vor Blitzschäden an Gebäuden und Elektronik
- Sicherheit für Ihr Zuhause und Ihre Familie
- Schutz vor übergreifenden Brandschäden
- Keine Ausfallzeiten von Elektrogeräten
- Werterhaltung Ihrer Immobilie
- Ein ruhiges Gewissen

Elektro Hogreve & Krögerrecklenfort GmbH
Schmiedestraße 2, 38470 Parsau
Tel. 05368-20797-0, Fax 05368-20797-98
info@elektrohk.de, www.elektrohk.de

Anzeige

GATZ INGENIEURE FÜR BRANDSCHUTZ
DIPL.-ING. (FH) RANDOLF GATZ

Maßgeschneiderte Planungen für unseren Brandschutz!

Büro Niedersachsen
Schäferkamp 10　　Telefon　　05351.557333
38350 Helmstedt　　mail@gatz-ingenieure.de

Büro Berlin / Brandenburg
Katharina-Boll-Dornberger Str. 19　　Telefon 030.63103678
12489 Berlin　　berlin@gatz-ingenieure.de

Ingenieurbüro für Bauwesen
Dipl.-Ing. Axel Tietge　　　　Hamburger Str. 88
Dipl.-Ing. Werner Tietge　　　38518 Gifhorn

0 53 71 97 44 0 | info@tietge.de | www.tietge.de

- Gipskartondecken (Lochplattendecken, Brandschutzdecken)
- Metalldecken: Alupaneeldecken, Streckmetalldecken
- Holzdecken: Kassettendecken, Profilholzdecken
- Mineralfaserdecken: Langfeldplatten, Akustikdecken
- Trennwände: Gipskartonständerwände, Systemwände, Sanitärtrennwände/Schallschutzwände
- Türen: Innentüren, Glastüren, Holztüren, Brandschutztüren (T30/T90)
- Zargen: für Trockenbau und Mauerwerk
- Trockenbausystemfenster (F0 bis F90)
- Trockenfußböden: Fermacellsysteme und Knaufsysteme
- Wärmedämmung: Dachgeschossdämmungen/Dampfbremsfolien
- Bausonderleistung auf Anfrage (z. B. Malerarbeiten und Bodenbeläge)

Borsigstr. 11 ◆ 38446 Wolfsburg/Industriegebiet Ost ◆ Fon: 05361 – 53374 ◆ info@bode-innenausbau.de ◆ www.bode-innenausbau.de

Zukunftsprojekt nimmt Form an

Moderne Medizinstrategie für optimale Versorgung in der Flächenregion: gemeinsame Zentralklinik für die Stadt Emden und den Landkreis Aurich in Uthwerdum

Ärzte, Pflegedirektoren, Geschäftsführer und Gesellschafter der drei bestehenden Krankenhäuser in Aurich, Emden und Norden treiben die Realisierung eines modernen und zentral gelegenen Krankenhauses voran   Abb.: gmp International GmbH, Aachen

Im Jahr 2013 wurde die Idee zur Errichtung einer gemeinsamen Zentralklinik für die Stadt Emden und den Landkreis Aurich entwickelt. Ärzte, Pflegedirektoren, Geschäftsführer und Gesellschafter der drei bestehenden Krankenhäuser in Aurich, Emden und Norden verfolgen seitdem die Realisierung eines modernen und zentral gelegenen Krankenhauses, dessen Planung zunächst durch zwei Bürgerentscheide um mehrere Jahre verzögert wurde. Mit dem Spatenstich im November 2024 ist der Bau offiziell gestartet.

Die Zentralklinik, deren Fertigstellung für das Jahr 2029 geplant ist, wird auf einem 36 ha großen Areal in Uthwerdum (Gemeinde Südbrookmerland im Landkreis Aurich) insgesamt 814 Betten umfassen.

Die Grundstücksfläche bietet ausreichend Potenzial für Erweiterungsbauten und die Ausbildung eines Medizincampus.

Die Basis für den Neubau bildet das medizinische Strukturkonzept, in dem die gesundheitliche Entwicklung der Bevölkerung und die Entwicklungen in der Medizin analysiert und bewertet wurden. In die konzeptionellen Überlegungen sind Prognosen zum demografischen Wandel, zum medizinischen Fortschritt, zur Digitalisierung, künstlichen Intelligenz und Robotik im Gesundheitssektor sowie zum sich weiter verschärfenden Fachkräftemangel eingeflossen.

Im Mittelpunkt der Medizinstrategie der Zentralklinik steht die konsequente Umsetzung einer alle Bereiche übergreifenden Interdisziplinarität, Interprofessionalität und Intersektoralität. Die Disziplinen, die für eine zukunftsgerechte Patientenversorgung zusammengehören, werden deshalb inhaltlich und räumlich in direkte Beziehung zueinander gesetzt. So können immer komplexere Krankheitsbilder effizient und umfassend diagnostiziert und therapiert werden.

Ein essenzieller Aspekt hierbei ist der Gedanke von Kernbereichsplattformen. Diese erlauben eine flexible Raumnutzung und schaffen

Die Zentralklinik, deren Fertigstellung für das Jahr 2029 geplant ist, wird auf einem 36 ha großen Areal in Uthwerdum (Gemeinde Südbrookmerland im Landkreis Aurich) errichtet   Abb.: gmp International GmbH, Aachen

kurze Wege für Patienten und Mitarbeiter bei optimaler Orientierbarkeit. So sorgt die fachübergreifende Raumplanung zum Beispiel im Interdisziplinären Notfallzentrum (INZ) dafür, dass im Notfall schnellstmöglich eine bildgebende Diagnostik erfolgen kann. Computertomografie (CT), Röntgen, Ultraschall und Magnetresonanztomografie (MRT) liegen direkt neben dem INZ. In der Zentralklinik befinden sich außerdem die Spezialpflegebereiche Intensivstation, IMC und Stroke Unit auf dem gleichen Geschoss wie OP-Bereich, Interventionszentrum und Entbindungsstation. Dadurch sind hochkritische Patiententransporte zwischen den Bereichen schnell und ohne Aufzugfahrt möglich. Auch zum Interdisziplinären Notfallzentrum und zur Radiologie gibt es eine gute Anbindung. Die Grenze zwischen den Intensivpflegebereichen ist häufig fließend. Die Patientenzimmer sind deshalb flexibel nutzbar. So kann zeitnah auf den Intensivbedarf reagiert werden. Durch die räumliche Nähe der Bereiche sind die Patienten außerdem in der Regel beiden Behandlungsteams bekannt.

Die Grundstücksfläche bietet ausreichend Potenzial für Erweiterungsbauten und die Ausbildung eines Medizincampus Abb.: gmp International GmbH, Aachen

Die Beispiele zeigen, dass alle betriebsorganisatorischen Abläufe patienten- und mitarbeiterzentriert angelegt sind. Der architektonische Aufbau der Zentralklinik orientiert sich somit ganz an den Anforderungen einer effizienten Betriebsorganisation. Leitgedanken sind dabei eine hohe Versorgungsqualität, die Abbildung von Innovation, Mitarbeiter- und Patientenfreundlichkeit, hohe Flexibilität in den Raumnutzungen und effiziente Arbeitsprozesse. Hierfür sind auch alle Logistikprozesse in hohem Maße automatisiert und mit den medizinischen Kernprozessen abgestimmt. Moderne, zukunftsorientierte IT-Konzepte unter Einbeziehung von künstlicher Intelligenz unterstützen den Betrieb des Klinikums.

Die Basis für das Designkonzept des Zentralklinikums bilden die Grundsätze der sogenannten Healing Architecture. Ein Hauptziel dieser klaren, konsistenten und zurückhaltenden Designsprache ist es, nicht nur den Heilungsprozess der Patienten positiv zu beeinflussen, sondern auch das Wohlbefinden ihrer Angehörigen zu fördern und eine angenehme Arbeitsatmosphäre für die Klinikmitarbeiter zu schaffen. Im Mittelpunkt stehen dabei stets eine wohnliche und einladende Umgebung, eine Verbindung zur Natur sowie harmonische und helle Farb- und Lichtgestaltungen. Farben und gestalterische Akzente mit Bezug zur Region schaffen zugleich Identität und ein Gefühl von Vertrautheit. Die Gesamtwirkung der Gebäude wird maßgeblich durch ein helles Ziegelmauerwerk geprägt sein, das dank seiner regionalen Verfügbarkeit, kurzer Transportwege und Langlebigkeit ein nachhaltiges Material darstellt. Die verschiedenen Baukörper des Klinikensembles zeichnen sich durch eine einheitliche Gestaltungs- und Materialsprache aus, die sie als einzelne Elemente eines zusammenhängenden Ganzen erkennbar macht. Die Fassadengestaltung basiert auf einer klaren Gliederung von tragenden und lastenden Bauelementen. Stützen, Geschossbänder und Wandscheiben aus ortstypischem Ziegelmauerwerk bilden das Grundgerüst, während horizontale Sturz- und Brüstungsbänder aus Architekturbeton die geschossweise Struktur betonen. Ergänzt wird das Materialkonzept durch die glatten Betonoberflächen der Brüstungsbänder und großzügige Glasflächen. Die helle und warme Farbgebung wird den Baukörpern trotz ihres be-

Vielfältige Aspekte der Nachhaltigkeit wurden in die Planungen aufgenommen. Das gilt grundsätzlich für die Bauweise, aber auch für das zukunftsweisende, klimaschonende und klimaresiliente Energiekonzept Abb.: gmp International GmbH, Aachen

Die Basis für das Designkonzept des Zentralklinikums bilden die Grundsätze der sogenannten Healing Architecture
Abb.: gmp International GmbH, Aachen

trächtlichen Volumens eine freundliche und einladende Ausstrahlung verleihen.

In dem Neubau werden hohe hygienische Standards umgesetzt, die die Erfahrungen aus der Coronapandemie berücksichtigen. Dies zeigt sich zum Beispiel in der Patientenführung, bei der infektiöse Patienten ohne den Haupteingang queren zu müssen direkt in die vorgesehenen Krankenhausräumlichkeiten geleitet werden. Auch vielfältige Aspekte der Nachhaltigkeit wurden in die Planungen aufgenommen. Das gilt grundsätzlich für die Bauweise, aber auch für das zukunftsweisende, klimaschonende und klimaresiliente Energiekonzept.

Die unzuverlässige Gasversorgung und gestiegene Energiepreise seit dem Beginn des Ukrainekriegs machten eine Überprüfung des ursprünglichen Energiekonzepts notwendig. Als Lösung soll die Energieversorgung nun durch einen modularen und flexiblen Energiepark in Containerbauweise gewährleistet werden, der optisch in das Gesamtbild der Gebäude und Anlagen integriert wird. Dieser Energiepark kann schnell und kostengünstig an den Energiemarkt sowie an sich verändernde Marktbedingungen angepasst werden. Eine Dachbegrünung auf Teilen des Klinikkomplexes trägt zusätzlich dazu bei, Wärmeinseln zu reduzieren und die Wärmeabstrahlung in angrenzende Räume zu minimieren. Die Planung der Zentralklinik reagiert also effizient auf globale Entwicklungen und richtet sich nach aktuellsten energetischen Vorgaben.

Um den steigenden Anforderungen an die Reinigungstiefe von Krankenhausabwässern gerecht zu werden, wird für die neue Klinik eine eigene Klinikkläranlage errichtet. Ein besonderes Augenmerk wurde zudem auf den Hochwasserschutz gelegt. Um den Gefahren von Binnenhochwasser vorzubeugen, wird die Klinik auf einem 2 m hohen Warftgeschoss gebaut. Zur Erschließung des Klinikgeländes ist darüber hinaus die Errichtung eines Brückenbauwerks über die Bundesstraße 210 und die Bahnlinie geplant. Hierfür ist federführend der Landkreis Aurich verantwortlich, der auch den Bau eines Busbahnhofs direkt auf dem Klinikgelände sowie die Verlegung der Rettungswache von Moordorf nach Uthwerdum anstrebt.

In den Patientenzimmern bilden die Schränke Bettnischen mit indirekter Beleuchtung für eine behagliche Atmosphäre
Abb.: gmp International GmbH, Aachen

Bauherr:
Trägergesellschaft Kliniken Aurich-Emden-Norden mbH, Aurich
Planender Architekt:
gmp International GmbH, Aachen
Projektsteuerer:
BOS Projektmanagement, Duisburg

Partner am Bau:
- Planungsbüro Georg von Luckwald
- Ingenieurbüro Wendt GmbH
- Potthoff GmbH
- Ingenieurberatung Bröggelhoff GmbH
- STRABAG AG Direktion Nord
- Kolb Planung GmbH & Co. KG

Anzeige

Ingenieurbüro Wendt GmbH – Beratende Ingenieure für Elektrotechnik

Seit 2003 haben wir uns auf Innovation, Fachkenntnis, Flexibilität, Termintreue und Nachhaltigkeit spezialisiert – die essenziellen Säulen für erfolgreiches Projektmanagement in der heutigen komplexen Bau- und Projektlandschaft.

Fundierte Beratung und präzise Analysen sind unerlässlich, um herausragende Ergebnisse zu erzielen. Wir führen detaillierte Analysen durch, die alle relevanten Faktoren berücksichtigen und potenzielle Herausforderungen frühzeitig identifizieren. Diese Erkenntnisse fließen in unsere sorgfältige Planung ein und bilden die Grundlage für einen reibungslosen Projektablauf.

Unsere Dienstleistungen beginnen mit einer umfassenden Beratung, um die spezifischen Bedürfnisse und Ziele unserer Kunden zu verstehen und gemeinsam zu entwickeln. In Zeiten, in denen Effizienz und Präzision entscheidend sind, ermöglicht uns die Building Information Modeling (BIM)-Methodik, diese Ziele zu erreichen. Durch die digitale Vernetzung aller Projektbeteiligten schaffen wir eine solide Basis für enge Zusammenarbeit und bessere Ergebnisse.

Die BIM-Methodik revolutioniert die Planung und Umsetzung elektrotechnischer Systeme. Sie ermöglicht eine umfassende Visualisierung und Simulation der elektrischen Infrastruktur bereits in den frühen Planungsphasen. Dies minimiert potenzielle Fehlerquellen und fördert die Kommunikation zwischen Architekten, Ingenieuren und weiteren Beteiligten.

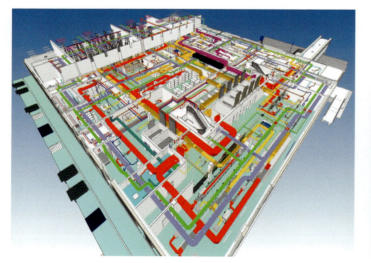

Unsere Projektteams und Fachspezialisten bieten umfassende Planungsleistungen in allen Leistungsphasen der HOAI. Sämtliche Planungs- und Objektüberwachungsleistungen werden durch eigene Mitarbeiter und Mitarbeiterinnen aus langjährigen Anstellungsverhältnissen zuverlässig erbracht.

Neben unserem Hauptsitz in Bremen haben wir Niederlassungen in Hamburg, München und Sachsen, um die Projekte direkt vor Ort planen und begleiten zu können. Unsere Kunden aus den Bereichen Krankenhaus- und Gesundheitswesen, Instituts- und Rechenzentren-Bau sowie Industrie- und Verwaltungsbau schätzen unsere Zuverlässigkeit und Flexibilität sowie unser Engagement für die Einhaltung von Kosten, Terminen und Qualität.

Auftraggeber (Auszug)

Trägergesellschaft Kliniken Aurich-Emden-Norden mbH

Sana Kliniken AG an den Standorten Cham, Hof, Elmshorn, Pinneberg, Pegnitz, Rummelsberg, Duisburg, Remscheid

Nordwest-Krankenhaus Sanderbusch GmbH

Gesundheit Nord Klinikverbund Bremen

DIAKO Ev. Diakonie-Krankenhaus gGmbH Bremen

LungenClinic Grosshansdorf GmbH

Elbe Kliniken Stade-Buxtehude GmbH

Beratende Ingenieure für Elektrotechnik

Energie-, Licht- und Informationstechnik

Ingenieurbüro Wendt GmbH | Bremen, Hamburg, München, Sachsen
T. 0421 699 109-0 | mail@wendtgmbh.de | www.wendtgmbh.de

We build health – Potthoff GmbH

Unser neuer Markenauftritt ist perfekt. Mit einem völlig neuen visuellen Ansatz unterstreichen wir unsere über 65-jährige Marken-DNA und unsere Position als Experte in allen Fachbereichen der Technischen Gebäudeausrüstung. Dies gilt im gleichen Zuge auch für unsere neue Corporate Website. Wie sich jeder, der diesen Prozess selbst miterlebt hat, sicher vorstellen kann, war dies eine sehr spannende und arbeitsintensive Zeit, die am Ende allen Beteiligten viel Freude bereitet hat, wie man an dem Ergebnis sehen kann. Unsere neue visuelle Identität unterstreicht unseren strategischen Fokus auf innovative und zukunftsorientierte Lösungen im Gesundheitswesen sowie auf eine nachhaltige Zusammenarbeit und bringt unsere Vision auf den Punkt: Die weltweite Gesundheitsinfrastruktur nachhaltig zu verbessern und eine gesunde Zukunft zu hinterlassen.

Im Zuge eines VgV-Verfahrens ist es uns gelungen, den Zuschlag für die Planungsleistungen der Anlagengruppen 1 - 3, 7 (ohne Medizin- und Küchentechnik) und 8 für den Neubau des Zentralklinikums Georgsheil zu erhalten. Die Planungsleistungen erfolgen unter kontinuierlicher Anwendung der BIM-Methodik. Zur Sicherstellung der Planungsanforderungen und des ambitionierten Terminplans wurde ein niederlassungsübergreifendes Team zusammengestellt. Die Qualitätssicherung erfolgt als nach DIN EN ISO 9001 zertifiziertes Unternehmen unter anderem durch Kollisionsprüfung von Installationen, deren Visualisierung, die modellbasierte Massen- und Mengenermittlung sowie durch ein modell- und softwarebasiertes Baustellenmanagement. Wir freuen uns, Teil dieses spannenden Projektes sein zu dürfen.

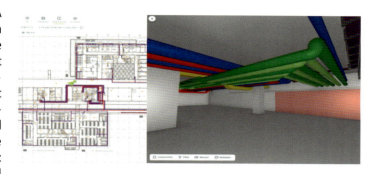

Neuenhausplatz 76, 40699 Erkrath

+49 211 90001-0

erkrath@potthoff-ingenieure.de

https://potthoff-ingenieure.de

Potthoff Gruppe

potthoffgruppe

Planen und Beraten im Bauwesen

Seit der Gründung im Jahr 1991 durch Herrn Dipl.-Ing. Hans-Georg Bröggelhoff hat sich unsere Ingenieurgesellschaft kontinuierlich weiterentwickelt. Wir haben nicht nur bestehende Fachbereiche ausgebaut, sondern auch neue Tätigkeitsfelder erschlossen und unser Portfolio stetig erweitert.

Als mittelständisches, inhabergeführtes Unternehmen mit starken Wurzeln im Nordwesten Deutschlands bieten wir unser breites Spektrum ingenieurtechnischer Dienstleistungen heute bundesweit an.

Unser Team besteht aus einer erfahrenen Kernmannschaft, die über langjährige Expertise und tiefgehendes Fachwissen verfügt, sowie aus jungen Ingenieuren und Ingenieurinnen, die uns oft schon während ihres Studiums begleiten. Unterstützt wird unser Ingenieurteam durch ein erfahrenes Konstruktions- und Backoffice-Team.

Diese Kombination aus Erfahrung und frischem Wissen gewährleistet sowohl Innovationskraft als auch hohe Qualität in der Planung und Beratung für unsere Auftraggeber.

Gemeinsam haben wir eine Vielzahl anspruchsvoller Projekte im Hoch- und Industriebau, Ingenieurbau sowie im Wasserbau erfolgreich realisiert.

Unsere Arbeitsweise zeichnet sich dabei durch ganzheitliche, fachübergreifende Beratung und Planung aus. Besonders wichtig ist uns eine frühzeitige und kontinuierliche Kommunikation mit allen Projektbeteiligten. Denn je weiter die Planung fortschreitet, desto weniger Einflussmöglichkeiten bestehen auf die wirtschaftliche Umsetzung eines Bauwerks. Aus diesem Grund setzen wir auf intensiven Informationsaustausch von Beginn an, um für unsere Auftraggeber die besten Ergebnisse zu erzielen.

Hotel Silt & Sand Langeoog. © HS-ARCHITEKTEN PartGmbB Schmidt Limmroth Funck Klapsing, Hamburg

Zentralklinikum Georgsheil. © gmp International GmbH / rendertaxi

Für Ihr Projekt. In Ihrer Nähe.

Hochbau + Industriebau + Ingenieurbau + Brückenbau + Wasserbau

Beraten
Planen
Überwachen
Prüfen

Untersuchen
Sanieren
Erhalten

Ingenieurberatung Bauwesen

Erfahren Sie mehr über uns in unserer Informationsbroschüre »

Langenweg 26, 26125 Oldenburg
T. 0441 36159-100, info@broeggelhoff.de
www.broeggelhoff.de

STRABAG: Wir bauen in der Region für die Region!

Die STRABAG AG ist deutsche Marktführerin im Verkehrswegebau. Von der digitalen Planung über die Baustoffgewinnung und -produktion, den Bau, die Wartung und Unterhaltung bis hin zum Abriss und der Wiederverwendung – STRABAG bietet die gesamte Wertschöpfungskette im Bau von Infrastrukturanlagen, mit dem klaren Ziel: Klimaneutralität 2040.

UNSER BEITRAG IN DER REGION

Wir, die STRABAG Direktion Nord, sind stolz darauf, als verlässlicher Partner für die Infrastruktur vor Ort zu wirken. Unser Motto „Wir bauen in der Region für die Region" spiegelt unsere Überzeugung wider, dass Bauprojekte nicht nur die Landschaft formen, sondern auch die Lebensqualität der Menschen verbessern.

Unser Leistungsspektrum umfasst eine Vielzahl von Bereichen:

- **Straßen- und Autobahnbau:** Wir schaffen Verbindungen, die Menschen und Orte zusammenbringen.
- **Flächenbefestigungen:** Robuste und langlebige Lösungen für öffentliche und private Flächen.
- **Asphaltbau:** Maßgeschneiderte Asphaltschichten für unterschiedlichste Anforderungen.
- **Außenanlagen für Industrie und Gewerbe:** Funktionale und ästhetische Lösungen, die überzeugen.
- **Erdbau:** Die Basis für jede erfolgreiche Bauleistung.
- **Pflasterbau:** Klassische und moderne Designs für Wege und Plätze.
- **Kanal- und Leitungsbau:** Zukunftssichere Infrastrukturen für Wasser und Energie.
- **Küstenschutz:** Schutzmaßnahmen, die Mensch und Natur gleichermaßen dienen.

GEMEINSAM DIE ZUKUNFT GESTALTEN

Als Teil der Region liegt uns nicht nur die wirtschaftliche Entwicklung, sondern auch der Schutz der Umwelt am Herzen. Unsere Bauprojekte sind geprägt von nachhaltigem Denken und einem respektvollen Umgang mit den Ressourcen.

STRABAG – weil Bauprojekte mehr als nur Technik sind: Sie sind ein Versprechen an die Zukunft.

STRABAG AG, Direktion Nord, Bereich Weser-Ems
Am Esch 19, 26349 Jaderberg, Tel. +49 4454 9779-105
weser-ems@strabag.com

Work On Progress.
Wir denken Bauen neu.

STRABAG ist die stärkste Kraft, eine bessere Zukunft zu bauen. Die STRABAG-Gruppe ist der führende europäische Technologiekonzern für Baudienstleistungen.

work-on-progress.strabag.com

Anzeige

Großküchentechnik
Planung | Beratung

Am Strehl 153-155 | 26125 Oldenburg
Tel. 0441/60498 | info@kolbplanung.de

▶ Produktinfo

Perfekt für harmonisch abgestimmte Räume

iQ Optima „Moving Nuances" von Tarkett

Mit einer ästhetisch ansprechenden Neuauflage seiner homogenen Vinylkollektion iQ Optima kommt der Bodenbelagshersteller Tarkett daher: Der Klassiker fürs Objekt empfiehlt sich als moderner und nachhaltiger Boden für Bauten im Gesundheits- und Bildungswesen und in der Seniorenpflege.

Mehr als vierzig Jahre ist iQ Optima schon am Markt, rund 100 Mio. m² wurden bereits verkauft: Der bei Designern, Planern und Architekten hochgeschätzte Bodenbelag überrascht nach seinem Relaunch mit frischen Designs und einer erweiterten Farbpalette.

Dabei hat sein Alleinstellungsmerkmal weiter Bestand: Denn die iQ Bodenbeläge von Tarkett sind die einzigen, deren Oberfläche durch Trockenpolieren renoviert und wiederhergestellt werden können. Und das ganz ohne Chemikalien und Wasser! Dies erleichtert die Pflege ungemein und gewährleistet eine unübertroffene Langlebigkeit – ein iQ-Boden hält in der Regel 30 Jahre und noch länger.

Die organischen Linien und subtilen Farbtöne der neuen iQ Optima „Moving Nuances" Kollektion bieten sich insbesondere für die Gestaltung harmonischer Räume an. iQ Optima besitzt einen unverwechselbaren richtungsbetonten Effekt und ist in drei gleichsam interessanten, dennoch dezenten Designs und in einer Palette von

Für große Flächen in anspruchsvollen Bereichen prädestiniert: die neu überarbeitete iQ Optima „Moving Nuances" Kollektion von Tarkett Abb.: Tarkett

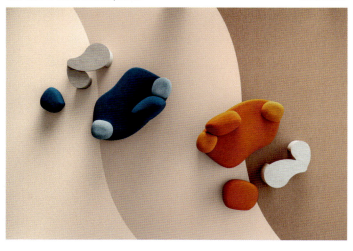

Der Bodenbelag iQ Optima überrascht nach seinem Relaunch mit frischen Designs und einer erweiterten Farbpalette Abb.: Tarkett

55 Farben erhältlich. Die drei Designs „Blend", „Original" und „Mono" erinnern an die Optik von natürlichem Travertin-Kalkstein, zeigen abwechselnd durchscheinende und deckende Aquarellfarben und bieten sich so als perfekte Ergänzung zu den zarten Farben an, die bereits in der Kollektion zu finden sind.

Nicht nur möglich, sondern ausdrücklich erwünscht ist dabei die Kombination mit den Kollektionen iQ Granit und iQ Eminent. Die vier neuen Farbfamilien von „Moving Nuances" wurden genau darauf abgestimmt. So können große Flächen im Objekt einzigartig und harmonisch gestaltet werden und sind selbst für hochsensible Bereiche in Pflegeeinrichtungen für Menschen mit Demenzerkrankung geeignet. Die iQ Optima Kollektion passt außerdem zu den Funktionslösungen iQ Toro SC (statisch leitfähig), iQ Granit SD (statisch ableitfähig), dem dauerhaft rutschhemmenden Granit Safe.T und Granit Multisafe (für nassbelastete Bereiche). Alle Dekore sind auch als Akustikversion iQ Optima Acoustic mit einer Trittschalldämmung von 16 dB erhältlich.

Nähere Infos finden Sie auch unter: www.tarkett.com.

Professionelle Funkgeräte-Sets garantieren beste Sprachübertragung

Kofferlösungen für PMR-Funk-Geräte sorgen auf Baustellen und in Handwerksbetrieben für beste Erreichbarkeit – branchenspezifisch und wirtschaftlich

Hohe Lautstärke, Verschmutzungen und weite Distanzen – speziell auf Baustellen, Industriebetrieben sowie im Hoch- und Tiefbau sind zuverlässige, moderne Funkgeräte erforderlich, um eine schnelle, stabile Kommunikation unter den Kollegen zu ermöglichen

Kontakt bleiben müssen. Das PMR446-Funkgerät verfügt über 32 Kanalspeicher sowie 50 CTSS-Kodierungs- und 105 DCS-Kennungstöne für ungestörte Kommunikation. Darüber hinaus wurde eine Sprachansage in das Gerät integriert für die Angabe der ausgewählten Funktion bzw. des Kanals. Eine integrierte Notfall-Taste sowie die Möglichkeit der VOX-Nutzung (Gespräche ohne Nutzung der PTT-Taste) in Verbindung mit einer Reichweite von mehr als 12 km im freien Gelände, machen das G15 Pro zum optimalen Arbeitsgerät.

Das „Midland BR02 Pro Business Radio" ist ein kompaktes PMR446-Funkgerät in elegantem Design. Die sehr robuste Qualität der Hard- und Software garantieren eine lange Lebensdauer. So sind zum Beispiel für die Headset-Buchse mind. 5.000 Einsteck-Zyklen garantiert. Ein starker 1800mAh Lithium-Ionen-Akku hält bis zu 24 Stunden und übersteht somit problemlos jeden Arbeitstag. Der mitgelieferte sechsfach-Lader im Kofferset ermöglicht das parallele Laden von sechs Geräten zum schnellen Wechsel oder für die gleichzeitige Verwendung bei Großeinsätzen. Das Gerät verfügt über ein robustes Aluminiumgehäuse für starke Beanspruchungen und hat eine Reichweite von bis zu 12 km im freien Gelände.

Koffersets von Albrecht und Midland sind im Web-Shop, im Online- sowie im Fachhandel bereits ab 119,90 Euro erhältlich. Informationen zu allen Koffer-Sets der Marken Albrecht und Midland sind erhältlich unter www.albrecht-midland.de.

Baustellen, Abbruch- und Erdarbeiten sowie die industrielle Fertigung stellen heute die anspruchsvollen Umgebungen für technische Kommunikation dar. Aufgrund der rauen Umgebung kommen die meisten Smartphones schnell an ihre Grenzen. Zudem sind die Handys oft europaweit, im Falle von internationalen Einsätzen, nicht kostenfrei einsetzbar. Abhilfe schaffen hier die robusten PMR446-Funkgeräte von Albrecht und Midland, die vor Verschmutzung durch Staub, Schlamm oder Spritzwasser geschützt sind. Ferner verfügen sie über eine hohe Reichweite, die speziell bei großen Baustellen im Straßenbau ein wichtiger Faktor ist und europaweit gilt. Die auf Baustellen vorhandene, meist sehr hohe Lautstärke wird durch entsprechende Headsets hervorragend kompensiert. Und um gleich mehrere Mitarbeiter mit den praktischen PMR446-Funkgeräten zu vernetzen, haben Albrecht und Midland unter anderem folgende Koffersets im Programm:

Das robuste, kompakte „Midland G15 Pro" wurde entwickelt, um auch dem härtesten Arbeitsalltag standzuhalten. Mit 32 Kanälen (16 PMR 446 und 16 mit CTCSS vorprogrammierte) ist es die ideale Lösung für professionelle Anwender, die mit dem gesamten Team in

Albrecht und Midland haben für diese Einsätze passende, preiswerte PMR-Modelle im Programm, die im praktischen Kofferset als 2er-, 3er-, 4er- oder 6er-Set erhältlich sind

Logistikimmobilien: wichtigstes Bindeglied in der Lieferkette

Batterielagerung im Logistikpark Berkhof II / Größtes Kommunalarchiv Niedersachsens als historisches Gedächtnis Hannovers / Logistikhalle für mehr als 20.000 Paletten Erfrischungsgetränke in Bockenem

FASZINIERENDE AUFGABEN DER LOGISITK

Logistik wird meist einfach als Transport von Gütern angesehen, doch im Zuge des globalen Handels bildet sie das Rückgrat von Produktions- und Lieferketten. Wie sensibel das System dabei auf Störungen reagiert, zeigte sich während der Coronapandemie, als weltweit Logistikwege unterbrochen waren. Damit die Waren, die täglich gebraucht werden, auch tatsächlich dort verfügbar sind, wo sie fehlen, müssen eine Vielzahl von kleinen Prozessen der Warenbewegung funktionieren. Es werden jedoch nicht nur Rohstoffe und Materialien bewegt, aus denen Produkte gefertigt werden, sondern auch Endprodukte gelagert, die auf ihre Reise rund um den Globus warten. Ein besonderer Bereich der Logistik sind dabei die Transporte zu den Endkunden, die insbesondere „auf der letzten Meile" eine große Herausforderung für Lieferdienste sind. Im Zuge der Digitalisierung gibt es zwar zahlreiche Technologien, mit denen schnell und zuverlässig eine Sendung transportiert und verfolgt wird. Gleichzeitig verlangt der Kunde einen immer schneller werdenden Kreislauf aus Bestellung und Anlieferung. Die Bereitschaft auf längere Lieferzeiten schwindet seit der Zunahme von Onlineshops. Um weiterhin konkurrenzfähig zu bleiben, müssen sich die einzelnen Akteure der Logistikkette immer mehr vernetzen und sich strategisch aufstellen.

Einzelne Logistikzentren sind kleine Bausteine dieses komplexen Netzes. Jeder Bereich spezialisiert sich auf einen Schwerpunkt und fügt sich so in einen großen Ablauf ein. Auch die Architektur- und Baubranche ist gefragt, hier die passenden Rahmenbedingungen zu schaffen. Logistikgebäude erfüllen nicht nur die spezifischen Anforderungen der Nutzer als Gewerbeimmobilien, sondern sie übernehmen als moderne Gebäude auch Nachhaltigkeitsaspekte.

Die bauwo Grundstücksgesellschaft aus Hannover entwickelt eine Vielzahl DGNB-Gold-zertifizierte (Deutsche Gesellschaft für Nachhaltiges Bauen) Logistikimmobilien an autobahnnahen Standorten in Niedersachsen, Brandenburg, Hessen, Thüringen, Sachsen, Bayern und Baden-Württemberg.

BEITRAG ZUM KLIMASCHUTZ – ÖKOLOGIE UND ÖKONOMIE IM EINKLANG

Logistikgebäude sind weit mehr als reine Umschlagplätze für Güter. Sie erfüllen vielfältige Funktionen – von der Lagerung über die Ver-

Logistikpark Berkhof II, Wedemark: Das Besondere an dem Projekt ist die Nutzung – hier lagern unter strengen Voraussetzungen Batterien für diverse E-Fahrzeuge
Abb.: bauwo, Hannover

Logistikpark Berkhof II, Wedemark: Die beiden Hallen stehen sich gegenüber und nehmen in ihrer Mitte die Lkw-Stellplätze und eine Technikzentrale auf
Abb.: bauwo, Hannover

teilung bis hin zur Zustellung und dem Vertrieb von Waren. Ihre architektonische Gestaltung ist oft von Zweckmäßigkeit geprägt, da der Großteil der Fläche auf Lagerbereiche entfällt. Dennoch gewinnt der Nachhaltigkeitsgedanke auch in diesem Bereich zunehmend an Bedeutung – aus ökologischer, aber auch aus ökonomischer Perspektive.

Moderne Logistikbauten müssen nicht nur funktional, sondern auch ansprechend sein. Eine gut belüftete und lichtdurchflutete Arbeitsumgebung erhöht die Aufenthaltsqualität für die Mitarbeitenden und stärkt die Attraktivität des Standorts – ein entscheidender Faktor im Wettbewerb um Fachkräfte. Repräsentative Gebäude mit ansprechenden Außenbereichen schaffen zudem einen Mehrwert für Unternehmen und Gemeinden.

Nachhaltigkeit bedeutet auch, auf sich wandelnde Anforderungen reagieren zu können. Flexibel gestaltete Logistikimmobilien, die sich an veränderte Prozesse oder Nutzungen anpassen lassen, minimieren das Risiko von Leerstand und maximieren ihre langfristige Nutzung. Eine vorausschauende Planung, die die gesamte Lebensdauer des Gebäudes im Blick hat, ist daher unerlässlich.

Energieeffiziente Gebäudetechnik und der Einsatz erneuerbarer Energien sind zentrale Bausteine einer nachhaltigen Immobilie. Große Dachflächen bieten ideale Voraussetzungen für Photovoltaikanlagen, die grünen Strom produzieren. Extensiv begrünte Dächer und naturnahe Außenanlagen tragen zur ökologischen Balance bei, indem sie die Flächenversiegelung ausgleichen und Erholungsräume für Mitarbeitende schaffen.

Die steigende Bedeutung von Zertifizierungen wie DGNB oder BREEAM zeigt, dass Nachhaltigkeit längst als Qualitätsmerkmal gilt. Diese Standards bewerten nicht nur die ökologische, sondern auch die wirtschaftliche und soziale Nachhaltigkeit eines Gebäudes – und machen sie mess- und sichtbar.

Mit diesem ganzheitlichen Ansatz leistet die bauwo einen aktiven Beitrag zum Klimaschutz und zeigt, dass auch Logistikimmobilien nachhaltige Zukunftsperspektiven bieten können – für Unternehmen, Menschen und die Umwelt.

LOGISTIKPARK BERKHOF II, WEDEMARK

Im Mai 2024 wurde der Logistikpark Berkhof II übergeben. Auf einer Grundstücksfläche in der Wieckenberger Straße mit einer Größe von ca. 50.500 m² entstanden zwei Hallen. Die gesamte Dachfläche nimmt eine Photovoltaikanlage mit einer Modulfläche von rund 7.500 m² ein sowie eine Begrünung des Daches der Bürovorbauten.

Das Besondere an dem Projekt ist die Nutzung: Hier lagern unter strengen Voraussetzungen Batterien für diverse E-Fahrzeuge. Da es derzeit noch wenige Erfahrungen mit diesen Produkten gibt, entwickelte der Generalunternehmen LIST Bau Nordhorn individuelle Lösungen zur optimalen Lagerung. Die beiden Hallen stehen sich gegenüber und nehmen in ihrer Mitte die Lkw-Stellplätze und eine Technikzentrale auf. Innerhalb der Lagerhallen gibt es eine Ladehalle, in der Batterien be- und entladen werden können. Da die Batterien temperaturempfindlich sind, werden die eingelagerten Aggregate dauerhaft mit Thermovision-Kameras überwacht. Überhitzt sich eine Batterie, wird sie automatisch lokalisiert, mithilfe eines autonomen Staplers entnommen und zu einem Löschcontainer gebracht, der sich außerhalb der Lagerhalle befindet. Der Stapler sendet ein Signal zu dem Tor, das sich daraufhin öffnet und so den Weg freigibt.

Bei der Entwicklung des Gebäudes wurde speziell vom Worstcase der Überhitzung von Batterien ausgegangen und verschiedene Sicherheitsvorkehrungen getroffen. Im Rahmen des Brandschutzes gibt es Frühwarnsysteme, die rechtzeitig auf drohende Situationen aufmerksam machen. Baulicherseits werden die eingelagerten Batterien mittels verdunkelter Lichtkuppeln vor Überhitzung durch Sonnenstrahlen geschützt. Das Fassadenmaterial, das klassischerweise aus Holzkonstruktionen und Paneelen besteht, wurde zugunsten von C-Profilen und Mineralwollpaneelen ausgetauscht, die nicht brennbar sind. Um der empfindlichen Elektronik der autonomen Stapler gerecht zu werden, musste der Hallenboden extrem eben ausgeführt werden.

EINZIGARTIGE SAMMLUNG IN DEUTSCHLAND FÜR KULTURGÜTER

Besondere Güter lagern im Sammlungszentrum der Landeshauptstadt Hannover in der Vahrenwalder Straße. Es handelt sich dabei nicht um einen Umschlagplatz mit kurzer Lagerverweildauer, sondern um ein Sammlungszentrum für Kunstprojekte, das im Norden der Stadt das Stadtarchiv und das zentrale Magazin für die Kunst- und Kultureinrichtungen vereint. Damit entstand seit der Fertigstellung Ende 2023 der größte Standort in Niedersachsen, der die Funktionen von Archiv und musealer Sammlungspflege vereint.

Die Stadt als Nutzerin hat es von der bauwo Grundstücksgesellschaft mbH als Eigentümerin und Bauherrin im leeren Zustand übernommen. Bis Ende 2025 richtet die Verwaltung das Gebäude schrittweise her. Die notwendigen Einbauten waren 2024 in ersten Räumen fertig erstellt. Aufgrund der sensiblen Einlagerungsgegenstände mussten sich die dafür notwendigen Rollregale nach ihrer Installation zunächst für zwei Monate akklimatisieren, damit sich das Raumklima stabilisieren konnte. Erst nach dieser Ruhephase waren die Bedingungen für die Aufnahme der kostbaren Stücke ideal.

HANNOVERS HISTORISCHES GEDÄCHTNIS

Der imposante Gebäudekomplex entwickelt sich nun schrittweise zum historischen Gedächtnis Hannovers. Mit den höchsten Nachhaltigkeits- und Sicherheitsstandards bekommt die Stadt ein neues Sammlungszentrum als beispielgebende Schatzkammer. Die Einrichtung bildet das Rückgrat für die Weiterentwicklung der Museumsstandorte vor Ort. In dem Gebäude, das ähnlich groß ist wie das HannoverServiceCenter am Schützenplatz, werden künftig die Dokumente, Gegenstände und Bücher des Stadtarchivs, des Historischen Museums, des Museums August Kestner, des Sprengel Museums, des Städtischen Kunstbesitzes, der Stadtbibliothek und des Archivs des städtischen Gebäudemanagements zentral verwahrt. Allein das Schriftgut des Stadtarchivs benötigt zehn, das Kulturgut der Museen für Kulturgeschichte sieben Regalkilometer. Außerdem gibt es einen Lesesaal, Büros und Restaurierungswerkstätten.

In diesem deutschlandweit einmaligen Gebäude wird alles gebündelt und zentral für die Forschung zugänglich gemacht. Neben den Dokumenten des Stadtarchivs lagern zukünftig hier viele Museums-

Sammlungszentrum der Landeshauptstadt Hannover: Das bis zu vier Etagen hohe Gebäude, das nach Maßgaben der Stadt entstanden ist, wurde binnen weniger Monate fertiggestellt
Abb.: bauwo, Hannover

Sammlungszentrum der Landeshauptstadt Hannover: Eine helle Klinkerfassade gibt dem Gebäude auch an fensterlosen Fassadenbereichen eine rhythmische Struktur durch Vor- und Rücksprünge Abb.: bauwo, Hannover

schätze, die bisher stadtweit über mehrere Depots verteilt waren, erstmalig an einem Ort. Der Umzug als logistisches Großprojekt soll in diesem Jahr abgeschlossen sein.

Das Gebäude ist etwa 160 m lang und umfasst insgesamt 20.600 m² Nutzfläche. Einige Räume sind 5,50 m hoch. Eine helle Klinkerfassade gibt dem Gebäude auch an fensterlosen Fassadenbereichen eine rhythmische Struktur durch Vor- und Rücksprünge. Zur Vahrenwalder Straße hin zeigt sich das Gebäude mit einer raumhohen Fensterfront relativ offen. Photovoltaikanlagen auf dem Dach unterstützen die klimatischen Bedingungen. Der Neubau erfüllt hohe bauliche und technische Anforderungen. Die Decken besitzen eine Tragkraft von bis zu 1,2 t/m². Auch die klimatischen Bedingungen für die Lagerung des kostbaren Kulturgutes sind aus konservatorischen Gründen herausfordernd. Temperatur und Luftfeuchtigkeit sind in jedem Raum einzeln steuerbar, zudem gibt es mehrere Quarantänebereiche, die eine Einschleppung von Ungeziefer wie Papierfische verhindern soll.

Das bis zu vier Etagen hohe Gebäude, das nach Maßgaben der Stadt entstanden ist, wurde binnen weniger Monate fertiggestellt. Es bildet ein starkes Zeichen als „neues Entree" von Norden nach Hannover kommend.

Sammlungszentrum der Landeshauptstadt Hannover: Das Gebäude ist etwa 160 m lang und umfasst insgesamt 20.600 m² Nutzfläche Abb.: bauwo, Hannover

bauwo Grundstücksgesellschaft mbH

Öffentliche Bauten / Gewerbebauten

Neubau Logistikhalle, Bockenem: Im niedersächsischen Bockenem, zwischen Hildesheim und Salzgitter, errichtet bauwo seit Januar 2024 eine neue Lager- und Umschlaghalle für Coca-Cola
Abb.: bauwo, Hannover

LAGER- UND UMSCHLAGHALLE, BOCKENEM

Im niedersächsischen Bockenem, zwischen Hildesheim und Salzgitter, errichtet bauwo seit Januar 2024 eine neue Lager- und Umschlaghalle für Coca-Cola. Das von bauwo geplante Neubauprojekt umfasst rund 24.000 m² und liegt in der Walter-Althoff-Straße, gewissermaßen direkt an der A7. Die Logistikaktivitäten starteten 2025 und haben eine Kapazität von mehr als 20.000 Paletten mit Coca-Cola-Erfrischungsgetränken. Von hier aus wird die regionale Belieferung der Endkunden gestärkt. Der Standort Hildesheim Bravenstedt hat seine Produktions- und Abfülltechnik erhöht, was mehr Lager- und Verladekapazitäten erfordert. Die Wahl für einen zusätzlichen Logistikstandort fiel auf Bockenem, auch aufgrund der guten Verkehrsanbindung an den Produktionsbetrieb in Hildesheim. Hier soll zukünftig der überwiegende Teil des Produktionsvolumens in Einwegpfandflaschen aus dem Werk in Hildesheim abgewickelt werden.

An 24 Laderampen können künftig die Getränkelieferungen zusammengestellt und die Lkw beladen werden. Im Durchschnitt sollen täglich am Standort Bockenem etwa 130 Lkw jeweils ent- oder beladen werden. Ein Großteil der Abläufe innerhalb des Lagers wird digital über ein Lagerverwaltungssystem organisiert. Eine DGNB-Gold-Zertifizierung für das moderne Logistikgebäude wird angestrebt.

-Projekt „Logistikpark Berkhof II, Wedemark"
Bauherr:
bauwo, Hannover
Architektur:
Ph. Bitter/Bauwo Grundstücksgesellschaft mbH, Hannover
Generalunternehmer:
LIST Bau Nordhorn GmbH, Nordhorn

-Projekt „Sammlungszentrum der Landeshauptstadt Hannover"
Bauherr:
bauwo, Hannover
Architektur:
K. Winkler/Bauwo Grundstücksgesellschaft mbH, Hannover
Generalunternehmer:
BREMER Hamburg GmbH, Hamburg

-Projekt „Neubau Logistikhalle, Bockenem"
Bauherr:
bauwo, Hannover
Architektur:
Ph. Bitter/Bauwo Grundstücksgesellschaft mbH, Hannover
Generalunternehmer:
Goldbeck Nord GmbH

Partner am Bau:
- Stöber Beratende Ingenieure PartGmbB
- GP Papenburg Baugesellschaft mbH
- TSN-Beton

Anzeige

Immobilien sind unsere Leidenschaft!

Seit mehr als drei Jahrzehnten sind wir deutschlandweit erfolgreich in der Planung, Entwicklung und Realisierung hochwertiger gewerblicher Immobilien tätig.

Ob modernste Lager- und Logistikflächen, zukunftsweisende Bürogebäude oder exklusive Hotels – wir bieten maßgeschneiderte Lösungen, die den individuellen Bedürfnissen unserer Kunden gerecht werden.

Von der Baurechtschaffung bis zur schlüsselfertigen Übergabe erhalten Sie bei uns alle Leistungen aus einer Hand.

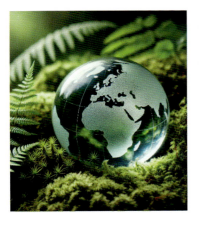

Ihr Ziel – Unser Team – Ein Erfolg!

bauwo Grundstücksgesellschaft mbH
Luisenstraße 9 | 30159 Hannover
www.bauwo.de

Anzeige

Stadtarchiv Hannover: Erfolgreiche Zusammenarbeit zwischen BREMER Hamburg GmbH und bauwo

Das Familienunternehmen BREMER Hamburg GmbH hat als Generalunternehmer das Stadtarchiv Hannover schlüsselfertig errichtet. Das Sammlungszentrum ist ein weiteres erfolgreiches Projekt, das gemeinsam mit der bauwo Grundstücksgesellschaft realisiert wurde. Bei diesem besonderen Projekt hat BREMER Hamburg die komplette Planung und schlüsselfertige Erstellung übernommen. Das mehrgeschossige Stadtarchiv ist rund 20.000 qm groß und nicht nur architektonisch ein Hingucker: Das Gebäude beeindruckt mit einer aufwändigen, auskragenden Fertigteilkonstruktion und einer hellen Klinkerfassade, die von einem Edelstahlsystem abgefangen wird.

Auch die technische Gebäudeausrüstung von Hannovers neuer „Schatzkammer" ist komplex: Die Büro-, Werkstatt-, Quarantäne-, Depot- und Archivflächen erfüllen höchste Sicherheitsstandards (RC4) und Hygieneanforderungen. Mit 44 Klimaschränken und sieben Lüftungsanlagen auf dem Dach werden konstante Temperatur- und Feuchtigkeitsbereiche in den Depot- und Archivräumen gewährleistet, um die kostbaren Exponate zu schützen. Entsprechend hoch war der Planungs- und Koordinationsaufwand; eine anspruchsvolle Aufgabe für die Projekt- und Bauleitung.

Auch in Ahrensburg war BREMER erfolgreich tätig und realisierte einen Famila-Verbrauchermarkt. In nur 14 Monaten Bauzeit ist ein moderner Markt mit einer Fläche von 9.000 Quadratmetern entstanden. Die Fassade aus Fertigteilen, Klinkern und Vorhangblechen verleiht dem Famila-Markt ein einladendes Erscheinungsbild. Ein gleicher Markt entstand in Walsrode.

Das Familienunternehmen BREMER gehört zu den führenden Unternehmen im schlüsselfertigen Industrie- und Gewerbebau mit Stahlbetonfertigteilen in Deutschland. Das Portfolio umfasst Bürogebäude, Einrichtungshäuser, Kühlhäuser, Logistikgebäude, Produktionsgebäude, Verbrauchermärkte sowie Bauen im Bestand. Auf Wunsch wird nach Fertigstellung auch das Facility Management übernommen.

Anzeige

Ihr Partner für nachhaltige Logistikimmobilien – ganzheitlich beraten, planen und bauen

Logistikimmobilien sind die vielleicht wichtigste Verbindung unserer wirtschaftlichen Infrastruktur. Es sind Hochleistungs-Immobilien, die wirtschaftlichen und funktionalen Kriterien gerecht werden müssen. Heute kommen ökologische Kriterien hinzu, die zukünftig die Wirtschaftlichkeit der Investition unmittelbar beeinflussen werden. Was macht eine Logistikimmobilie der Zukunft aus?

- Strategisch optimaler Standort
- Berücksichtigung von Klimarisiken
- Hervorragende Energieeffizienz
- Nachhaltige Materialien und Verfahren
- Zertifizierte Werthaltigkeit
- Integration in die natürliche Umgebung
- An das Nutzungskonzept angepasste TGA-Intelligenz
- Vollständig digitale Planung

Unser Team von LIST Bau Nordhorn hat über 100 Jahre Bauerfahrung. Als Teil der LIST Gruppe greifen wir bei Bedarf auf unser gesamtes Spektrum zurück. Benötigte Kompetenzen ziehen wir einfach hinzu, wenn es um nachhaltige Konzeption, Planungsaufgaben oder die technische Ausrüstung geht. Von der Carbon Due Diligence über Ökobilanzen bis hin zur Tiefbauplanung, Architektur und TGA – die LIST Gruppe vereint die gesamte Expertise für bessere Immobilien: nachhaltig, digital, intelligent.

Anzeige

Stöber Ingenieure

Beratender Ingenieur
Wilfried Stöber
Dipl.-Ing.

Tragwerksplanung
Sachverständigenbüro für:
- **Prüfung des Brandschutzes**
- **Schall- und Wärmeschutz**

SiGe Koordination

An der Talle 114
33102 Paderborn
T. 05252/98988-0
F. 05252/98988-10
www.ing-stoeber.de
info@ing-stoeber.de

Produktinfo ◄

Charakterstarkes Sauna-Design mit richtigem Maß an Durchblick

(epr) Der Einsatz von Glas beim Saunabau sollte in einem gesunden Verhältnis zum Holz stehen, da es das Saunaklima beeinflusst: Im Gegensatz zu Holz kann Glas weder Feuchtigkeit aufnehmen noch Wärme speichern. Ein zu hoher Glasanteil verursacht deshalb ein aggressives Klima in der Sauna. Da aber inzwischen eine Sauna zum festen Bestandteil des Wohnraums gehört, spielt das Design eine ganz wichtige Rolle. Das Erfolgsmodell VIITTA® aus dem Hause B+S Finnland Sauna trägt diesem Wunsch zum Beispiel Rechnung. Die Sauna präsentiert sich in einer ausgewogenen Mischung aus Holz und Glas. So herrscht innen bestes Klima, außen überzeugt ein charakterstarkes Design mit „Durchblick".
Mehr unter www.welt-der-sauna.de.

Das B+S Saunamodell VIITTA® trägt dem Wunsch nach Optik Rechnung und garantiert bestes Klima für den vollendeten Schwitz-Genuss
(Foto: epr/B+S Finnland Sauna)

Elemente aus Glas erfreuen sich auch beim Saunabau immer größerer Beliebheit. Jedoch sollte der Einsatz von Glas in einem gesunden Verhältnis zum Holz stehen, da sonst das Saunaklima leidet
(Foto: epr/B+S Finnland Sauna)

Entwicklung und Realisierung von Wohn- und Geschäftsimmobilien

95 neue Wohnungen in direkter Wasserlage auf Oldenburgs Halbinsel Doktorsklappe / Preisgebundener Wohnraum in Oldenburg / Logistikzentrum Amazon in Helmstedt mit wichtiger europäischer Umverteilungsfunktion / Nach der IHK kam die Internationale Hochschule an den Schiffgraben nach Hannover

Die BAUM Unternehmensgruppe ist seit mehr als zwei Jahrzehnten in allen immobilienwirtschaftlichen Bereichen erfolgreich tätig. Neben der Entwicklung und Realisierung von Wohn- und Gewerbeimmobilien sowie der Verwaltung des eigenen Immobilienbestandes ist die BAUM Unternehmensgruppe auch als Betreiberin in den Segmenten Hotellerie und Gastronomie aktiv.

DEEPSKANT VERSPRICHT MARITIMES FLAIR IN OLDENBURG

Beim Tag der Architektur im Juni 2023 präsentierte das Unternehmen das Projekt Deepskant in Oldenburg einer an zeitgenössischer Architektur interessierten Öffentlichkeit. Bereits 2015 war das hannoversche Architekturbüro Schulze und Partner Sieger des Architekturwettbewerbs für die Wohnbebauung auf der als Doktorsklappe bekannten Halbinsel am Oldenburger Yachthafen geworden.

Mit seiner exklusiven Lage, einer unverbauten Innenstadtnähe und dreiseitigem direktem Wasserbezug punktet das seit 2014 entwickelte Wohnquartier, das mittlerweile fertiggestellt ist. Die drei fünf-, sechs- und neungeschossigen Gebäude entstanden in einer verdichteten Bebauung auf einer Halbinsel zwischen Yachthafen, Hunte und Huntelauf. Sie umfassen insgesamt 95 Wohnungen mit rund 50 m² bis rund 225 m² Wohnfläche in unterschiedlichen Grundrissvarianten mit zwei

Wohnbebauung Deepskant, Oldenburg: Die drei fünf-, sechs- und neungeschossigen Gebäude entstanden in einer verdichteten Bebauung auf einer Halbinsel zwischen Yachthafen, Hunte und Huntelauf Abb.: BAUM Unternehmensgruppe

Wohnbebauung Deepskant, Oldenburg: Auskragende Balkone und erhabene Fensterrahmungen aus hellen Putzflächen bilden einen freundlichen Kontrast und verleihen den Wohnungen ein maritimes Flair Abb.: BAUM Unternehmensgruppe

bis fünf Zimmern. Die Gebäude orientieren sich mit unterschiedlichen Blickrichtungen zum Wasser. Zwei Gebäude liegen parallel zur Uferkante der Hunte und zum Yachthafen; das dritte, mit bis zu neun Geschossen höchste Gebäude liegt an der Spitze der Halbinsel und bildet mit seiner markanten Kubatur den Eingang zum Yacht- und Wendehafen.

Eine Tiefgarage verbindet die Baukörper sowie einen Innenhof mit Sitz- und Grünflächen. Fußläufig ist das Gebiet zusätzlich aus südwestlicher Richtung zu erreichen, wo eine großzügige Treppen- und Rampenanlage in den Innenhof führt. Zwei weitere Treppenanlagen öffnen den Innenhof zum Wasser und erlauben eine Durchquerung des Gebietes. Von hier aus sind es nur wenige Gehminuten in die Oldenburger Innenstadt mit Einkaufsmöglichkeiten und Gastronomieangeboten. Der Innenhof erschließt auch alle Wohnungen mit leicht zurückspringenden Gebäudeeingängen. Die Anordnung der insgesamt sechs Treppenhäuser schafft die Voraussetzung für große Balkone, Loggien oder Terrassen zum Wasser hin. Die auskragenden Elemente in jedem zweiten Geschoss verhindern den Eindruck der Stapelung und vereinen die in ihrer Kubatur unterschiedlichen Gebäude zu einem Ensemble. Bewusst platzierte Hochpunkte und große Öffnungen mit Ausblick über den Oldenburger Hafen krönen die Gebäude.

Aufgrund der gewählten Klinkerfassaden fügt sich der Gesamtkomplex harmonisch in die umgebende Bebauung ein, auskragende Balkone und erhabene Fensterrahmungen aus hellen Putzflächen bilden einen freundlichen Kontrast und verleihen den Wohnungen ein maritimes Flair. Die großzügigen Fensterfronten, bis zu 4 m hohe Decken und eine hochwertige Ausstattung setzen im Innern fort, was die repräsentative Lage verspricht.

Wohnbebauung Deepskant, Oldenburg: Die Gebäude orientieren sich mit unterschiedlichen Blickrichtungen zum Wasser Abbildungen: BAUM Unternehmensgruppe

PREISGEBUNDENER WOHNRAUM AUF DER DOKTORSKLAPPE

Neben dem bereits abgeschlossenen Bauvorhaben an der Doktorsklappe in Oldenburg plant und realisiert die BAUM Unternehmensgruppe ein weiteres Wohngebäude mit preisgebundener Miete. Die Bauaufträge wurden bereits erteilt, und der Baubeginn erfolgt in Kürze.

Das dreieinhalbgeschossig geplante Gebäude auf dem rund 800 m² großen Areal wird über zehn Wohneinheiten und zwei Gewerbeeinheiten verfügen, die voraussichtlich im dritten Quartal 2025 an die Mieterin „Baumhaus gemeinnützige Gesellschaften mbH" übergeben werden. Die einzelnen Wohneinheiten werden über eine Größe von ca. 40 m² bis ca. 50 m² verfügen. Die Fassade des Gebäudes wurde in Anlehnung an das bereits im März 2022 fertiggestellte, rückwärtig liegende Wohngebäude gestaltet. Der Entwurf stammt, wie bei der Nachbarbebauung, von schulze & partner architektur aus Hannover.

LOGISTIKZENTRUM AMAZON, HELMSTEDT

In Helmstedt entstand auf rund 53.000 m² eine Umschlaghalle für Amazon mit Büro- und Sozialgebäude für 1.800 Beschäftigte, 470 Lkw-Stellplätze und 650 Pkw-Parkplätze. Das bis 2022 von der BAUM Unternehmensgruppe für Amazon entwickelte Vorsortierzentrum (Cross Dock) im Business-to-Business war das 19. Logistikzentrum in Deutschland und neben den Standorten Winsen (Luhe) und Achim (bei Bremen) das dritte Logistikzentrum in Niedersachsen. Inzwischen hat die Ampega Asset Management GmbH das Projekt für ein konzernverbundenes Unternehmen von der BAUM Unternehmensgruppe erworben. Das Unternehmen hatte das Logistikprojekt schlüsselfertig entwickelt und langfristig an ein Unternehmen der Amazon Gruppe vermietet. Die Transaktion erfolgte in einer Share-Deal-Struktur.

Das direkt an der A2 im Gewerbegebiet Barmke gelegene, hochmoderne Logistikzentrum wurde durch den Generalunternehmer Max Bögl nach Plänen von Krüger Consult erstellt. Zu den Leistungen der Baumaßnahme gehören u.a. Logistikflächen, Bürobereiche, Kantine und Küche. Die Immobilie wird durch ein innovatives Heizsystem mittels Rooftops für die Heiz-, Kühl- und Lüftungsfunktionen betrieben. Durch den Einsatz von Wärmerückgewinnung konnte die Effizienz der Luft-Wärmepumpen ganz im Sinne der Nachhaltigkeit weiter gesteigert werden. Dafür erhielt die BAUM Unternehmensgruppe das DGNB-

Preisgebundener Wohnraum, Oldenburg: Das dreieinhalbgeschossig geplante Gebäude auf dem rund 800 m² großen Areal wird über zehn Wohneinheiten und zwei Gewerbeeinheiten verfügen, die voraussichtlich im dritten Quartal übergeben werden
Abb.: BAUM Unternehmensgruppe

Amazon Logistikzentrum, Helmstedt: In Helmstedt entstand auf rund 53.000 m² eine Umschlaghalle für Amazon mit Büro- und Sozialgebäude für 1.800 Beschäftigte, 470 Lkw-Stellplätze und 650 Pkw-Parkplätze Abb.: BAUM Unternehmensgruppe

Platin-Zertifikat. Für diese Auszeichnung müssen äußerst strenge Kriterien in Bezug auf Ökonomie, Ökologie, Soziales, Technik und Standort erfüllt werden.

STRATEGISCH WICHTIGE INFRASTRUKTUR IM GEWERBEGEBIET BARMKE

Das Objekt stellt als eines von zwei IXD-Umverteilungszentren für Waren in Deutschland eine strategisch wichtige Immobilie dar. Es existieren lediglich sechs vergleichbare Standorte in Europa, was die exklusive Marktpositionierung im Logistikbereich unterstreicht. IXD steht für „Inbound Cross Dock", d.h., hier werden keine Bestellungen an KundenInnen versendet oder eingelagert, sondern direkt von dem Händler angeliefert. So entfallen Lieferungen an mehrere Logistikstandorte, da die Verteilung in Helmstedt gebündelt und bedarfsgerecht verteilt wird. Hochmoderne Technik unterstützt die Mitarbeitenden dabei. Spezielle Scanner erfassen das Gewicht, die Abmessungen und den Barcode des Inhalts. Am Helmstedter Standort sind rund 15 km Fördertechnik im Einsatz. Mit einem Aufkleber versehen, wird das Paket weitertransportiert in andere Zentren in Deutschland und im europäischen Ausland. Durch diese Abläufe wird die Logistik effizienter und somit auch Verkehr eingespart. Etwa zwölf Millionen Waren werden pro Woche am Standort Helmstedt umverteilt.

Amazon Logistikzentrum, Helmstedt: ungewöhnliche Perspektive des Logistikzentrums während der Bauphase Abb.: BAUM Unternehmensgruppe

SANIERUNG EHEMALIGES IHK-GEBÄUDE

Die BAUM Unternehmensgruppe hatte im September 2021 die Liegenschaften der Industrie- und Handelskammer Hannover erworben. Die Flächen waren noch bis Mitte 2023 an die IHK vermietet. Nach dem Umzug der IHK an den neuen Standort am Bischofsholer Damm starten die Umbaumaßnahmen für den neuen Nutzer, die Ende 2024 abgeschlossen wurden. Durch ein zeitgemäßes und durchdachtes Flächenkonzept entstanden hinter der denkmalgeschützten Gebäudefassade neue Räumlichkeiten für einen modernen Hochschulbetrieb. Die private, staatlich anerkannte Internationale Hochschule (IU) ist an über 35 Studienorten in Deutschland vertreten. Inzwischen bereitet sie über 100.000 Studierende in unterschiedlichen Studienmodellen auf den globalen Arbeitsmarkt vor.

Das Gebäudeensemble der IHK Hannover stammt teilweise aus der Vorkriegszeit, in der heutigen Form aus den 1950er Jahren und steht unter Denkmalschutz. Es besteht aus historischen Geschäftshäusern und Verwaltungsgebäuden. Die Sanierungs- und Modernisierungsmaßnahmen im ehemaligen IHK-Gebäude erfolgten daher in enger Abstimmung mit den zuständigen Behörden. Das markante Eingangsfoyer am Schiffgraben/Ecke Berliner Allee führt über eine geschwungene Treppenanlage in das erste Obergeschoss zum großen Vorlesungssaal. Vom Untergeschoss bis zum dritten Obergeschoss befinden sich in unterschiedlicher Größe und am Bestand orientiert verschiedene Seminar- und Büroräume sowie eine Cafeteria für die Studierenden. Die Planer von schulz & partner architektur nahmen nur wenige notwendige Eingriffe am Bestand vor und entwickelten mit sensibler Rücksichtnahme geringe Änderungen. Das Erscheinungsbild

Sanierung Gebäude für die IU, Hannover: Das markante Eingangsfoyer am Schiffgraben/Ecke Berliner Allee führt über eine geschwungene Treppenanlage in das erste Obergeschoss zum großen Vorlesungssaal
Abb.: BAUM Unternehmensgruppe

Sanierung Gebäude für die IU, Hannover: Das Gebäude am Schiffgraben bildet einen idealen Standort für Bildung im wirtschaftlichen und kulturellen Zentrum von Hannover
Abb.: BAUM Unternehmensgruppe

des Gebäudes blieb daher weitestgehend unberührt. Die bestehende Bausubstanz wurde im Hinblick auf die zukünftige Nutzung auch weitestgehend barrierefrei ertüchtigt und die Gebäudetechnik den erforderlichen zeitgemäßen Bedürfnissen angepasst.

Der Mietvertrag für rund 5.000 m² Schulungs- und Verwaltungsfläche wurde im Herbst 2022 unterzeichnet. Das Gebäude am Schiffgraben bildet einen idealen Standort für Bildung im wirtschaftlichen und kulturellen Zentrum von Hannover. Er ergänzt den Campus Hannover der Internationalen Hochschule, der damit wächst, um die stetig steigende Anzahl von Studierenden aufzunehmen. Nach der Revitalisierung des Gebäudes entstand eine moderne Lernatmosphäre für die knapp 20 Studiengänge.

Sanierung Gebäude für die IU, Hannover: Das Gebäudeensemble der IHK Hannover stammt teilweise aus der Vorkriegszeit, in der heutigen Form aus den 1950er Jahren und steht unter Denkmalschutz Abbildungen: BAUM Unternehmensgruppe

-Projekt „Wohnbebauung Deepskant, Oldenburg"
Bauherr:
BAUM Unternehmensgruppe, Hannover
Architektur:
schulze & partner architektur, Hannover

-Projekt „Preisgebundener Wohnraum, Oldenburg"
Bauherr:
BAUM Unternehmensgruppe, Hannover
Architektur:
schulze & partner architektur, Hannover
Generalunternehmer:
Georg Borchers GmbH, Augustfehn

-Projekt „Amazon Logistikzentrum, Helmstedt"
Bauherr:
BAUM Unternehmensgruppe, Hannover
Architektur:
Krüger Consult, Burgwedel
Generalunternehmer:
Max Bögl, Sengenthal

-Projekt „Sanierung Gebäude für die IU, Hannover"
Bauherr:
BAUM Unternehmensgruppe, Hannover
Architektur:
schulze & partner architektur, Hannover

Partner am Bau:
- Lams Stahlbau GmbH
- Theodor Schulte GmbH
- O&P Projektingenieure GmbH
- LSM Ingenieure für Tragwerksplanung PartG mbB
- Hilbert Hoogestraat & Sohn GmbH
- Ingenieurbüro Drecoll PartGmbB
- MENARD GmbH
- Christoffers GmbH
- TSN-Beton

— Anzeige —

BESSER in Stahl

Im Kirchenfelde 13 · 31157 Sarstedt · Tel: (0 50 66) 70 65-0 · info@lams-stahlbau.de

 www.lams-stahlbau.de

Hochbau der Zukunft: Flexibel geplant, nachhaltig gebaut

Die Firmengruppe Max Bögl definiert den modernen Hochbau neu, indem sie höchste Kompetenz und innovative Technologien mit ökologischer Verantwortung vereint. Angetrieben von einem erfahrenen Team aus Planungsexperten und Fachkräften entstehen maßgeschneiderte Lösungen für Bauprojekte jeder Größenordnung. Ob Produktionshallen, Logistikzentren, Data Center, Parkhäuser oder modular gestaltete Gebäude mit maxmodul – jedes Projekt wird mit einer hohen eigenen Wertschöpfungstiefe individuell geplant, um die spezifischen Vorstellungen der Bauherren zu erfüllen.

Max Bögl verfolgt das Ziel, zukunftsweisende Bauprojekte zu realisieren, die nicht nur den heutigen Anforderungen entsprechen, sondern auch die Bedürfnisse von morgen berücksichtigen. Intelligente Gebäudelösungen, die flexibel, nachhaltig und effizient sind, schaffen eine Architektur, die den Herausforderungen einer dynamischen Gesellschaft gerecht wird und zugleich Maßstäbe setzt.

Durch eine systematische Bauweise schafft es Max Bögl, Bauzeiten signifikant zu verkürzen und Ressourcen optimal einzusetzen. Die enge Verzahnung von Produktion, Logistik und Montage ermöglicht ein innovatives Bausystem, das maximale Flexibilität und Funktionalität bietet. Diese effiziente Herangehensweise senkt nicht nur die Baukosten, sondern reduziert gleichzeitig den ökologischen Fußabdruck.

Beton ist nicht gleich Beton – als Innovationsführer in der Entwicklung nachhaltiger Hochleistungsbetone gestaltet Max Bögl die Zukunft dieses faszinierenden Werkstoffs.

Durch maßgenaue Vorfertigung im Werk und ein flexibles Bausystem werden Bauzeiten verkürzt und Ressourcen effizient genutzt.

Am Hauptwerk in Sengenthal werden Fertigteile energieneutral produziert – der Standort wird zu über 100 % mit erneuerbaren Energien betrieben.

Ein Beispiel hierfür ist das Hallensystem Bögl, das standardisierte Betonfertigteile mit hoher Variabilität kombiniert. Diese Bauweise unterstützt sowohl kurzfristige Umnutzungen als auch individuelle Kundenwünsche. Zusätzlich lassen sich umweltfreundliche Technologien wie Photovoltaikanlagen, Dachbegrünungen und Regenwassernutzung problemlos integrieren.

Im Bereich der Nachhaltigkeit setzt Max Bögl Maßstäbe, indem CO_2-Emissionen gezielt reduziert und Recyclingmaterialien integriert werden. Dabei wird großer Wert auf den Einsatz modernster Technologien und Baustoffe gelegt, um die Umweltauswirkungen zu minimieren. Die Betonbauteile von Max Bögl zeichnen sich durch eine besonders ressourcenschonende und emissionsarme Fertigung aus und überzeugen zugleich durch Langlebigkeit und vielseitige Einsatzmöglichkeiten. Der eigens entwickelte Umweltbeton aus regionalen Ressourcen unterstreicht diese Prinzipien eindrucksvoll.

Auch das Energiemanagement der Gebäude setzt Maßstäbe: Mit modernsten Technologien wie dem Luft-Eisspeicher Bögl und dem Einsatz erneuerbarer Energien wird der Energieverbrauch nachhaltig gesenkt. Diese innovativen Ansätze wurden vielfach durch renommierte Zertifikate und Auszeichnungen gewürdigt, die die hohen Qualitätsstandards und die herausragende Expertise von Max Bögl unterstreichen.

Verwirklichen Sie Ihre Visionen mit einem erfahrenen Partner, der Sie durch alle Projektphasen begleitet und mit ganzheitlichen, wirtschaftlich effizienten Lösungen überzeugt. Von der fundierten Beratung bis hin zur präzisen Umsetzung bietet Max Bögl alles aus einer Hand – modular, effizient und nachhaltig.

Anzeige

Theodor SCHULTE
Bauelemente – Tischlerei – CNC-Technik

Produktion von Brand- und Rauchschutztüren
Türelemente mit Holz- und Stahlzargen
Holz- und Kunststoff-Fenster/-Türen
Möbel – Treppen – Innenausbau
Holz-/Alu-Fensterfassaden
Gebäudemanagement - Wartung

Hauptstraße 349 – 26683 Saterland – OT Scharrel
Telefon (0 44 92) 70 78 40 – www.schulte-scharrel.de – info@schulte-scharrel.de

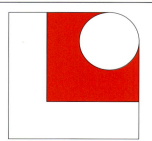

LSM Ingenieure für Tragwerksplanung PartG mbB
M. Steckstor · K. Meyer · L. Danek
Adelheidstraße 3 · 30171 Hannover

Tel. 0511 - 288 692-0 · Fax 0511 - 288 692-22
info@LSM-Ingenieure.de · www.lsm-Ingenieure.de

HILBERT HOOGESTRAAT & SOHN
Heizung | Sanitär | Lüftung

Hilbert Hoogestraat & Sohn GmbH, Raiffeisenstr. 13, 26736 Krummhörn
Telefon: 04923 / 7711, t.hoogestraat@heiztechnik-hoogestraat.de, www.heiztechnik-hoogestraat.de

Hingucker für Boden und Wände – Fliesen mit Muster

Es muss nicht immer klassisch sein – gerade in Küche und Bad darf es bei der Verkleidung auch mal etwas mehr sein

Die Kollektion „Fossil" zeigt prähistorische Abdrücke von Pflanzen und Tieren auf Steinformationen
Abb.: Ceramiche Refin

Hochwertige Fliesen mit floralen, grafischen Mustern machen jeden Raum zum Hingucker und verleihen dem Einrichtungsstil eine persönliche Note. Zugleich verströmen Ornamente immer einen Hauch von Urlaub: Ob italienisches Ferienhaus, die Empfangshalle eines stilvollen Hotels, oder Kacheln mit portugiesischem Touch – wer das eigene Zuhause gerne in Erinnerung an einen Sommer im Süden gestaltet, ist mit gemusterten Fliesen auf der richtigen Seite.
Hier eine Auswahl der schönsten Muster-Fliesen von Ceramiche Refin:

SANFTE BLUMENMUSTER

Die Erforschung unbewohnter Architekturen war die Inspirationsquelle für die Kollektion Urbex Style aus Feinsteinzeug mit Zement-Effekt. Die Oberfläche ist durch helle und dunkle Kontraste gekennzeichnet, die für rohen Zement typisch sind. Grafik und Farbinterpretation ermöglichen innerhalb der einzelnen Stücke einheitliche Oberflächen.
Die chromatische Palette besteht aus drei kalten Tönen – Weiß, Grau, Graphit – und einem warmen und besonders charakteristischen Ton – Rough. Die zahlreichen mittelgroßen bis großen Formate verleihen der Ästhetik und Modernität der verlegten Flächen eine noch stärkere Ausdruckskraft.

ANTIKE DEZENZ

Die Kollektion Fossil zeigt prähistorische Abdrücke von Pflanzen und Tieren auf Steinformationen. Spuren verlaufen in diesem Design fließend oder überlagern sich – ähnlich wie bei Relikten, die man in archäologischen Ausgrabungsstätten findet. Dieses Muster macht Fossil so einzigartig und verleiht dem Design einen großartigen, natürlichen Charakter. Subtile Motive zeigen die überraschende Gleichmäßigkeit natürlicher Objekte, die zu individuellen Interpretationen anregen können.

GEOMETRISCHE GRÖSSE

Beton nimmt im Fliesen-Design eine neue Rolle ein. Vor diesem Hintergrund ist Plain von leichten Wolkeneffekten und mehr oder weniger ausgeprägten Mustern geprägt, von leichten Mikrospalten, die typischerweise auftreten, wenn das Betonvolumen aufgrund der Temperaturschwankungen kontrahiert. Die an detaillierten Zeichen und Nuancen reiche Oberfläche sieht von Weitem solide, gleichmäßig und kompakt aus.

DER CHARME DER AMALFI-KÜSTE

Die perfekte Balance zwischen Eleganz und Tradition schafft der italienische Stil nicht nur in puncto Mode, sondern auch bei hochwertigem Interieur. Ein Design-Klassiker aus Italien liegt nun wieder voll im Trend: Terrakotta.
Der italienische Keramik-Spezialist Ceramiche Refin holt die Fliesen in warmen Erdtönen mit der Kollektion Fornace in die Moderne und interpretiert sie im zeitgenössischen Großformat neu. Mit einer raffinierten Textur, grafischen Kontrasten und zahlreichen Farbvarianten passt Fornace zu jedem Ambiente und holt einen Hauch Italien in die Architektur des Raums.

Weitere Informationen:
Ceramiche Refin Spa, 42013 Casalgrande/Italien.

Mit einer raffinierten Textur, grafischen Kontrasten und zahlreichen Farbvarianten passt „Fornace" zu jedem Ambiente und holt einen Hauch Italien in die Architektur des Raums
Abb.: Ceramiche Refin

Eine Universität als Bauherrin

Die Universität Göttingen im Wandel: Neubau Human Cognition and Behavior (HuCaB) / Grundsanierung der Fakultät für Chemie / Neubau des Rechenzentrums / Forum Wissen

HuCaB: Der Neubau des Forschungszentrums Human Behavior and Cognition (HuCaB) entwickelt sich in nördlicher und östlicher Richtung um das Bestandsgebäude Goßlerstraße 14
Abb.: agn | Architekten Ingenieure Generalplaner; Visualisierung: Simon Schmitt Architekten

Mit der Überführung der Universität Göttingen in eine Stiftung Öffentlichen Rechts im Jahr 2003 wurde sie Eigentümerin der von ihr genutzten Gebäude. Mit diesem Schritt entstanden neue Aufgaben und Verantwortlichkeiten für die Universität, die zur Bildung der neuen Abteilung Gebäudemanagement und des Universitätsbaumanagements führten. Das Gebäudemanagement betreut seitdem rund 250 eigene und angemietete Gebäude und investiert jährlich ca. 40 Mio. Euro in Bauvorhaben.

Ein Schwerpunkt der vergangenen Jahre lag auf der Sanierung und Restaurierung einiger hochwertiger Baudenkmale wie zum Beispiel der Historischen Sternwarte, der Aula am Wilhelmsplatz, der Alten Mensa und dem historischen Gebäude der Niedersächsischen Staats- und Universitätsbibliothek Göttingen (SUB), aber auch auf großen Neubaumaßnahmen, wie dem Neubau der Fakultät für Physik, dem Kulturwissenschaftlichen Zentrum oder dem Rechenzentrum der GWDG. Zudem zählen umfangreiche Sanierungsmaßnahmen von Gebäuden aus den 1970er Jahren, wie zum Beispiel die Grundsanierung der Fakultät für Chemie zu den herausfordernden Aufgaben, von denen auf den nächsten Seiten berichtet wird.

FORSCHUNGSNEUBAU HUMAN COGNITION AND BEHAVIOR

Die Universität Göttingen baut ihren Forschungsschwerpunkt für die Neurowissenschaft weiter aus und schafft mit dem interdisziplinären Forschungszentrum Human Cognition and Behavior (HuCaB) eine hochmoderne Infrastruktur für die Forschung im Bereich der menschlichen Kognition.

Der Neubau mit rund 3.500 m² Gesamtfläche entsteht in der Nähe des Zentralcampus der Universität unmittelbar neben einem denkmalgeschützten Bestandsgebäude, das 1906 erbaut wurde und aktuell durch das Georg-Elias-Müller-Institut für Psychologie genutzt wird.

Das HuCaB orientiert sich in seiner baulichen Dimension an der umliegenden Bebauung und wird drei- bis viergeschossig errichtet. Die Verbindungen zum Altbau werden als zurückspringende Glasfugen ausgebildet. Der Innenhof wird als Aufenthaltsbereich gestaltet.

Der Neubau wird im UG, EG und 1. OG über Platz für verschiedene Forschungsgruppen mit jeweils eigenen und gemeinsam genutzten Labor-, Mess- und Testräumen verfügen. Mehrere Seminar- und Besprechungsräume sind für den interdisziplinären Austausch und die studentische Ausbildung in den diversen Forschungszweigen des HuCaB geplant.

Mittelpunkt aller Forschung ist die Untersuchung von sozialen Interaktionen und ihrer neuronalen Korrelate. Die Planer der agn Niederberghaus & Partner GmbH aus Halle haben eine vorgehängte Fassade entworfen, die ihre Assoziation aus dem Forschungsverlauf bezieht. Sie soll die unklare Situation zu Beginn der Forschung darstellen, die sich im Verlauf zu klaren Strukturen und Erkenntnissen zusammenfügt. Dementsprechend beginnt die Fassade des viergeschossigen Kopfbaus am Haupteingang mit einer Struktur aus schmalen Bändern, die sich im Verlauf der Nordfassade zu breiten, gleichmäßigen Brüstungsbändern zusammenfügen und als gleichförmige helle und dunkle Bänder um das Gebäude führen. Nicht nur die optische Gestaltung, sondern auch die Befestigung der Betonfertigteile an der Pfosten-Riegel-Fassade ist eine planerische Besonderheit.

Das Gebäude ist als konventionelle Stahlbeton-Skelettkonstruktion mit aussteifenden Treppenhauskernen und Wandscheiben geplant. Aufgrund der vorhandenen Bodenverhältnisse, des anstehenden Grundwassers und der nah anliegenden Bestandsbebauung bestehen erhöhte Anforderungen an den Neubau und die Sicherung des Bestandsgebäudes.

HuCaB: Der u-förmige Neubau wird das Bestandsgebäude umschließen und mit dem Altbau einen Gebäudekomplex bilden
Abb.: agn | Architekten Ingenieure Generalplaner; Visualisierung: Simon Schmitt Architekten

HuCaB: Das gestalterische Konzept im Kontext des denkmalgeschützten Bestandsbaus wurde intensiv mit der Unteren Denkmalschutzbehörde und der Stadt Göttingen diskutiert und abgestimmt
Abb.: agn | Architekten Ingenieure Generalplaner; Visualisierung: Simon Schmitt Architekten

GRUNDSANIERUNG DER FAKULTÄT FÜR CHEMIE

Die Gebäude der Fakultät für Chemie am Nordcampus der Universität Göttingen wurden zu Beginn der 1970er Jahre bezogen. Die Bausubstanz ist mittlerweile in großen Bereichen abgängig und die Technik entspricht – insbesondere in Hinblick auf Energiefragen und moderne Laborausstattung – nicht mehr heutigen Anforderungen. Eine Sanierung ist daher dringend erforderlich, um die anerkannt hervorragende Forschung und Lehre der Fakultät für Chemie weiter auf höchstem Niveau betreiben zu können.

Die Sanierung erfolgt im laufenden Betrieb. Dies stellt besondere logistische und organisatorische Herausforderungen an Fakultätsmitglieder, Studierende und die durchführenden Firmen. Alle beteiligten Planer und Akteure sind in höchstem Maße gefordert, die Maßnahmen und Abläufe so zu planen und durchzuführen, dass die Einschränkungen für Forschung und Lehre so gering wie möglich ausfallen.

Die Sanierung der Fakultätsgebäude für Chemie erfolgt in mehreren Bauabschnitten und wird sich über mehr als zehn Jahre erstrecken. Für das Gesamtprojekt wurde eine Summe von knapp 100 Mio. Euro veranschlagt, die vom Land Niedersachsen und der Universität Göttingen getragen wird und sich durch die lange Bauzeit nur schwer festschreiben lässt.

Ein erfahrenes Team vom Gebäudemanagement der Universität betreut einen großen Teil der Sanierung. Auf Seiten der Fakultät arbei-

Sanierung Fakultät für Chemie: Es handelt sich um ein Projekt höchster Komplexität – die umfassenden Sanierungsarbeiten werden in mehreren Bauabschnitten über einen Zeitraum von mehr als zehn Jahren durchgeführt. Gebäude C wurde eingeweiht
Abb.: Georg-August-Universität Göttingen

tet ebenfalls ein Kernteam aus Baubeauftragten in ständiger Rückkopplung mit den Fakultätsmitgliedern an der Planung und Umsetzung der Sanierungsmaßnahmen.

Die Planung erfolgte durch mehrere Architektur- und Ingenieurbüros. Es werden funktional optimierte Lehr- und Forschungsbereiche geschaffen, die sich aktuellen wie zukünftigen Arbeitsschwerpunkten flexibel anpassen und der internationalen Bedeutung der Fakultät für Chemie entsprechen.

Die Arbeiten des 1. Bauabschnitts sind abgeschlossen. Das neue Chemikalienlager, die Werkstatträume und die neuen Labore der Professur für Biophysikalische Chemie wurden inzwischen bezogen und in Betrieb genommen.

Im April 2018 wurde mit der Sanierung des Gebäudebereichs H (ehemals AC-Praktikumstrakt) begonnen und diese Ende 2022 fertiggestellt. Im Rahmen der Arbeiten entstand ein hochmodernes, gemeinsames Praktikumsgebäude für die Praktika der Anorganischen sowie der Organischen und Biomolekularen Chemie. Daran anschließend erfolgte die Modernisierung der Bereiche Anorganische Chemie, Organische und Physikalische Chemie sowie der zentralen Flächen.

Sanierung Fakultät für Chemie: Der Eingang des ebenfalls bereits fertiggestellten Gebäudes L
Abb.: Georg-August-Universität Göttingen

Sanierung Fakultät für Chemie: Auch Gebäude E ist fertiggestellt
Abb.: Georg-August-Universität Göttingen

Neubau Rechenzentrum: Das neu errichtete Rechenzentrum bietet Rechen- und Speicherkapazitäten für Forschung, Lehre, gemeinsames Arbeiten sowie die Krankenversorgung und Administration des Universitätsklinikums Göttingen

Abb.: Bernd Hiepe-Fotografie

NEUBAU RECHENZENTRUM

Doch neben komplexen Sanierungsmaßnahmen entstehen weitere Neubauten, die notwendig werden, um den Universitätsstandort kontinuierlich an die zeitgemäßen Anforderungen durch Lehre und Forschung anzupassen. So wie das neue Rechenzentrum, das die Universität und die Gesellschaft für wissenschaftliche Datenverarbeitung Göttingen (GWDG) zusammen mit der Max-Planck-Gesellschaft und der Universitätsmedizin Göttingen (UMG) errichten ließen. Der dreiteilige Neubau für den Wissenschaftsstandort Göttingen, den die Planer der agn Niederberghaus & Partner GmbH aus Halle entworfen haben, besteht aus einem sechsgeschossigen Büroriegel, einem kubischen Rechenzentrum und einem flachen, gläsernen Eingangsbauwerk, welches die beiden äußeren Bauteile mittig verbindet. Durch die gewählte Materialität und eingesetzte Formensprache verschmelzen die unterschiedlichen Gebäudeteile zu einer Skulptur.

Das Rechenzentrum wurde mit zwei Maschinenraumebenen realisiert, die jeweils mit einem begehbaren Doppelboden ausgestattet sind, um eine optimale Nachinstallierbarkeit sowie Versorgung und Kühlung der IT-Geräte zu ermöglichen.

Diese jeweils unter den IT-Flächen liegenden Doppelebenen ermöglichen zudem die optimale und energieeffiziente Nutzung der Hochleistungsrechner in den Bereichen des High-Performance-Computing (HPC). Der 500 m² große HPC-Bereich mit Heißwasserkühlung im EG wurde nach der Verfügbarkeitsklasse Tier I realisiert.

Die luftgekühlte IT-Fläche im 2. OG hingegen wurde in der Verfügbarkeitsklasse Tier III ausgeführt und wird durch den darunterliegenden Raum mithilfe von Cooling Walls gekühlt. Die gekühlte Luft wird bedarfsbezogen nach oben zu den Racks befördert. Auf der Dachfläche befindet sich die Technik für die Kältemaschinen und die Kühltürme.

Zwei unabhängig voneinander funktionierende Elektrosysteme versorgen das Rechenzentrum mit Strom, um bei einseitigem Ausfall oder im Wartungsfall uneingeschränkt funktionstüchtig zu bleiben. Die Mittelspannungseinspeisung erfolgt für jeden Bereich separat durch jeweils vier Trafostationen, die für die notwendige Umspannung sorgen.

Forum Wissen: Die Angebote im „Forum Wissen" bieten nicht nur die Möglichkeit, Berührungsängste zwischen Öffentlichkeit und Wissenschaft abzubauen, sondern fordern „Berührungen" geradezu heraus   Abbildungen: Georg-August-Universität Göttingen

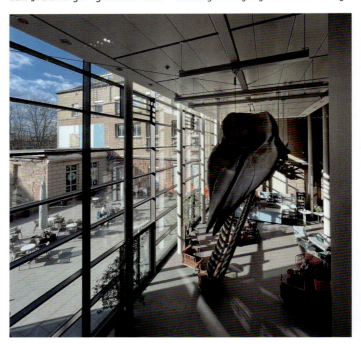

FORUM WISSEN

Die Universität Göttingen hat im Herzen der Stadt ein Wissensmuseum errichtet. Das „Forum Wissen" öffnet sich dabei programmatisch in zwei Richtungen: in die Öffentlichkeit und in die Wissenschaft. Die Besucher können sich dort den Wissensschatz der Universität erschließen und auf verschiedenste Art nachvollziehen und hautnah miterleben, wie Wissen entsteht. Die Möglichkeit bietet sich durch Ausstellungen ebenso wie bei Vorträgen, Wissens-Salons oder bei der Arbeit im Mini-Mathematikum. Das Hineinstrahlen der Wissenschaft in den Lebensalltag soll durch Lesungen, Konzerte oder Aufführungen sowie Führungen anschaulich vermittelt werden.

Das Projekt der Universität Göttingen folgt der Leitidee „Wissen schaffen" in Form einer Ausstellung. Dafür greift es auf die umfangreichen Sammlungsbestände der Universität zurück, deren Objekte, die nach wie vor Gegenstand von Forschung und Lehre sind, nicht nur gezeigt, sondern auch gelagert, restauriert und damit für die Zukunft bewahrt werden sollen. Für die interdisziplinäre Forschung entstanden Arbeitsmöglichkeiten, die die Vermehrung des Wissens fördern. Die Arbeit in und mit den neu geordneten Sammlungen regt direkt und unkompliziert zu einem wissenschaftlichen Austausch an.

Das ehemalige Naturhistorische Museum Göttingen, erbaut 1877, wurde mehrfach überformt, erweitert und zuletzt als Institutsgebäude genutzt. Mit der neuen Nutzung erhält das Gebäude wieder seine ursprüngliche Bestimmung als Museum zurück. Im Kernbau von 1877 wurden die ehemaligen Ausstellungsräume wiederhergestellt. Gläserne Neubauten auf einem massiven Sockel ergänzen den Bestand. Die Basisausstellung des Museums wird vom EG bis zum 1. OG gezeigt.

Zur Berliner Straße hin befinden sich im EG der barrierefreie Besuchereingang mit Aufzug, ein Foyer, ein großzügiges Atrium mit Café und Nebenflächen. Hier ist auch das Highlight des Museums, ein Walskelett, zu sehen. Im Sockelgeschoss sind Depots und Klimatechnik untergebracht sowie Werkstätten für Restaurierung, Präparation der Objekte und Ausstellungsvorbereitung. Unter dem neuen Dach ist die Lüftungs- und Klimatechnik installiert.

Bauherr:
Georg-August-Universität Göttingen, Göttingen
– Universitätsbaumanagement –

Planer
-Projekte „Human Cognition and Behavior (HuCaB)" und „Neubau Rechenzentrum":
agn Niederberghaus & Partner GmbH, Halle
-Projekt „Grundsanierung Fakultät Chemie"
Gebäude C+E:
Universitätsbaumanagement, Göttingen
Gebäude L:
Ingenieure Rinne+Partner, Rosdorf
Gebäude H:
IB Ernst2 Architekten AG, Hannover
-Projekt „Forum Wissen":
Arge Forum Wissen – Architekturbüro Dr. Krause + Pfohl, Erfurt / gildehaus.partner architekten BDA, Weimar

Partner am Bau:
- via Medien GmbH
- HMN Gewerbe- und Industriebau GmbH & Co. KG
- Baugeschäft Ziegenhorn GmbH
- RST Rohrleitungs-, Straßen- und Tiefbau GmbH
- Erdbaulabor Göttingen GmbH
- Dette-Kulfürst GmbH
- Hollenbach Ingenieurgesellschaft für Bauwesen mbH
- keydel bock ingenieure gmbh

Innovative Medientechnik für moderne Arbeits- und Lernwelten

Als 2003 gegründetes Unternehmen für professionelle Audio-/Visuelle Medientechnik mit Sitz in Rosdorf bieten wir maßgeschneiderte Lösungen für Konferenzräume, Hörsäle und moderne sowie interaktive Arbeitsumgebungen. Ob hybrides Lehren oder kreative Huddle-Spaces: Wir gestalten Räume, die Kollaboration sowie effizientes Arbeiten und Lehren ermöglichen.

Mit innovativen Audio-, Video- und Präsentationstechniken setzen wir Akzente und schaffen Umgebungen, die sowohl für die Wissensvermittlung als auch für interaktive Meetings optimiert sind. Dabei bieten wir nicht nur die neuesten Technologien, sondern auch eine umfassende Beratung und Planung bis hin zur Beschaffung und Installation sowie die anschließende Instandhaltung und regelmäßige Wartung Ihrer hochmodernen Technik.

Wir sind ein eingespieltes Team, das stets mit wachsenden Anforderungen und einer stetigen Lernbereitschaft zur Weiterentwicklung agiert. Mit unserer Expertise stehen wir Ihnen in allen Bereichen der Medientechnik mit langjähriger Erfahrung und Engagement zur Seite. Wir passen unsere Lösungen flexibel an Ihre Bedürfnisse an und bieten maximale Effizienz sowie Zukunftsfähigkeit.

Verlassen Sie sich auf uns, wenn es darum geht, Ihre Medientechnik auf das nächste Level zu heben – für ein inspirierendes und produktives Arbeitsumfeld!

Und da Sehen & Hören mehr als Worte sagen, laden wir Sie herzlich ein, uns in unserem Showroom zu besuchen, um Medientechnik hautnah zu erleben. Vereinbaren Sie hierzu gerne einen passenden Termin mit uns.

Professionelle Audio- und Videotechnik

Innovative Lösungen
für intelligentes Business & Education
Konferenzräume · Präsentationsräume
Schulungsräume · Hörsäle

- Beratung
- Planung
- Ausführung
- Service

Raseweg 4 · 37124 Rosdorf · Telefon (05 51) 30 704-0
info@viamedien.de · www.viamedien.de

ARBEITSGEMEINSCHAFT HMN – Ziegenhorn
Seit über 20 Jahren ein starkes Team

Gewerbebau • Einfamilienhäuser • Mehrfamilienhäuser • Neubau • Altbau • Sanierung

Die HMN Gewerbe- und Industriebau GmbH & Co. KG wurde im Jahr 1990 gegründet. Das Leistungsspektrum des Unternehmens umfasst Ausführungen im gesamten Hochbaubereich. Dazu zählen Erd-, Beton-, Stahlbeton- und Mauerarbeiten, aber auch die Übernahme von Generalunternehmerleistungen sowie Bausanierungen für Altbauten und Betonbauwerke, aber auch die Aufgaben der Baubetreuung für die öffentliche Hand, private Bauherren sowie für Gewerbe und Industrie. Flexibilität, langjährige praktische Erfahrung, moderne Geräte und Maschinen, motiviertes Personal sowie eine innovative Projektsteuerung bilden die ideale Voraussetzung für erstklassige, auf den Auftraggeber ausgerichtete Baurealisierungen.

Rote Eiche 11A, 37434 Krebeck, Tel. 0 55 51/90 84 5-0, Fax 0 55 51/90 84 5-39, info@hmn-bau.de, www.hmn-bau.de

Baugeschäft Ziegenhorn GmbH

50 JAHRE FÜR IHRE REGION
Qualität im Hochbau

· Beton- und Mauerarbeiten
· Wohnungs- und Gewerbebau
· Neubau und Sanierung

Sprechen Sie uns an.

KONTAKTDATEN

Baugeschäft Ziegenhorn GmbH
Zuckerfabrik 15
37124 Rosdorf-Obernjesa
info@baugeschaeft-ziegenhorn.de

Telefon: 05509 435
Telefax: 05509 437

- Erdarbeiten
- Asphaltarbeiten
- Kanalbau
- Straßenbau
- Pflaster
- Außenanlagen
- Betonsanierung
- Containerdienst

schnell - kompetent - zuverlässig

RST Rohrleitungs-, Straßen- und Tiefbau GmbH
Bovender Straße 45
37120 Bovenden-Lenglern
05593/80298-0
www.rst-bau.de

ERDBAULABOR GÖTTINGEN GmbH

ERKUNDUNG Aufschlussarbeiten: Bohrungen, Sondierungen
Laboruntersuchungen: Bodenkennwert
BERATUNG Baugrunduntersuchungen, Gründungsberatung
Altlastenerkundung, Aushubverwertung
GUTACHTEN Grundwassererschließung, Hydrogeologie,
Regenwasserversickerung
Voruntersuchung zur Erdwärmegewinnung

Raseweg 4 - 37124 Rosdorf
Telefon: 0551/50540-0 - Telefax: 0551/50540-22
e-mail: uwolk@erdbaulabor-goe.de

Elektroanlagen
DETTE-KULFÜRST DK

Ihr Partner für Elektrotechnik

Dette-Kulfürst GmbH
Im Kniepestal 2b
37176 Nörten-Hardenberg

Tel. 05503/2253
info@dette-kulfuerst.de
www.dette-kulfuerst.de

www.dette-kulfuerst.de

Mut zur Veränderung

Beim innovativen Projekt „Stadt-Dach-Fluss" wurde die ursprünglich anvisierte Maßnahme noch deutlich übertroffen und neuer Wohnraum in Hannover geschaffen

In diesem Zuge wurden die Gebäude direkt auch modernisiert und energetisch optimiert
Abb.: Quelle OSTLAND Wohnungsgenossenschaft

Der Wohnungsbestand in der Hannoveraner Röttgerstraße 19 – 29, zwei Gebäudezeilen aus den 1950er Jahren, stellt nicht nur die Keimzelle der OSTLAND Wohnungsgenossenschaft eG dar, sondern auch den Beginn des Nachkrieg-Wiederaufbaus im Zeichen drängenden Wohnungsmangels. Das 2023 abgeschlossene Projekt „Stadt-Dach-Fluss" knüpft an dieser Stelle an. Pragmatisch wurde das Offenkundige des aktuellen Fachdiskurses zwischen Nachverdichtung und Ressourcenschonung nicht als Leuchtturm, sondern als mögliche Normalität im genossenschaftlichen Wohnungsbau verstanden. Die durchgeführte Aufstockung um zwei Geschosse ist in dieser Sichtweise nicht die herauszustellende Besonderheit, sondern nur konsequent. Und auch die Mittel, etwa der Holztafelbau in Gebäudeklasse 5, dürfen nicht mehr Alleinstellungsmerkmal sein. Das Besondere entfaltet sich im Augenmerk auf die Mitglieder und den Umgang mit deren Bedarf: Aus dem Balkon wird ein 10-m²-Außenzimmer; aus Abstandsgrün wird ein 6.000-m²-Park; anstelle von Stellplätzen gibt es eine beispielhafte Fahrradinfrastruktur und um das Miteinander zu stärken, trifft man sich im Quartiertreff.

Die Erweiterung im Rahmen der Sanierung wurde als wirtschaftliche Art zu Bauen gewählt. Im Vorfeld der Planung konnte nachgewiesen werden, dass die zweigeschossige Aufstockung durch das bessere Verhältnis von Nutz- zu Hüllfläche die Wirtschaftlichkeit erhöht. Zuletzt war auch das Bewerten aller Maßnahmen im Sinne der Suffizienz entwurfsprägend. So konnten Ressourcen gespart werden, etwa durch ein „Weniger" an Haustechnik oder das Auslagern von barrierefreien Einheiten zum Einsparen von Aufzügen.

Das Konzept des ökologischen Umgangs mit der Ressource Boden, das der Nachverdichtung nach oben ja bereits innewohnt, war von vornherein gesetzt. Die Aufstockung bis auf die Geschossdecke und die Brand- und Trennwände wurden in Holztafelbauweise ausgeführt. Ergänzend zur Aufstockung wurde der Bestand neben einem Fensterwechsel mit einem WDVS ertüchtigt. Für das Gesamtgebäude konnte der Effizienzhaus-55-Standard erreicht werden. Die gesamte Dachfläche wurde mit einer 400 m² großen Photovoltaikanlage belegt. Konstruktive Beschränkungen des Bestands, namentlich die mit nur 9,20 m geringe Gebäudetiefe und die Lastreserven der Konstruktion, sowie Zwänge aus der Einpassung in die Umgebung – die Dachlandschaft des Kontexts schreibt ein Traufhöhe geradezu vor – bedingten die Mansardform. Sie gingen zudem Hand in Hand mit der Idee, den in vielen Belangen fremden neuen Baukörper über eine gemeinsame weiße Hülle gleichsam abzusetzen und in die monolithische Umgebung der Altbauumgebung einzufügen.

Es sind 24 neue Wohnungen über den Dächern von Hannover-Linden in attraktiver Lage und direkter Nähe zur Leine als zweigeschossige Dachaufstockung auf zwei Gebäuderiegeln entstanden
Abb.: Quelle OSTLAND Wohnungsgenossenschaft

Zusätzliche Balkone werten die Bestandswohnungen auf, Photovoltaikanlagen auf den Dächern lassen umweltfreundlichen Mieterstrom entstehen
Abb.: Quelle OSTLAND Wohnungsgenossenschaft

„Stadt-Dach-Fluss". Der Projekttitel stellt bereits auf den städtebaulichen Rahmen ab – der Fluss im Norden begrenzt das Gründerzeitliche Stadt-Quartier, dessen Blockrandstruktur mit der neuen Dachform abgeschlossen wird. Nicht allein die intensive Auseinandersetzung mit dem Ort, sondern auch klimaökologische Aspekte, das Antizipieren des Zukünftigen, soziale Mischung und räumliche Dichte bestimmen die Gestalt dieser urbanen Architektur, um deren spezifische Realisierung gerungen werden musste.

Obwohl innerstädtisch gelegen, verfügt das Objekt aufgrund der Randlage über ein großes üppig begrüntes Grundstück. Die Außenanlagen wurden insgesamt erneuert, um die Qualitäten der grünen Oase mit gemeinschaftlich nutzbaren Aufenthaltsflächen im Innenhof voll zur Geltung zu bringen. Blühwiesen wechseln ab mit Versickerungsflächen; die Gründächer der Einhausungen prägen, wie die Fassadenbegrünung an den Balkonen, die Vorgärten. Auch von den Terrassen und Balkonen kann der Blick ins Grüne schweifen.

Im Sinne des genossenschaftlichen Wohnens, mit den ihm innewohnenden Vorteilen der Mitbestimmung, der Begrenzung von Mieten, der Gemeinschaftsbildung und der nachhaltigen Entwicklung, wurde für den Bedarf an zusätzlichen, der Demografie entsprechenden Wohnungen Angebote für die vielfältigen Formen städtischen Lebens entwickelt. Diese reichen von der familientauglichen Maisonette bis zur Singlekleinstwohnung. Flankierende Maßnahmen, wie ein Quartiertreff, wurden von Beginn an mit entwickelt.

Der Bau der Aufstockung war von einem hohen Vorfertigungsgrad geprägt. Dabei wurden ganze Geschosse innerhalb von wenigen Tagen gerichtet. Die Logistik für die Fassadentafeln wurde schon in der Planung berücksichtigt, da die Enge der Straßen im Quartier der Logistik Grenzen setzte. Umgekehrt war die Sanierung im Bestand, in durchgängig bewohntem Zustand, von Arbeiten mit der Bausubstanz und Planungsanpassungen geprägt. Erst die Verbindung aus beidem ließ den neuen Stadtbaustein entstehen.

Die gesamte Planung war geprägt von Kooperationen. Die Vorteile der Modulbauweise entfalten sich erst, wenn Planung und Ausführung dieselbe Sprache sprechen. Dieser Prämisse folgend, wurde schon zur Entwurfsplanung ein Holzbaupartner gefunden, mit dem gemeinsam konstruktiver Anspruch, Wirtschaftlichkeit und die Möglichkeiten der Fertigung in Einklang gebracht werden konnten. Partizipative Prozesse waren auch Grundlage für das Mobilitätskonzept im Quartier und die Maßnahmen im bewohnten Zustand.

Die Aufstockung wurde als Hybrid in Holztafelbauweise mit Trapezblechverbunddecken ausgeführt
Abb.: Quelle OSTLAND Wohnungsgenossenschaft

Bauherr:
OSTLAND Wohnungsgenossenschaft eG, Hannover
Architektur:
lindener baukontor Partnerschaft mbB, Hannover

Partner am Bau:
- shl ingenieure GmbH
- Tahiri Gebäudetechnik GmbH
- Baupunkt Swierczewski & Jesior GbR
- LINNEA LANDSCHAFTSARCHITEKTUR Griebenow & Kruse Partnerschaft mbB
- Ing. Peter Behrens GmbH
- lindener baukontor PartmbB
- TSN-Beton

Fotos: Clemens Born

 **Tragwerksplanung**    **Bauen im Bestand**    **Besondere Ingenieurleistunge**
Strukturdynamik - Ermüdung | Brandschutz - Heißbemessu

shl-ing.com

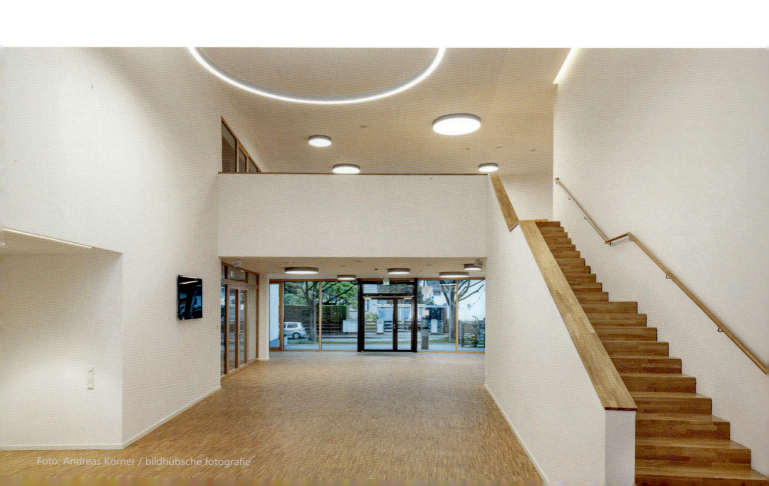

Foto: Andreas Körner / bildhübsche fotografie

Anzeige

Tahiri Gebäudetechnik GmbH

Nenndorfer Chaussee 18, 30453 Hannover
Tel. 0511 4382 44 00, Fax 0511 4382 44 01
Mobil 0176 496 060 82, info@tahiri-trockenbau.de
www.tahiri-trockenbau.de

Akustik & Trockenbau • Bodenbeläge • Brandschutz • Schallschutz

Unsere Leistungen:
- **Trockenbauarbeiten**
- **Fußbodenlegerarbeiten**
- **Malerarbeiten**

Pfarrstr. 62, 30459 Hannover • Tel. 0152 - 54 08 97 48 • Tel. 0176 - 57 86 71 44 • baupunkt.sj@gmail.com

LINNEA Landschaftsarchitektur
Appelstraße 20 / 30167 Hannover
Tel: 0511 - 999 710 00
info@linnea-la.de

Heizung & Sanitär
Beratung • Planung • Ausführung

"*über 50 Jahre...*"

**Ing. Peter Behrens GmbH
Gewerbestrasse 11
D-31275 Lehrte / Sievershausen**
Telefon: (0 51 75) 92 99 - 0
Telefax: (0 51 75) 92 99 - 29

www.peter-behrens-gmbh.de
info@peter-behrens-gmbh.de

Entwürfe von dem renommierten Architekturbüro Max Dudler

Wohnen am Naturschutzgebiet: „Quartier Leineauen" in Hannover / Luxuriöser Wohnungsbau in der City: „Lutter-Quartier" in Bielefeld

QUARTIER LEINEAUEN, HANNOVER

An der Grenze zwischen Stadt und urban geprägtem Vorort entsteht in Hannover-Wülfel auf einem Gelände von rund 15.000 m² ein neues, gemischtes Wohnquartier am Brabrinke. Es vereint die Vorteile städtischen Lebens mit der Attraktivität des Wohnens im Grünen. Mit acht, in Höhe und Form differenzierten Baukörpern vermittelt die Architektur des Ensembles in einem bisher sehr heterogenen, undefinierten baulichen Umfeld durch seine Volumenausbildung und einheitlich ausgeprägte Formensprache Ruhe und Klarheit.

Innerhalb des neuen Quartiers entspannt sich ein lebendiges Geflecht aus Gassen, öffentlichen Plätzen und privaten Gärten. Sie vernetzen die Häusergruppe und bieten die Voraussetzungen für ein soziales Miteinander in einem lebendigen, autofreien Wohngebiet. Zwei Gebäude mit gemischter Nutzung an der Hildesheimer Straße öffnen das Viertel in Richtung Stadt. Die Mitte der neuen städtebaulichen Silhouette findet mit einem elfgeschossigen Gebäude ihren Hochpunkt und flankiert rückwärtig einen neuen Quartiersplatz. In der Grundstückstiefe schließen sechs kleinere Punkthäuser an und vermitteln zwischen der urban ausgerichteten Formensprache der Baukörper an der Hildesheimer Straße im Osten und dem Naturschutzgebiet der Leineauen im Westen.

Als reine Wohngebäude bieten sie den besonderen Komfort des naturnahen Wohnens. Das Projekt umfasst 165 exklusive Wohnungen, deren Loggien zum Hof oder zum Naturschutzgebiet ausgerichtet sind. Bodentiefe Fenster bieten interessante Ausblicke ins Grüne. Unterschiedliche architektonische Details fügen sich gekonnt zusammen. Die elegante Innenausstattung der Bäder, das hochwertige Parkett, die

Quartier Leineauen, Hannover: Der Entwurf für das Ensemble im Süden Hannovers verfolgt das Ziel, durch unterschiedlich gestaltete Baukörper eine urbane Seite und eine Gartenseite zu schaffen. So wird eine klare städtebauliche Präsenz entwickelt, die auf das vielseitige Umfeld reagiert   Abb.: Max Dudler GmbH

Quartier Leineauen, Hannover: Nach dem Entwurf des international renommierten Architekturbüros Max Dudler entsteht ein Ensemble aus acht Baukörpern mit insgesamt 165 neuen Wohnungen
Abbildungen: Max Dudler GmbH

Aufzüge und die großzügigen Treppenhäuser komplettieren das Wohngefühl mit modernstem Komfort.

Die vorgefundene Infrastruktur hat viele Vorteile aufzuweisen: in bester Lage, zwischen Hildesheimer Straße und dem beliebten Naherholungsgebiet „Alte Leine". Die Leinemasch und ein Reiterhof, die Ricklinger Kiesteiche – im Sommer eines der bedeutenden Naherholungsziele Hannovers – oder der beliebte Maschsee liegen nicht weit entfernt. An den Hauptbahnhof gelangt man durch zwei Straßenbahnlinien innerhalb von 15 Minuten. Über die B3 oder B6 sind das Messegelände und die Autobahn A7 ebenfalls in kürzester Zeit erreichbar. Nahversorger sind in unmittelbarer Nähe vorhanden und das Leine-Center-Laatzen liegt mit dem Pkw nur wenige Minuten entfernt.

Quartier Leineauen, Hannover: Der Quartiersplatz bildet den Mittelpunkt des lebendigen Quartiers mit Kita, Gastronomie und Gewerbe sowie öffentlichen Plätzen und privaten Gärten
Abb.: Max Dudler GmbH

Quartier Leineauen, Hannover: Neben Eigentumswohnungen entstehen auch öffentlich geförderte Wohnungen
Abb.: Max Dudler GmbH

Lutter-Quartier, Bielefeld: Sechs Stockwerke hoch und mit heller Fassade – so sieht der Entwurf des Neubaus (Gartenseite) aus, der auf dem Gelände des ehemaligen Repro-Zentrums Rosenberger an der freigelegten Lutter entsteht
Abb.: Max Dudler GmbH

dezug mit den Ankerhöfen. Für die Realisierung des Gebäudes mit 65 Eigentumswohnungen wurde ein altes Gewerbegebäude abgerissen. Mit fünf Vollgeschossen und einem zurückgesetzten Staffelgeschoss nimmt der Bau die Geschossigkeit der Umgebung auf. Großzügige, schräg verlaufende Loggien mit Südausrichtung gliedern den Baukörper und bilden entlang der Straßenachse je nach Standort unterschiedliche, spannende Blickbezüge. An der Nordseite wird das Thema der Schräge in der Kubatur ebenfalls aufgegriffen und bildet dadurch eine zweiseitige Orientierung aller hofseitigen Wohneinheiten.

Ein durchgehender Sockel hebt die Wohnbebauung vom Straßenniveau ab und schafft so die Privatsphäre für die Wohneinheiten im Erd-

Lutter-Quartier, Bielefeld: Die Ravensberger Straße ist Teil der offiziellen Radrouten Bielefelds und wurde in den vergangenen Jahren in eine verkehrsberuhigte Straße mit Offenlegung der Lutter für den Fuß- und Radverkehr qualitativ sehr hochwertig gestaltet. Die Lutter fließt seit August 2022 auf mehr als 400 m oberirdisch und für alle sichtbar
Abb.: Max Dudler GmbH

LUTTER-QUARTIER, BIELEFELD

Das geplante Neubauvorhaben an der Ravensberger Straße 7 in Bielefeld setzt die vorhandene Blockrandbebauung fort und bildet ein städtebauliches Gleichgewicht zu dem gegenüberliegenden Gebäu-

Lutter-Quartier, Bielefeld: Leitgedanke des hochwertigen Neubaus ist es, entlang der Ravensberger Straße die Bebauung fortzusetzen und ein städtebauliches Gleichgewicht zu dem gegenüberliegenden Gebäudezug mit den Ankergärten zu bilden
Abb.: Max Dudler GmbH

Lutter-Quartier, Bielefeld: Die 2- bis 5-Zimmer-Wohnungen haben Wohnflächen von 46 m² bis 135 m². Zu den Ausstattungsmerkmalen zählen u.a. Echtholzparkett in den Wohnräumen, große Fliesen in den Bädern sowie Screens vor den überwiegend bodentiefen Fenstern
Abbildungen: Max Dudler GmbH

geschoss. Zudem verfügen alle Wohnungen über einen privaten Außenraum: im erhöhten Erdgeschoss zur Straßenseite über Loggien, zur Hofseite über private Gartenterrassen. Ab dem 1. Obergeschoss sind Loggien und Balkone vorgesehen.

Für die Wohneinheiten im Staffelgeschoss bieten Dachterrassen einen privaten Außenraum mit großer Weitsicht. Der Bau fügt sich mit seiner Kubatur sowie der Fassadenmaterialität städtebaulich harmonisch in die Umgebung und die Stadt Bielefeld ein. Die helle Riemchenfassade nimmt Bezug zu den ortsprägenden Natursteingebäuden und wird geschossweise durch horizontale, beige Fassadenbänder in Be-

Lutter-Quartier, Bielefeld: Die 65 hochwertigen Eigentumswohnungen haben variantenreiche Zuschnitte für verschiedenste Bewohnerkonstellationen. Es werden Etagenwohnungen mit Loggien, Erdgeschosswohnungen und attraktive Penthäuser mit großzügigen Terrassen und schönen Ausblicken realisiert
Abb.: Max Dudler GmbH

tonoptik gegliedert, welche im Bereich der Balkone vor die Fassade vortreten und die Balkone einfassen. Die hofseitige Fassade wurde als helle Putzfassade konzipiert. Durchlaufende horizontale Bänder in beigefarbener Betonoptik gliedern die Fassade geschossweise.

Eine Tiefgarage mit 33 Stellplätzen, Kellerräume und ein grüner Außenbereich runden dieses Angebot ab. Dort befindet sich auch ein Fahrradraum mit Platz für ca. 64 Fahrräder. Für ca. 10 Prozent der Stellplätze wird eine Lademöglichkeit für E-Bikes vorgehalten.

Die gute Anbindung an das regionale und überregionale Verkehrsnetz ist gegeben. Der Hauptbahnhof liegt nur einen kurzen, 15-minütigen Spaziergang entfernt, mit dem Fahrrad geht es wesentlich schneller. Aber auch die grünen Seiten Bielefelds sind schnell erreicht. Nur einen Steinwurf vom Wohnhaus entfernt, befinden sich Parks und Grünflächen des Luttergrünzuges, der Spazierwege durch grüne Alleen bietet und zu Fahrradtouren einlädt. Auch der Weg zum nächsten Spielplatz ist nicht weiter.

Bauherr:
World Investment Group, Hameln

Planender Architekt:
Max Dudler, Berlin

Partner am Bau:
- TGA-planungsteam GmbH
- SHP-Team GmbH
- VK Elektro GmbH
- Dachwerk GmbH & Co. KG
- FenTech GmbH
- Heisig Spezialtief- und Wasserbau GmbH
- SCHOLZ + PARTNER mbB
- TSN-Beton

TECHNISCHE GEBÄUDEAUSRÜSTUNG

ERFOLGREICHE UMSETZUNG DES »QUARTIER LEINEAUEN«

Die »TGA Planungsteam GmbH« hat maßgeblich zur erfolgreichen Realisierung des neuen Wohnquartiers am Brabrinke (»Quartier Leineauen«) im Süden Hannovers beigetragen. Dieses Projekt, das städtisches Leben mit naturnahem Wohnen vereint, steht exemplarisch für moderne, nachhaltige Architektur und innovative technische Gebäudeausrüstung.

Das 15.000 m² große Gelände beherbergt acht unterschiedlich gestaltete Gebäude, die sich harmonisch in das heterogene Umfeld einfügen. Die »TGA Planungsteam GmbH« übernahm die technische Planung und Umsetzung, wobei der Fokus auf energieeffizienten Systemen und nachhaltigen Lösungen lag. Insbesondere die Kombination aus moderner Heizungs-, Lüftungs- und Klimatechnik (HLK) sowie die Integration regenerativer Energien sichern eine ressourcenschonende Versorgung des gesamten Quartiers.

Die intelligente Steuerung des Energieverbrauchs trägt zur Reduzierung der Betriebskosten bei und schafft gleichzeitig eine angenehme Wohnatmosphäre. Die »TGA Planungsteam GmbH« sorgte hier für eine flexible und skalierbare technische Ausstattung, die den unterschiedlichen Anforderungen der gemischten Nutzung gerecht wird.

Die technische Gebäudeausrüstung dieses Wohnquartiers verbindet erfolgreich Effizienz und Komfort und unterstreicht den Anspruch der »TGA Planungsteam GmbH«, zukunftsweisende Lösungen für moderne Bauprojekte zu entwickeln und zu realisieren.

VERTRAUEN SIE AUF UNSERE EXPERTISE

Als Ihr regionaler Lösungsanbieter für die Planung der technischen Gebäudeausrüstung (TGA) bieten wir Ihnen mit unserem erfahrenen Team und umfassendem Fachwissen individuelle Lösungen für eine effiziente und nachhaltige Gebäudetechnik.

TGA-planungsteam GmbH

Hahnendamm 6, 31249 Hohenhameln · T. 05128.400 55 25 · E. post@tga-planungsteam.de

Anzeige

SHP-TEAM GMBH

HAUPTSITZ GÖTTINGEN
Am Teichhof 7 | 37120 Bovenden
ZWEIGSTELLE BIELEFELD | Markgrafenstr. 5
33602 Bielefeld | Büroeinheit 43
T: 0551 489 729 8 | F: 0551 489 729 7
info@shp-team.de | www.SHP-Team.de

VK Elektro

🔧 Unsere Leistungen im Überblick:
- ✅ Planung und Installation von Elektroanlagen
- ✅ Moderne Beleuchtungskonzepte
- ✅ Smart-Home-Lösungen für mehr Komfort
- ✅ Wartung & Reparaturen – schnell und zuverlässig
- ✅ E-Mobilität: Ladestationen für Ihr Zuhause

💡 Warum wir?
- ✅ Präzise Arbeit mit höchster Sorgfalt
- ✅ Individuelle Beratung – maßgeschneidert auf Ihre Wünsche
- ✅ Termintreue & faire Preise

www.vk-elektro.com   Info@vk-elektro.com

Handwerk mit Niveau | **dachwerk**

- Beratung in allen Fragen rund um Dach und Wand
- Dachfenstereinbau
- Unverbindlicher Dach-Check
- Kostenanalyse für Ihr Dachprojekt
- Notdienst bei Sturmschäden: **0175 5145017**
- Dachreparaturen aller Art
- Dachrinnenreinigung
- Wartungsverträge

Dachwerk GmbH & Co. KG, Am Reinsgraben 3, 37085 Göttingen, Tel. 0551 379 30 14, Fax 0551 379 30 16, info@dachwerk.de, www.dachwerk.de

FenTech GmbH
FENSTERTECHNIK
Telefon: 03943-5444-24 · Fax: 03943-5444-37
wernigerode@fentech.de · www.fentech.de
Dornbergsweg 41a · 38855 Wernigerode

Qualität ist unser Konzept!

Grundstein für die Zukunft wird in Göttingen gelegt

Neubau Produktionsgebäude für Sartorius auf dem Campus Nord

EQUIPMENT FÜR DIE ZUKUNFT

Flexibel, kreativ und kommunikativ: In einem internationalen Unternehmen wie Sartorius arbeiten Menschen zunehmend an bereichs- und standortübergreifenden Projekten. Der Sartorius Campus bietet dazu die passenden Rahmenbedingungen, Arbeitsformen zukunftsgerichtet weiterzuentwickeln. Dabei unterstützen ein kreatives und kommunikationsförderndes Bürokonzept sowie Demonstrations-Laboratorien mit Sartorius Equipment für Trainingszwecke.

Schon seit einigen Jahren investiert das Unternehmen in die Erweiterung der Membranfertigung am Standort Göttingen mit dem Ziel, die Produktionskapazitäten zur Herstellung von Filtermembranen weiterzuentwickeln und zu steigern. Die Membranen finden Verwendung in Spezialfiltern, durch die Flüssigkeiten steril filtriert werden können. Ein Hauptkunde ist die biopharmazeutische Industrie, die diese Filter bei der Herstellung von Medikamenten einsetzt. Sartorius zählt zu den weltweit führenden Anbietern für die Filtration von biopharmazeutischen Produkten.

Das Architekturbüro Bünemann & Collegen aus Hannover plant einige Campusgebäude für Sartorius. So auch den im Jahr 2024 fertiggestellten Campus Nord bis an die B3 auf einer Fläche von rund 25.000 m². Dort entstand das Produktionsgebäude 27-31 zur Membranfertigung. Der neue Produktionskomplex gliedert sich dreigeschossig in

Der Sartorius Campus beeindruckt an prominenter Stelle im Industriegebiet von Göttingen Nord nahe der A7 durch ein von klarer Architektur geprägtes Konzern-Hauptquartier
Abb.: Moritz Lochmann, Bünemann & Collegen

einen Kopfbau, der Büros und Labore aufnimmt, und fünf Hallengebäude, die in Nord-Südrichtung durch Fugen getrennt sind. Nebengebäude im Norden und Westen ergänzen das Ensemble. Ein gläsernes Atrium, in dem sich der Haupteingang befindet, verbindet den Kopfbau mit den Produktionsbereichen. Die Fertigung setzt sich aus großen, modernen Einheiten zusammen, die optimierte Abläufe sichern und damit eine hohe Produktivität und Flexibilität garantieren. Im Ge-

Zu der repräsentativen Architektur des gesamten Ensembles passt auch, dass eine rund 75 m lange gläserne Brücke den Straßenraum und die Verbindung zwischen dem Campus Nord und dem Campus im Süden verbinden wird
Abb.: Bünemann & Collegen Architekten

Der Sartorius Campus bietet dazu die passenden Rahmenbedingungen, Arbeitsformen zukunftsgerichtet weiterzuentwickeln Abb.: Moritz Lochmann, Bünemann & Collegen

gensatz dazu besteht das Bürokonzept aus variablen Strukturen, die vom Einzelbüro bis zum Open-Space-Großraumbüro eingeteilt werden können. Mittels Systemtrennwänden lassen sich die Größen schnell verändern. Auch dem Gebäude selbst liegt eine äußerst flexible Bauweise zugrunde. Um die Nutzfläche bei Bedarf vergrößern zu können, wurde das Tragwerk so ausgelegt, dass Zwischenebenen nachträglich eingezogen werden können. Gleichzeitig können die Flächen in der Produktionshalle durch die Neigung der Stahlstützen ohne Einschränkung genutzt werden. Außerdem entstehen trichterförmige Räume zwischen den einzelnen Produktionsbereichen, als „Lichtgräben", die viel Tageslicht in die Tiefe der Innenräume holen. Sartorius nahm in diesem neuen Gebäude drei Ziehmaschinen für Membrane in Betrieb und hat noch die Optionen für zwei weitere Gebäude und Maschinen. Diese Spezialmaschinen werden eigentlich nur in kleinen Stückzahlen eingesetzt, damit gehört das Unternehmen zu den Spitzenreitern der Produktion.

GLÄSERNER BRÜCKENBAU

Der Sartorius Campus beeindruckt an prominenter Stelle im Industriegebiet von Göttingen Nord nahe der A7 durch ein von klarer Architektur geprägtes Konzern-Hauptquartier. Seit Beginn der 2010er Jahre hat das Unternehmen dort in Neubauten investiert und eine erhebliche Erweiterung der Mitarbeiterzahl auf inzwischen rund 4.000 erreicht. Über allem schwebt das Ziel, die Energieversorgung zu sichern und ein klimaneutrales, eigenes Headquarter zu betreiben. So wurde ein Laborgebäude von der Deutschen Gesellschaft für Nachhaltiges Bauen mit Platin ausgezeichnet. Die Dächer und Gebäude sowie Teile der Fassaden der neuen Produktionsgebäude wurden intensiv begrünt. Ein auf dem Grundstück ursprünglich verlaufender Bach erhielt ein neues Bett und wurde dabei renaturiert.

Zu der repräsentativen Architektur des gesamten Ensembles passt auch, dass eine rund 75 m lange gläserne Brücke den Straßenraum und die Verbindung zwischen dem Campus Nord und dem Campus im Süden verbinden wird.

Bauherr:
Sartorius AG, Göttingen
Architektur:
Bünemann & Collegen Architekten, Hannover

Partner am Bau:
- gp großmannplanung gmbh
- RBG Ingenieure Partnerschaft mbB
- keydel bock ingenieure gmbh
- MTZ Metalltechnik Zitzmann GmbH
- BOCK Industriebedachungen GmbH
- Janisch GmbH
- RST Rohrleitungs-, Straßen- und Tiefbau GmbH
- via Medien GmbH
- HMN Gewerbe- und Industriebau GmbH & Co. KG

Anzeige

Seit mehr als 40 Jahren erbringen wir Planungs- und Beratungsleistungen zur Zufriedenheit unserer Kunden.

Planung, Projektmanagement und Baubetreuung
sind die Schwerpunkte unserer Tätigkeiten.

Egal ob kleine oder große Bauaufgaben, wir widmen uns jedem Projekt mit Engagement und Fachkompetenz.

großmannplanung gmbh

Sartorius Norderweiterung

Wir betreuen unsere Kunden von Beginn ihrer Projekte an, steigen aber auch mittendrin ein, wenn es (für andere zu) schwierig wird.

City Gate Bremen

Sartorius Erweiterung Destille

City Gate Bremen

gp gmbH

Geismar Landstraße 13
37083 Göttingen

Geschäftsführer
Thomas Großmann
Susanne Freye

Tel.: 0551-54787-0

Email: info@grossmannplanung.de
www.grossmannplanung.de

Anzeige

Ingenieurbüro für Tragwerksplanung
und Sachverständigenwesen
Partnerschaft mbB

Dipl.-Ing. (TU) Georgios Grigoriadis
Geschäftsführer RBG-Ingenieure
Tragwerksplaner/Statiker
Beratender Ingenieur der
Ingenieurkammer Niedersachsen
g.grigoriadis@rbg-ing.de

Galgenbergsweg 5
Tel. 05551 / 2233
www.rbg-ing.de

37154 Northeim
info@rbg-ing.de
www.sv-rbg.de

Dipl.-Ing. (FH) Eckhard Beushausen
Geschäftsführer RBG-Ingenieure
ö.b.u.v. SV für Bewertung
von Brand-, Explosions-, Sturm- und
Leitungswasserschäden in und an Gebäuden
sachverstaendige@rbg-ing.de

Auszug Leistungsspektrum:
Elektro-Installationstechnik
Stromversorgungsanlagen
Beleuchtungstechnik/- berechnung
PV- Anlagen
BHKW- und Netzersatzanlagen
Baulicher Brandschutz
Fernmeldetechnik
Sicherheitstechnik
Datentechnik
Fördertechnik
Gebäude- Automationstechnik
Gebäudeplanung in Verbindung mit TGA
Versorgungstechnik in Kooperation

Beratung o Planung o Bauüberwachung o Optimierung

Königsallee 49   37081 Göttingen   info@k-b-i.de   0551-3843840

MTZ METALLTECHNIK ZITZMANN GMBH
steht für kompetente Planung, Produktion und Montage
von anspruchsvollen
Stahl-Aluminium-Glas-Konstruktionen.

An der Heide 1 · 97714 Oerlenbach
Telefon 09725/71 72-0 (Zentrale)
info@mtz-metalltechnik.de
www.mtz-metalltechnik.de

BOCK Industriebedachungen GmbH

Hamlerstraße 3 - 37186 Moringen
Tel.: 05554 9922-0
Fax 05554 9922-22
info@bock-industriebedachungen.de
www.bock-industriebedachungen.de

Büroneubau am Bürgerpark in Braunschweig

Neuer Sitz für die Bahn-Tochter ESE setzt als erster Baustein des Europaviertels ein architektonisches Zeichen

Im Auftrag der Richard Borek Unternehmensgruppe ist an der Theodor-Heuss-Straße in Braunschweig der neue Sitz für die Deutsche Bahn Tochter ESE Engineering und Software-Entwicklung nach den Plänen von KSP Engel entstanden. Der Büroneubau setzt architektonisch ein Zeichen: Der achtgeschossige Kopfbau mit dem obersten Technikgeschoss als „Krone" markiert den neuen Sitz der ESE im Büro- und Gewerbequartier am Bürgerpark. Das Engineering und Software-Unternehmen, das sich auf technische Lösungen sowie Software- und Systementwicklung für die Bahn, die Industrie und die Automobilbranche spezialisiert hat, hat sich das 8.670 m² große Bürogebäude für 20 Jahre als alleiniger Hauptmieter gesichert. Dort führt die Deutsche Bahn Tochter ihre bislang in Braunschweig auf mehrere Standorte verteilten, insgesamt rund 450 Mitarbeiterinnen und Mitarbeiter an einem Standort zusammen. Mit der Fertigstellung des Projektes leistet die Richard Borek Unternehmensgruppe als Bauherr, vertreten durch die unternehmenseigene Immobiliensparte DMG Direkt Marketing GmbH, einen maßgeblichen Beitrag zur Gestaltung des neuen Büro- und Gewerbequartiers in Braunschweig.

Das Architekturbüro KSP Engel hatte im Rahmen eines Gutachterverfahrens einen neuen Masterplan für das Areal entwickelt, der eine Analyse der Bebauungsstruktur, der Grünverbindungen und der Entwicklungspotentiale umfasste. Auf dieser Grundlage wurden gemeinsam mit dem Bauherrn und der Stadt Braunschweig die städtebaulichen Rahmenbedingungen für das neue Quartier festgelegt. Unter dem Namen Europaviertel entsteht hier entlang des Bürgerparks und der Theodor-Heuss-Straße ein modernes, urbanes Quartier.

Die Fassade des Büroneubaus spiegelt den hohen gestalterischen Anspruch des Bauherrn und der Architekten wider: farblich aufeinander abgestimmte, hochwertige Materialien wie Betonelemente und Klinker in hell-beige sowie große, horizontale Fensteröffnungen mit außenliegendem Sonnenschutz zeugen von einem soliden Gebäude mit einem gewissen Repräsentationsanspruch. Dieser Anspruch wird auch durch die hochwertige Außenraumgestaltung von nsp Landschaftsarchitekten und den rund 30 Meter hohen Kopfbau an der Theodor-Heuss-Straße unterstrichen. Durch die Freistellung der äußeren Fassadenstruktur entsteht eine markante „Krone", die den oberen

Der achtgeschossige Kopfbau mit dem obersten Technikgeschoss als „Krone" markiert den neuen Sitz der ESE im Büro- und Gewerbequartier am Bürgerpark
Abb.: Fritz Brunier

Fassade mit hohem gestalterischem Anspruch und hochwertigen Materialien
Abb.: Fritz Brunier

Eine produktive und kommunikative Arbeitsumgebung
Abb.: Fritz Brunier

Abschluss des Gebäudes bildet. Die unterschiedlichen Elemente wie Klinker, Betonelemente im Brüstungs- und Sturzbereich und die etwas zurückgesetzten Fensteröffnungen erzeugen eine räumliche Tiefe, die zum eleganten und repräsentativen Erscheinungsbild des Neubaus beitragen.

Von der Theodor-Heuss-Straße gelangen die Besucher über einen einladenden Vorplatz in das zweigeschossige Foyer. Von hier aus sind auch die gemeinschaftlich genutzten Bereiche im Erdgeschoss wie Bistro, Besprechungsräume, Seminar- und Vortragsraum und die angrenzende Lounge zugänglich. Über den zentralen Erschließungskern gelangt man in die Obergeschosse mit Büronutzung. Dort eröffnet sich eine moderne Arbeitswelt, die allen heutigen Anforderungen an zeitgemäßes Arbeiten gerecht wird. Entlang der Fassade reihen sich die Arbeitsplätze, die optimal belichtet und natürlich belüftet werden können. In der Mittelzone der Büroetagen befinden sich die gemeinschaftlich genutzten Bereiche wie Teeküchen, Think Tanks, Besprechungs- und Nebenräume. Die Büroflächen können flexibel als Zellenbüros oder Open Space genutzt werden und entsprechen den individuellen Anforderungen des Mieters ESE an eine produktive und kommunikative Arbeitsumgebung. Die Terrassen im Erdgeschoss sowie die Dachterrasse im 4. Obergeschoss sorgen für eine hohe Aufenthaltsqualität.

Die Gliederung des Neubaus in zwei Bauteile (A und B) bietet in einer späteren Folgenutzung auch die Möglichkeit, die beiden Bauteile separat zu vermieten. Der höhere, achtgeschossige Büroteil an der Theodor-Heuss- Straße (BT A) verfügt ebenso wie der niedrigere, fünfgeschossige Gebäudeteil (BT B) über ein innenliegendes Treppenhaus mit Aufzug. In Sachen Energieeffizienz und Nachhaltigkeit setzt der Neubau auf modernste Technik: Hocheffiziente Photovoltaikpaneele auf den extensiv begrünten Dachflächen sorgen für einen möglichst CO_2-neutralen Betrieb. Dank der guten Zusammenarbeit aller Projektbeteiligten, darunter das Bauunternehmen Köster-Bau und die Braunschweiger Architekten von KSP Engel, konnte der moderne Büroneubau der Richard Borek Unternehmensgruppe Ende August 2024 fertiggestellt werden.

Bauherr:
Richard Borek Unternehmensgruppe,
vertreten durch die unternehmenseigene Immobiliensparte
DMG Direkt Marketing GmbH, Braunschweig
Planender Architekt:
KSP ENGEL, Braunschweig
Generalunternehmer:
Köster GmbH, Osnabrück

Partner am Bau:
- Himstedt GmbH & Co.KG
- POHL Planen & Beraten
- GK-Projekt GmbH
- SCHOLZ + PARTNER mbB
- Thieme GmbH & Co. KG
- TSN-Beton

Himstedt – Ihr Profi am Bau!

Die Firma **Himstedt GmbH & Co. KG** ist in der dritten Generation im Baugewerbe tätig.

An seinem Firmenstandort bei Edemissen steht Herr Tobias Himstedt mit seinen 20 Mitarbeitern für Sie zur Verfügung.

Wir sind Ihr Ansprechpartner, wenn Sie ein zuverlässiges Bauunternehmen mit den Schwerpunkten Schüttgüter, Erdbau und Rückbau suchen.

Durch unser großes Leistungsspektrum erhalten Sie bei uns alles aus einer Hand.

Durch Erfahrung, Leidenschaft und dazu geschultes Personal in den verschiedensten Einsatzgebieten, bieten wir Ihnen eine zuverlässige und fachgerechte Ausführung.

Unsere Kernkompetenzen sind die beiden Kieswerke im Landkreis Peine.

Dort können wir den Abbau von Sanden und Kiesen in bester Qualität sowie eine Bodendeponie für den Zeitraum der nächsten Generationen gewährleisten.

Durch die anspruchsvolle Aufarbeitung von Böden und Schüttgütern leisten wir zudem einen Beitrag zur Schonung unserer begrenzten Ressourcen und schützen dabei gleichzeitig die Umwelt.

Unser Engagement im Bereich Recycling trägt zusätzlich dazu bei, augenscheinlich unbrauchbare Böden auf ein Minimum zu reduzieren und somit unser Deponievolumen zu schonen.

ERDBAU

Wir bieten Ihnen Erdarbeiten im kompletten bedarfsorientierten Umfang an: vom Aushub einer Baugrube oder eines Kellers über die Sandplatte bis hin zur Bodenabfuhr. Alles aus einer Hand, transparent und fair – so, wie Sie es sich wünschen!

Anzeige

Aufgrund unseres komplexen Netzwerkes haben wir zudem die Möglichkeit, in Kooperation mit hiesigen Bauträgern und Projektentwicklern, eine Komplettlösung für Sie zu bieten.

ABBRUCHARBEITEN

Sie haben ein Grundstück mit einer alten Immobilie, deren Sanierungskosten die Kosten für einen Neubau bei weitem übersteigen würden? Sie möchten Ihren Fokus nicht auf Neubaugebiete mit – Ihrer Ansicht nach – zu kleinen Baugrundstücken legen, sondern lieber den eigenen Besitz neu gestalten oder sich gar auf altem Grund neu ausrichten? Dann sind Sie bei uns genau richtig! Wir bieten Ihnen Abbrüche, wenn es sein muss, auch mit einer Entkernung oder Entrümpelung zu einem fairen Festpreis!

KANALISATIONSARBEITEN

Im Bereich der Kanalisationsarbeiten sind wir sowohl für gewerbliche als auch private Auftraggeber tätig.

RECYCLING

… heißt, wertvolle Ressourcen schonen.
Wir arbeiten mit mobilen Brech- und Siebanlagen und geben dem daraus gewonnenen Recyclingmaterial eine neue Verwendbarkeit in der Bauindustrie.

BAUMASCHINENVERMIETUNG

Wir stehen für eine zuverlässige und fachliche Ausführung Ihres Projektes und bieten viel mehr als nur eine „Baumaschinenvermietung"!

- Kieswerke
- Erdbau
- Baggerarbeiten
- Abbrüche
- Kanalisationsarbeiten
- Baumaschinenvermietung

Tradition seit 1963

...Ihr Profi am Bau!

Himstedt GmbH & Co. KG • Lerchenfeldstr. 24a • 31234 Edemissen

www.himstedt-bau.de

Tel.: 05176 - 97 54 30 • anfrage@himstedt-bau.de

Anzeige

ELEKTROTECHNIK · ENERGIE · EFFIZIENZ

Wir übernehmen die Planung und Objektüberwachung der elektrotechnischen Gewerke in Ihrem Projekt.

Dieselstr. 10, 38644 Goslar
Tel. 05321 307091-1, Fax 05321 307091-9
info@p-pb.de, www.p-pb.de

GK-PROJEKT GmbH
TROCKENBAU & SANIERUNG

GK-Projekt GmbH • Stobwasserstr. 6 • 38122 Braunschweig • info@gk-projekt.com

▶ Produktinfo

Stilvolle Gästebadlösungen von Alape

Gästebäder bieten die ideale Gelegenheit, Besucher mit durchdachtem Design und einem Ausdruck individuellen Stils zu beeindrucken. Auf kleinem Raum lassen sich architektonische Akzente setzen, die Funktionalität und Ästhetik verbinden. Mit der richtigen Gestaltung wird aus dem Gästebad ein beeindruckender Blickfang, der den Charakter des gesamten Zuhauses unterstreicht. Genau hierfür bietet Alape raffinierte Lösungen: Mit einem klaren Fokus auf hochwertige Verarbeitung und intelligentes Design ermöglicht der Hersteller die optimale Nutzung des begrenzten Raums.

XCUT UND XCROSS: PRÄZISE ÄSTHETIK FÜR KLEINE RÄUME

Die Serien Xcut und Xcross verbinden klare Linien mit industriellem Charme und sind durch ihre schlanke Bauweise optimal für kleine Gästebäder geeignet. Eine pulverbeschichtete Stahlkonstruktion schafft

Industrielles Design trifft auf präzise Details – mit ihren filigranen Formen und funktionalen Ablagen ist Xcut die perfekte Wahl für moderne Gästebäder   Abb.: alape

Optische Tiefe und außergewöhnliche Farbtöne – Aqua ist ein echtes Unikat, das jedes Gästebad aufwertet   Abb.: alape

ein filigranes Design, das durch die prägnante X-förmige Struktur des Untergestells definiert wird. Praktisch und platzsparend fügt sich bei Xcut eine Ablage unter dem Becken ein. Für seine visionäre Gestaltung wurde Xcross mit dem BIG SEE Award ausgezeichnet.

AQUA: FARBENVIELFALT UND OPTISCHE TIEFE

Das Schalenbecken Aqua besticht durch seine schimmernde Oberfläche und die einzigartige Farbtiefe, die an die Farbwelten der Ozeane erinnert. Jede Nuance – Deep Blue, Deep Green und Deep Indigo – wird durch eine spezielle Glasurtechnik erzeugt und variiert jeweils leicht, sodass jedes Becken ein absolutes Unikat ist. Das kompakte Format macht Aqua zur idealen Wahl für Gästebäder, in denen außergewöhnliches Design mit funktionalem Anspruch kombiniert wird. Weitere Informationen unter www.alape.com.

Naturtalente!
Organisch gestaltete Pflastersteine verschönern den Außenbereich

Pflastersteine werden besonders verarbeitet. Ihre mit Absicht unregelmäßig geschlagenen Kanten verleihen den Steinen einen besonders natürlichen Charme
Abb.: HLC/braun-steine

(HLC) Wer wünscht sich das nicht? Eine repräsentative Garagenauffahrt, einen einladenden Weg zur Haustüre, eine liebevoll arrangierte Terrasse im Garten. Da stellt sich die Frage nach dem richtigen Material als Bodenbelag. Eine asphaltierte Fläche erscheint oft eher langweilig und auf kieseligem Untergrund können sich Fahrrinnen sowie Pfützen bilden. Hier sind Alternativen gefragt.

Der Boden im grünen Bereich kann auf verschiedenste Art und Weise gestaltet werden. Kies, Schotter und Splitt bringen dabei jeweils sowohl Vor- als auch Nachteile mit sich. Wer hingegen eine ebene und feste Fläche bevorzugt, sich aber mehr wünscht als platte und farblose Betonwege, findet bei Pflasterstein-Systemen eine attraktive Möglichkeit der Bodengestaltung. Mit einem Blick zurück auf die Ursprünglichkeit sind die organisch geformten Pflastersteine von der Natur inspiriert.

Aufgrund ihrer Variation in Form, Farbe und Größe schaffen sie vielfältige Kombinationsmöglichkeiten für jede Stilrichtung. Sie integrieren sich in jedes Ambiente, egal ob modern und minimalistisch oder romantisch und verspielt. Dabei kann man sicher sein: Durch das zufällige Zusammenspiel der jeweiligen Formen entsteht ein einzigartiges Flächenbild. Besonders, wenn das Pflasterstein-System auf eine geradlinige Architektur trifft, schafft es einen interessanten Kontrast. Auch wenn vor allem einzelne gepflasterte Abschnitte stilsichere Akzente in der grünen Oase setzen, ist es doch die Gesamtwirkung des lebendig gestalteten Bodens, die beeindruckt.

Die Formate sind optimal aufeinander abgestimmt. So sind die Steine leicht zu verlegen, wobei beide Seiten als Sichtseite verwendet werden können. Ihre abgerundeten Kanten lassen sie dabei ganz natürlich erscheinen. Inszeniert mit farbenfrohen Blumen und sattem Grün entfalten sie ihren ursprünglichen Charme. Als wasserdurchlässiger Pflasterstein überzeugt das Material zusätzlich im Bereich des Ökologiebewusstseins. Durch die hohe Regenwasserversickerung werden Kanalnetz und Gewässer entlastet und Abwassergebühren gespart.

Nicht nur im Garten sind Pflastersteine ein Blickfang. Auch die Garagenzufahrt oder der Weg zum Haus hin lässt sich mit ihnen gestalten
Abb.: HLC/braun-steine

Bei der Verarbeitung beeindruckt vor allem ihre effiziente Eigenschaft: Da die Steine ohne Verschnitt auskommen, bleiben keine Reste zurück und Ressourcen werden geschont
Abb.: HLC/braun-steine

Sanierung und Nachverdichtung in Hannover

„Poelzig Bau": Transformation eines Baudenkmals in die Moderne / Städtebaulicher Zusammenhalt von Wohngebäuden in der Voltmerstraße

ERSTBEZUG DES SANIERTEN „POELZIG BAU"

Der „Poelzig Bau" in Hannover erhielt seinen Namen von seinem Architekten Hans Poelzig, der Anfang der 1920er Jahre das Gebäude für die Firma Gebrüder Mayer plante. Es diente als Verwaltungssitz im Stadtteil Vinnhorst und wurde im Laufe der Jahrzehnte zu einem Vorzeigeprojekt des Backsteinexpressionismus in Hannover. Dieser Architekturstil wird nur noch durch wenige Gebäude repräsentiert, wie beispielsweise dem Anzeiger Hochhaus von Fritz Höger, der ehemaligen Continental-Hauptverwaltung in Vahrenwald von Peter Behrens oder der Stadthalle von Paul Bonatz. Der Erhalt des Gebäudes von Hans Poelzig und seine Revitalisierung in ein mit moderner Technik ausgestattetes Bürogebäude setzt damit einen bewussten Kontrapunkt in die sonst stark von Modernität geprägte Architekturgeschichte der Landeshauptstadt. Zeigt das Gebäude doch ein gut erhaltenes Beispiel der Schaffensphase des Architekten nach dem Ersten Weltkrieg und damit ein seltenes Beispiel expressionistischer Architektur in Deutschland.

Der weitere Fortbestand eines Baudenkmals und seine Transformation in die heutige Zeit muss einen Weg zwischen Denkmalschutz, Wirtschaftlichkeit und Nutzungspotenzial finden. Nach Jahren des Leer-

Revitalisierung „Poelzig Bau", Hannover: Er erhielt seinen Namen von seinem Architekten Hans Poelzig, der Anfang der 1920er Jahre das Gebäude für die Firma Gebrüder Mayer geplant hat
Abb.: ARAGON GmbH

standes entwickelte das Architekturbüro Ehlert aus Buchholz im Auftrag des neuen Eigentümers Steffen Dreßler (ARAGON ImmoProject GmbH) ein Sanierungskonzept. Sowohl der Bauherr als auch der Planer verfügen über langjährige Erfahrung bei der Sanierung von Baudenkmälern und haben bereits gemeinsam ähnliche Projekte realisiert. Von außen blieb die ausdrucksstarke Fassade erhalten. Das Sichtmauerwerk, in dunkelrotem Klinker ausgeführt, ist durch sägezahnartig gezackte Lisenen vertikal gegliedert. Die Wandbereiche zwischen den Lisenen prägen Fensteröffnungen in geschossweise variierenden Formaten und setzen die unruhige Linienführung fort.

Sowohl die denkmalschutzpflegerischen Auflagen als auch die energetischen Anforderungen waren Bestandteile des Sanierungskonzeptes. So erschließt heute ein Personenaufzug die einzelnen Geschosse. Ein weiterer Eingang auf der Seite zur Beneckeallee im Erdgeschoss schafft die Möglichkeit eines Showrooms oder repräsentativen Empfangs. Über die Beneckeallee erreicht man auch den S-Bahnhof „Vinn-

Revitalisierung „Poelzig Bau", Hannover: Sowohl die denkmalschutzpflegerischen Auflagen als auch die energetischen Anforderungen waren Bestandteile des Sanierungskonzeptes
Abbildungen: ARAGON GmbH

Revitalisierung „Poelzig Bau", Hannover: Das Sichtmauerwerk, in dunkelrotem Klinker ausgeführt, ist durch sägezahnartig gezackte Lisenen vertikal gegliedert
Abb.: ARAGON GmbH

horst" sowie die U-Bahn-Station in fünf bis acht Gehminuten. Das Areal liegt zudem nur rund fünf Fahrminuten von der A2 entfernt, eignet sich also auch für den Individualverkehr. Auf dem Grundstück entstanden deshalb auch zahlreiche Pkw-Abstellmöglichkeiten.

FLEXIBEL IN EIN NEUES LEBEN

Neben der energetischen Sanierung durch nachträgliche Dämmungen, neue Fenster, Fußbodenheizung, Wärmepumpeneinbau und Schaffung der Infrastruktur für E-Mobilität gehört auch die Flächenaufteilung zu den nachhaltigen Standards des Gebäudes. Die Grundrisse sind ab ca. 440 m² pro Geschoss und insgesamt ca. 2.225 m² zusammenhängend anmietbar. Unterschiedliche Aufteilungen erlauben Einzelbüros und offene Bereiche. Zusätzliche Glasbänder im Dach über dem vierten Obergeschoss sorgen für eine besondere Aufenthaltsqualität und Belichtung. Historisch relevante Innentüren wurden restauriert oder nachgebaut.

WOHNANLAGE VOLTMERSTRASSE 71 A/B

Das nördlich an das ehemalige Sorst-Gelände angrenzende Arrondierungsgrundstück gehörte ursprünglich der ARAGON Grundbesitz KG, die hier ein überwiegend unter Denkmalschutz stehendes Gebäudeensemble mit 20 Mehrfamilienhäusern (205 Wohnungen) erworben und in den Vorjahren erfolgreich saniert hat. Das Grundstück wurde von der ARAGON GmbH neu überplant. Eine dort befindliche alte Garagenanlage wurde abgerissen und dafür das vielseitige Wohnquartier durch die Entwicklung von weiteren 58 Mietwohnungen nach Plänen des Berliner Architekturbüros Max Dudler am nördlichen Rand des Areals komplettiert.

Der im Jahr 2024 fertiggestellte Neubau wurde auf 300 Pfählen gegründet. Gemeinsam mit dem denkmalgeschützten Marinebau bilden

Mietwohnungen Voltmerstraße 71 A/B, Hannover: Zum Stadtraum hin sucht die Fassade in ihrer Backsteinausführung den Anschluss an die umliegenden Klinkerbauten
Abb.: ARAGON GmbH

die von der ARAGON-Gruppe errichteten drei Gebäude ein städtisches Ensemble, das Wohnraum für unterschiedliche Nutzer vereint. In seiner Hauptachse richtet sich das neue Gebäude parallel zum nördlich gelegenen Studentenwohnheim aus. Nach Süden treppt sich der viergeschossige Bau auf drei Geschosse ab und vermittelt so den Übergang zum direkt anschließenden Bestandsgebäude. Mit diesem rahmt er einen geschlossenen, grünen Innenhof. Durch einen Rücksprung im Volumen eröffnet sich nach Süden zum Hof eine den Wohnungen zugeordnete Dachterrasse.

In seiner architektonischen Gestaltung greift der Neubau die Fassadenthemen des Studentenwohnheims auf und sorgt so für gestalterischen Zusammenhalt des Ensembles. Tiefe Fensterlaibungen, zurückspringende Faschen, ein subtil variiertes Sockelgeschoss und die allen Wohnungen zugeordneten Loggien sorgen für eine lebendige, skulpturale Ansicht. Zum Stadtraum hin sucht die Fassade in ihrer Backsteinausführung den Anschluss an die umliegenden Klinkerbauten und kontrastiert mit der Putzfassade zum Hof, zu dem sich alle Balkone hin orientieren.

Mietwohnungen Voltmerstraße 71 A/B, Hannover: Tiefe Fensterlaibungen, zurückspringende Faschen und die allen Wohnungen zugeordneten Loggien sorgen für eine lebendige, skulpturale Ansicht Abb.: ARAGON GmbH

-Projekt „Revitalisierung Poelzig Bau, Hannover"
Bauherr:
Steffen Dreßler, Hannover
Architektur:
Architekturbüro Ehlert, Buchholz
-Projekt „Mietwohnungen Voltmerstraße 71 A/B, Hannover"
Bauherr:
ARAGON GmbH, Hannover
Architektur:
Max Dudler, Berlin

Partner am Bau:
- Schaumburger Ingenieur GmbH
- MENARD GmbH
- Janisch GmbH
- TSN-Beton

Anzeige

ARAGON ImmoProject GmbH

Realisation von Projektentwicklungen

ARAGON GmbH

Realisation von Bauträgermaßnahmen

ARAGON ImmoInvest GmbH

Investition in Büro- und Gewerbeimmobilien

ARAGON Grundbesitz KG

Investition in wohnungswirtschaftliche Bestandsimmobilien

Abbildung: Max Dudler/Stefan Müller

Denkmalgeschütztes Gebäude in der Chamissostraße, Hannover - Hainholz

Wiehbergstraße 2, 30519 Hannover – Tel.: 0511-2700466 – Fax: 0511-2700467

Anzeige

- Baustatik
- Bauphysik
- Bau-Gutachten
- SiGeKo
- Bau-Abnahme

Schaumburger Ingenieur GmbH / Fröbelstraße 3 / 31655 Stadthagen
Telefon: +49 5721 – 9980 180 / E-Mail: post@schaumburger-ingenieure.de

www.schaumburger-ingenieure.de

Produktinfo ◄

Licht im Bad – perfekt inszeniert

Die Qualitätsmanufaktur FRASCO Spiegel GmbH & Co. KG aus Rödental setzt neue Standards in der Badezimmer-Beleuchtung: Der Centric Deep Lichtspiegelschrank ist ein komplett neu konstruiertes Produkt, das Ästhetik, Funktionalität und Nachhaltigkeit vereint.

Der Centric Deep überzeugt durch das zeitlose Design und auch durch die eloxierte oder alternativ schwarz-lackierte Aluminiumkonstruktion. Diese ist wahlweise als Aufputz- oder Unterputzversion in acht Breiten von 600 bis 2.000 mm erhältlich. Besonderes Highlight ist das Lichtkonzept: Die innovative, separat schaltbare Lichtfuge sorgt für ein angenehmes Ambiente, während das umlaufende, deutlich hervortretende Lichtleiterprofil ein eindrucksvolles Beleuchtungserlebnis im Bad bringt. Über das im Innenraum an der Spiegelrückwand integrierte Touch-Bedienfeld lassen sich Farbtemperatur und Lichtstärke stufenlos oder über vier Voreinstellungen regulieren. „Der neue Lichtspiegelschrank Centric Deep rundet unser Produktportfolio im Bereich der Lichtspiegelschränke perfekt ab und vereint Ästhetik und Lichtdesign auf einzigartige Weise. Der Spiegelschrank

Der Lichtspiegelschrank überzeugt durch sein zeitloses Design und das einzigartige Lichtkonzept
Abb.: Frasco GmbH & Co. KG

Die beidseitig verspiegelten Türen des FRASCO Lichtspiegelschranks Centric Deep sind mit einer Push-to-Open Funktion ausgestattet
Abb.: Frasco GmbH & Co. KG

ist aber nicht nur ein optisches Highlight, sondern punktet auch mit Bedienkomfort und Nachhaltigkeit", erklärt Christian Niedlich, Vertriebsleiter bei FRASCO.

Weitere Infos unter:
www.frasco.de

Exklusive Immobilien nahe der Cuxhavener Kugelbake

„Überwasser Appartements" in Cuxhaven – mehr als nur eine Immobilie an der Strandstraße / Exklusive Eigentumswohnungen im Projekt „Elb-Sand" an der Marienstraße

Überwasser Appartements: Städtebaulich bildet das Gebäude mit den giebelständigen Gebäudeteilen eine räumliche Kante an der Ecke Strichweg und Strandstraße
Abb.: Kathmann Projekte GmbH, Bremen

HOTELAPPARTEMENTS MIT GASTRONOMIE UNWEIT VOM WAHRZEICHEN VON CUXHAVEN

Cuxhaven, an der Elbmündung in die Nordsee, gehört zu den bekanntesten Tourismuszielen am Mare Germanicum. Der Landkreis Cuxhaven verzeichnet pro Jahr rund 7 Mio. Übernachtungen und nochmals so viele Tagesgäste. Beliebt als Hafenstadt, Mittelzentrum mit lebendigen Einkaufsmöglichkeiten und Nordseeheilbad zieht es viele Erholungsuchende hier an die Nordsee. Die Stadt und ihre Umgebung sind für ihr einzigartiges maritimes Flair bekannt und bieten mit kilometerlangen feinen Sandstränden, einer wunderschönen Strandpromenade, dem faszinierenden und von der UNESCO zum Weltnaturerbe ernannten Wattenmeer einen kurzweiligen Aufenthalt.

Ein beliebter Anlaufpunkt in Cuxhaven ist die Kugelbake, früher eine Orientierungshilfe für Seefahrer, heute das Wahrzeichen der Stadt. Sie zeigt auch heute mit ihrem imposanten rund 29 m hohen Holzturm an, wo die Elbe endet und die Nordsee anfängt. Im Frühjahr 2024 eröffnete ein Appartementhotel an der Strandstraße 7 im Ortsteil Döse. Der Neubau der „Überwasser Appartements" befindet sich ca. 1 km vom Sandstrand entfernt und ist fußläufig über den nahegelegenen Kurpark mit der Kugelbake verbunden. Eine Bushaltestelle mit Verbindungen zum Strand, Bahnhof und dem Ahoi-Bad befindet sich direkt vor dem Hotel.

Der Neubau umfasst 51 Hotelappartements mit Aufteilungen in ein,

Überwasser Cuppartements: Die Etagen sind per Fahrstuhl verbunden, der auch in die Tiefgarage führt
Abb.: Kathmann Projekte GmbH, Bremen

zwei und drei Zimmer. Familien, Paare und Singles finden so genügend Platz, der von jedem Appartement aus einen Blick über Cuxhaven bietet. Die Appartements werden als Renditeobjekte angeboten und können einzeln erworben werden. Sie sind für eine kurzfristige Vermietung an Hotelgäste ausgelegt.

Im Erdgeschoss des Hauses liegt ein großer Wellnessbereich mit verschiedenen Saunen, Duschen sowie einem Ruheraum. Sportbegeisterten Gästen steht ein Fitnessbereich zur Verfügung. Ebenfalls im Erdgeschoss befindet sich ein großzügiger Gastronomiebereich. Die Etagen sind per Fahrstuhl verbunden, der auch in die Tiefgarage führt. Hier gibt es einen Abstellraum für Fahrräder sowie Fahrzeuge, teilweise mit E-Ladestation.

Das Büro der Gruppe GME Architekten aus Bremen entwickelte für das Gebäude eine zeitgemäße Architektur mit stadtgeschichtlicher Substanz durch einen vertikal gegliederten Baukörper. Städtebaulich bildet das Gebäude mit den giebelständigen Gebäudeteilen eine räumliche Kante an der Ecke Strichweg und Strandstraße. Die Materialauswahl fiel auf die für die Umgebung ortstypischen Verblender und spricht daher die architektonische Sprache der Region.

DREI HOTEL-APPARTEMENTTYPEN

Die 1-Zimmer-Appartements bieten ein kombiniertes Wohn-/Schlafzimmer mit einem komfortablen Doppel-Boxspringbett, einer vollausgestatteten Einbauküchenzeile inklusive Backofen sowie Internet-TV und WLAN. Der Platzbedarf eignet sich ideal für Einzelpersonen oder Paare, die eine kompakte und gut ausgestattete Hotelunterkunft suchen. Die 2-Zimmer-Appartements verfügen über ein separates Schlafzimmer in Kombination mit einem geräumigen Wohnzimmer mit einer weiteren Schlafmöglichkeit. Hier fühlen sich Paare und kleine Familien wohl. Mit einem Eltern- und Kinderzimmer sowie einem großzügigen Wohnzimmer wird das 3-Zimmer-Appartement die passende Urlaubsadresse für Familien oder kleinere Gruppen. Wie in allen Hotelräumlichkeiten rundet ein modernes Badezimmer, bei den 3-Zimmer-Appartements zusätzlich mit einem zweiten WC, den Komfort ab.

Überwasser Appartements: Die 2-Zimmer-Appartements verfügen über ein separates Schlafzimmer in Kombination mit einem geräumigen Wohnzimmer mit einer weiteren Schlafmöglichkeit
Abb.: Kathmann Projekte GmbH, Bremen

MODERNE EIGENTUMSANLAGE ELB-SAND, CUXHAVEN

Mit der Eigentumsanlage Elb-Sand entsteht in Cuxhaven nahe der Elbpromenade und dem Lotsenviertel eine kleine, moderne Wohnanlage um einen herrlich ruhigen Hof an der Marienstraße. Die 14 komfortablen Wohnungen bieten ein unvergleichliches Wohnerlebnis nahe

Wohngebäude Elb-Sand, Cuxhaven: Architekt Günther Bergmann entwarf den zweigeschossigen Baukörper mit Dachgeschoss in einer regional traditionellen Fassadengestaltung
Abb.: Kathmann Projekte GmbH, Bremen

Wohngebäude Elb-Sand, Cuxhaven: Innovative Grundrisslösungen vereinen sich mit modernem Design
Abb.: Kathmann Projekte GmbH, Bremen

der Elbmündung an der Kugelbake. Gastronomieangebote, Einkaufsmöglichkeiten und der „Grünstrand" der beliebten „Grimmershörn-Badebucht" liegen fußläufig entfernt. Ebenfalls auf kurzen Wegen ist die „Alte Liebe" über die Elbpromenade zu erreichen. Der Logenplatz am meist befahrenen Schifffahrtsweg Europas ist nur einen Katzensprung von den Eigentumswohnungen entfernt. Mit seiner Entwicklung vom kleinen Fischerdorf bis zur idyllischen Hafenstadt zählt Cuxhaven heute rund 50.000 Einwohner. Die einmalige Lage direkt am Wattenmeer mit einem Klima, das durch Wasser, Sand, klare Seeluft und einem Lichtspiel von Wolken und Sonne geprägt ist, wirkt erholsam auf Geist und Körper.

Architekt Günther Bergmann entwarf den zweigeschossigen Baukörper mit Dachgeschoss in einer regional traditionellen Fassadengestaltung, die modernes Design mit innovativen Grundrisslösungen ver-

bindet. Sie teilen sich in 2- bis 3-Zimmer-Wohnungen zwischen rund 41 m² und rund 85 m² auf. Aufgrund der exponierten Lage eignen sich die Einheiten sowohl für Eigennutzer als auch für Kapitalanleger. Alle Wohnungen verfügen über einen Balkon oder im Erdgeschoss über eine Terrasse und eine hochwertige Ausstattung mit modernen Sanitärobjekten. Um das Konzept abzurunden, verfügt die Wohnanlage über barrierefreie Zugänge mit Video-Gegensprechanlagen, Fahrradstellplatz, Müllboxen und Aufzug sowie über weitere Annehmlichkeiten.

Das Gebäude teilt sich in zwei Gebäudeteile, die sich spiegeln. So liegen im Erdgeschoss jeweils zwei sich ähnelnde Wohneinheiten und im Obergeschoss jeweils drei Wohneinheiten sowie im Dachgeschoss nochmals jeweils zwei Wohneinheiten.

Wohngebäude Elb-Sand, Cuxhaven: Alle Bäder sind hochwertig ausgestattet
Abb.: Kathmann Projekte GmbH, Bremen

-Projekt „Überwasser Appartements, Cuxhaven"
Bauherr:
Kathmann Projekte GmbH, Bremen
Architektur:
Gruppe GME Architekten BDA, Bremen
Generalunternehmer:
B. Kathmann Bauunternehmung GmbH u. Co. KG, Bremen

-Projekt „Wohngebäude Elb-Sand, Cuxhaven"
Bauherr:
Kathmann Projekte GmbH, Bremen
Architektur (Lph. 1 – 4):
Dipl.-Ing. Günther Bergmann, Osterholz-Scharmbeck
Generalunternehmer:
B. Kathmann Bauunternehmung GmbH u. Co. KG, Bremen

Partner am Bau:
- Backhaus Garten- und Landschaftsbau GmbH
- Kemner Fenster + Türen GmbH
- Bargmann & Partner GmbH
- Metall & Glas Sosath & Lippa GmbH

Backhaus Garten- und Landschaftsbau GmbH

Unsere Kernaufgaben umfassen den **Bau**, sowie die **Umgestaltung** und **Pflege** von Freianlagen jeglicher Art. Wir arbeiten sowohl im **öffentlichen** wie auch im **privaten** Bereich.

Seit Gründung am 01. Juni 1985 als Backhaus Garten- und Landschaftsbau GmbH haben wir uns in der Region in und um Bremerhaven und Bremen mit maßgeschneiderten Qualitätsleistungen einen Namen gemacht. Unsere 50 Mitarbeiter und Auszubildenden setzen sich dabei stets für die Kundenwünsche ein.

Kern unserer Arbeit ist das gesunde Verhältnis von Ökonomie und Ökologie. Die bei allen Kunden bekannte Backhaus-Qualität ist der Maßstab für jedes neue Projekt. Dieses Niveau wird durch zugeschnittene Projektleistungen und regelmäßige Schulungen unserer Fachkräfte erreicht. Nur so wird aus einem Garten ein Erholungsgarten und aus der Natur ein Ort der Anziehungskraft, angepasst an die jeweiligen Bedürfnisse ihrer Besitzer. Die **Umsetzung öffentlicher Projekte** ist unser Spezialgebiet. Im Zuge der wachsenden Nachfrage nach attraktiven Standorten innerhalb der Städte und dem Bedürfnis nach Erholung und Ästhetik bieten wir einen **Rundum-Service** an.

Von der vorgegebenen Planung der Landschaftsarchitekten und Ausführung von Privat- und Wohngrünflächen, Sportanlagen, Kindergärten, Seniorenzentren bis hin zum Gewerbegarten mit imageförderndem Charakter.

Wir sind ein zertifizierter Klima- und Umweltschutzbetrieb. Als eingetragenes Mitglied im Verband Garten-, Landschafts- und Sportplatzbau Niedersachsen-Bremen e.V. sowie als Ausbildungsbetrieb für Gärtner/innen Fachrichtung Garten- und Landschaftsbau, Mitglied der Gütegemeinschaft Güteschutz Kanalbau bauen wir unsere Qualitätsmaxime systematisch und kundenorientiert aus.

Backhaus Garten- und
Landschaftsbau GmbH
Dieselstr. 12 in Bremerhaven
Telefonnr.: 0471-944670
www.backhaus-gartenbau.de

Backhaus Garten- und
Landschaftsbau GmbH
Dieselstr. 12 in Bremerhaven
Telefonnr.: 0471-944670
www.backhaus-gartenbau.de

Anzeige

KEMNER FENSTER+TÜREN

individuelle Fenster & Türen

Haustüren | Rollläden | Sonnenschutz

Bad Bederkesa | 27624 Geestland | Tel. 0 47 45 / 94 92-0
info@kemner-fenster.de · www.kemner-fenster.de

Tiefbauer mit Garantie für Qualität und Zuverlässigkeit

Selsinger Str. 18, 27432 Bremervörde - Bevern, Tel. 04767 3334663, info@bargmannundpartner.de, www.bargmannundpartner.info

EDON

Wir entwickeln individuelle **Software- und App-Lösungen für Sie!**

www.edon.it

Lieber selbst gemacht? **papayabox.io**
Eine eigene App kreieren ohne Programmierkenntnisse mit unserer Plattform zur visuellen Entwicklung nativer Apps.

Spielerisch Architektur eine Identität geben

Die einfarbigen Feinsteinzeug-Fliesen der Kollektion „Play" ermöglichen einzigartige Boden- und Wandgestaltungen voller Ästhetik

Die einfarbigen Feinsteinzeug-Fliesen lassen sich spielerisch leicht auf großen Raumflächen anordnen und erzeugen geradlinige Klarheit
Abb.: Quelle Ceramiche Refin

Der Name der neuen Kollektion „Play" von Ceramiche Refin ist Programm. Die einfarbigen Feinsteinzeug-Fliesen lassen sich spielerisch leicht auf großen Raumflächen anordnen und erzeugen geradlinige Klarheit. Sie zeichnen sich durch ein kraftvolles Design aus, das Ruhe und Harmonie ausstrahlt und den Raum optisch vergrößert. Mit dieser Serie kreiert der italienische Keramikspezialist Ceramiche Refin einzigartige Boden- und Wandgestaltungen voller Ästhetik.

Wie aus einem Guss gefertigt, wirken die Fliesen in rasterartiger Anordnung. Sie halten sich dezent im Hintergrund und setzen zugleich ein minimalistisches Statement. Raumprägend und integrierend – das macht „Play" aus. Die Fliesen unterstreichen die Geometrie der sie umgebenden Räumlichkeiten und ergeben im Zusammenspiel eine ebenmäßige Oberfläche.

Der satten Farbgebung der Fliesen liegt ein spezielles Herstellungsverfahren zugrunde: solid colour tile. Damit lassen sich perfekte homogene Farboberflächen ohne grafischen Effekt oder Musterung realisieren. In Kombination mit der lichtechten Färbung entsprechen die Feinsteinzeug-Platten höchsten Ansprüchen und können auch als Grundlage für Bodenbeläge im Freien oder als Außenwandfassade eingesetzt werden.

Erhältlich in sechs ausgewählten matten Farben, erfüllt die Kollektion „Play" jegliche Designanforderungen für Böden und Wände. Von puristischer Reinheit bis hin zu repräsentativer Eleganz – die authentischen Töne White, Grey, Graphite, Black, Beige und Greige kreieren mal sehr hell und mal sehr dunkel, in wärmeren und kälteren Nuancen, Räume mit ausdrucksstarker Identität.

Ob innen oder außen – die Fliesen machen im gewerblichen und öffentlichen Bereich eine ebenso gute Figur wie im privaten. Sie setzen sich zu einer einheitlichen Fläche zusammen, die eine visuell wirkungsvolle Atmosphäre erzeugt. Aus den natürlich schönen Farbtönen ergeben sich harmonische szenische Effekte und absolute Freiheit für die Gestaltung der Einrichtung.

Dank der besonderen Qualität der Feinsteinzeug-Fliesen heben sie sich durch hohe Materialleistungen wie Strapazierfähigkeit und Umweltverträglichkeit hervor. Eine sichere Nutzung wird durch ihre rutsch-, abrieb- und feuerfesten Eigenschaften gewährleistet. Daneben weist „Play" durch das spezifische Pressverfahren eine sehr geringe Porosität auf – dadurch wird Rissbildung vermieden. Die Beschaffenheit des Materials garantiert darüber hinaus perfekte Beständigkeit bei Temperaturwechseln.

Mit „Play" gelingt Ceramiche Refin der Spagat zwischen schlichtem Design und starker visueller Wirkung.

Raumprägend und integrierend – das macht die Kollektion „Play" aus
Abb.: Quelle Ceramiche Refin

Neubauten, Revitalisierungen und Interior

DREI HÖFE in Oldenburg / HIIVE Hotel in Oldenburg / Gulfhof – NOORD in Carolinensiel / SILT & SAND auf Langeoog / Umbau und Aufstockung eines alten Gaswerks zum Sitz der Staatsanwaltschaft Verden / Havekant U-Hof 3 in Oldenburg / Wohn- und Geschäftshaus Haarenstraße in Oldenburg

DREI HÖFE: In dem Mixed-Used-Quartier, das in zentraler Lage zwischen Oldenburger Innenstadt, Hafen und Hauptbahnhof liegt, ist das Designhotel HIIVE eingezogen
Abb.: Olaf Mahlstedt

Auch in dieser Ausgabe wird über realisierte und geplante Projekte des Architekturbüros ANGELIS & PARTNER berichtet. Die Bandbreite zeigt innovative Lösungen aus den Bereichen Wohn-, Gewerbe- und Verwaltungsbauten auf. Die realisierten Hotelprojekte umfassen sowohl Neubauten als auch Erweiterungen und liefern Einblicke in den Kompetenzbereich Interior.

STADTQUARTIER DREI HÖFE, OLDENBURG

In zentraler Lage, zwischen Oldenburger Innenstadt, Hafen und Hauptbahnhof schließen die DREI HÖFE eine ehemalige Baulücke. Das gemeinsam von ANGELIS & PARTNER und NEU_FUNDLAND Projektentwicklung geplante Quartier belebt als ein Stück Stadtreparatur seine Umgebung mit einer vielfältigen Mischnutzung und setzt neue Impulse für die Stadtentwicklung. Die drei Innenhöfe vernetzen den Gebäudekomplex mit dem gewachsenen Umfeld und bieten zugleich eine besondere Aufenthaltsqualität.

Zu der vielfältigen Nutzung des Mixed-Used-Projektes gehören Gewerbeflächen, moderne Gastronomie- und Einzelhandelsflächen, großzügige Wohnungen, Büroräume sowie – als zentraler Bestandteil – das Designhotel HIIVE mit 100 Zimmern.

Im 2. und 3. Obergeschoss sind auf ca. 2.500 m² Büroflächen entstanden, die als moderne Open-Space-Arbeitswelten gestaltet und in unterschiedlichen Größen zu beziehen sind. Die 1.500 m² der obersten Etage sind 13 hochwertig ausgestatteten Penthouse-Mietwohnungen mit privaten Dachterrassen vorbehalten.

HIIVE HOTEL, OLDENBURG

Für das HIIVE Hotel wurde auf drei Etagen ein urbanes Konzept mit Wellness- und Tagungsbereich auf ca. 4.000 m² umgesetzt. Angrenzend an die Hotellobby mit Bar und Frühstücksbereich erweitert im Erdgeschoss ein Restaurant das Gastronomieangebot.

Neben der Architektur für das Gesamtgebäude zeichnet ANGELIS & PARTNER auch für das Interior Design des Hotels verantwortlich. Durch das Hotel zieht sich ein durchgängiges Designkonzept, das auf na-

HIIVE Hotel, Oldenburg: Das HIIVE ist das erste Hotel der HIIVE Experience Hotels. Das zweite Hotel, das NOORD in Carolinensiel, wurde im August 2024 eröffnet
Abbildungen: Ulf Duda

NOORD Hotel, Carolinensiel: Auch in diesem Hotel werden entsprechend dem Standard in jedem HIIVE Experience Hotel wertige Designmarken mit maßgeschneiderten Tischlerlösungen und edlen Stoffen kombiniert Abb.: Ulf Duda

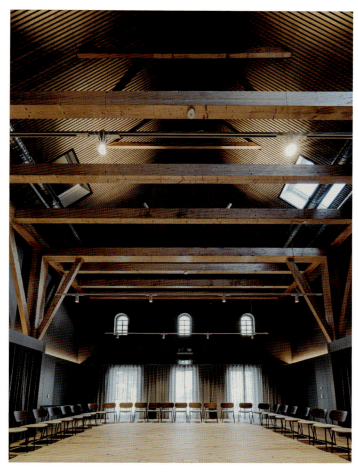

türliche Materialien, gedeckte Farben und eine warme Atmosphäre setzt. Alle Zimmer, von puristischen Doppelzimmern bis hin zu großzügigen Suiten mit Wohnbereich, Badewanne und Pantryküche, können sich durch eine lichtdurchflutete Atmosphäre, harmonische Materialzusammenstellungen und Farbkontraste auszeichnen.

Ein subtiler Bezug zum Hotelnamen HIIVE (deutsch: Bienenstock), der eine bewusste Nähe zur Natur und Umwelt symbolisiert, zieht sich durch das gesamte Design. Der Mittelpunkt des Hotels ist die Lobby, die nahtlos in die Hotelbar übergeht. Die offene Gestaltung der Bar lädt Gäste und OldenburgerInnen gleichermaßen dazu ein, sich wohlzufühlen. Die verglaste Fassade ermöglicht es, dass das Innere im Sommer fließend in den Außenbereich übergeht und eine einladende Atmosphäre schafft.

NOORD HOTEL, CAROLINENSIEL

In Carolinensiel ist direkt an der Harle zwischen Friedrichsschleuse und der Cliner Quelle eine Hotelanlage entstanden. Herz des Ensembles ist ein alter Gulfhof. Der Anfang des 20. Jh. gebaute Wohnhausteil des Gulfhofs wurde saniert und um einen Neubau erweitert. Das Bestandsgebäude bietet nach umfassender Restaurierung nun großzügig gestaltete Räume für Gastronomie und Veranstaltungen.

Das Hotel besteht aus einem Hauptgebäude und drei kleineren Gästehäusern, die insgesamt 300 Betten in 137 Appartements unterschiedlicher Größe aufnehmen. Zwischen den Gebäudeflügeln ist ein großzügiger, dreiseitig geschlossener Hof entstanden, in dem sich ein an die Hotellobby angrenzender Außenbereich befindet. Eingebettet ist das Ensemble in eine Grünanlage, die mit dem angrenzenden Kurpark verschmilzt.

NOORD Hotel, Carolinensiel: Der Fischerort Carolinensiel ist schon lange nicht mehr nur Zwischenstopp auf dem Weg nach Wangerooge. Das neue NOORD Hotel bietet Zimmer und Appartements verschiedenster Größe und Ausstattung Abb.: Ulf Duda

ANGELIS & PARTNER Architekten mbB   Öffentliche Bauten / Sanierung / Wohn- und Geschäftsbauten / Gewerbebauten

SILT & SAND Hotel, Langeoog: Die Lage direkt in den Dünen und am Strand und die zeitgemäße wie stilvolle Ausstattung des Hotels werden Gästen auf Langeoog ab Frühsommer zu Verfügung stehen

Visualisierungen: Angelis & Partner/Architektur: HS-Architekten PartGmbB

SILT & SAND HOTEL, LANGEOOG

Als 3. Haus der HIIVE Experience Group entsteht derzeit auf Langeoog das Beachhotel Silt & Sand.
ANGELIS & PARTNER ist für das Interior Design der neuen Ferienimmobilie verantwortlich.

STAATSANWALTSCHAFT, VERDEN

Im Auftrag der Stadt Verden (Aller) wurde das ehemalige Meyer-Gebäude umgenutzt, aufgestockt und saniert.
Bei dem Industriegebäude, das 1949 als Gaswerk errichtet wurde, handelt es sich um einen riegelartigen, drei- bis viergeschossigen Klinkerbau, der mittig durch einen Turm akzentuiert wird. Das zuletzt leer stehende Gebäude an der Aller wurde von 2019 bis 2024 zu einem Bürogebäude für die Staatsanwaltschaft Verden umgebaut.
Dafür wurde eine komplette Entkernung durchgeführt und eine Ausstattung mit neuer Tragstruktur und neuen Geschossdecken vorgenommen. Die ortsbildprägende Backsteinfassade blieb nahezu unverändert erhalten. Durch die Aufstockung des Westflügels um ein Geschoss in Leichtbauweise und den Einbau von Gauben in den Dachgeschossflächen des Ostflügels entstanden für 100 Mitarbeitende der Staatsanwaltschaft im ganzen Gebäude helle Arbeitsplätze mit Industriecharme.
Im Zuge des Umbaus ist das Gebäude entsprechend den aktuellen Vorgaben energetisch saniert worden. Dies beinhaltet eine vollständige mechanische Belüftung sowie Heizung und Kühlung über Bauteilaktivierung.

Staatsanwaltschaft Verden: Die ortsbildprägende Backsteinfassade des 1949 errichteten Industriegebäudes blieb trotz der umfassenden Umbauarbeiten weitgehend erhalten
Abb.: Olaf Mahlstedt

Staatsanwaltschaft, Verden: Die Aufstockung des Westflügels durch ein Geschoss ist zurückhaltend und die Bausubstanz achtend erfolgt
Abb.: Olaf Mahlstedt

Öffentliche Bauten / Sanierung / Wohn- und Geschäftsbauten / Gewerbebauten   ANGELIS & PARTNER Architekten mbB

Havekant – U-Hof 3: Über dieses Neubauvorhaben berichten wir auch ausführlich ab Seite 64 in dieser Ausgabe
Abb.: Olaf Mahlstedt

HAVEKANT – U-HOF 3

Die Entwicklung des Oldenburger Stadthafens ist mit der Bebauung auf der Südseite in seine zweite Phase gegangen. Hier hat KUBUS Immobilien ein durchmischtes, innenstadtnahes Quartier am Wasser mit Wohnungen, Büros und Gastronomie gebaut.

Das Architekturbüro ANGELIS & PARTNER war mit dem Entwurf und der Ausführung eines ambitionierten Konzeptes betraut: Das im Sommer 2024 fertiggestellte, u-förmige Gebäudeensemble widmet sich ganz dem Thema „Neues Wohnen und Arbeiten". Dabei greifen die Flächen für Coliving- und Coworking-Angebote ineinander und erzeugen so einen innovativen, urbanen Komplex, der sich über seine Funktionen und den öffentlichen Innenhof stark mit dem Stadtraum verzahnt.

Wohn- und Geschäftshaus Haarenstraße, Oldenburg: Der Neubau wird gemäß der historischen Parzellenteilung wieder in zwei giebelständige Häuserbreiten unterteilt
Abb.: Angelis & Partner

Havekant – U-Hof 3: Die weiten Ausblicke auf die Kulisse des Oldenburger Stadthafens überzeugen
Abb.: Olaf Mahlstedt

WOHN-UND GESCHÄFTSHAUS HAARENSTRASSE, OLDENBURG

Auf einem 565 m² großen Grundstück in der Oldenburger Haarenstraße 54 – 55 plant das Architekturbüro ANGELIS & PARTNER ein neues Wohn- und Geschäftshaus. Mit der Schaffung von zeitgemäßen Wohn- und Gewerbeflächen soll zur Belebung der Fußgängerzone beigetragen und somit auch wieder verstärkt Einzelhandel angezogen werden. Eine Umnutzung der Bestandsgebäude kam aufgrund des Zustands der Substanz nicht in Frage.

In den drei Obergeschossen sind insgesamt acht barrierefreie Wohnungen mit jeweils drei Zimmern und Wohnflächen von 86 m² bis 113 m² geplant.

Planender Architekt:
ANGELIS & PARTNER Architekten mbB, Oldenburg

Bauherr
- Projekt „DREI HÖFE, Oldenburg"
NBO Entwicklungsgesellschaft mbH, Oldenburg
- Projekt „HIIVE Hotel Oldenburg"
HIIVE Hotels Group GmbH, Oldenburg
- Projekt „NOORD Hotel, Carolinensiel"
Norddeutsche Bau NB GmbH & Co. KG, Oldenburg
- Projekt „Gulfhof, Carolinensiel"
Norddeutsche Bau NB GmbH & Co. KG, Oldenburg
- Projekt „Silt & Sand Hotel, Langeoog"
HIIVE Hotels Group GmbH, Oldenburg
- Projekt „Staatsanwaltschaft Verden"
Stadt Verden
- Projekt „Havekant – U-Hof 3, Oldenburg"
Hafenkante U-Hof 3 GmbH, Bremen
- Projekt „Haarenstraße 54 – 55, Oldenburg"
LUMARIS Deutschland GmbH, Bremen

Partner am Bau:
- Hambrock Bauplanung GmbH

- Meinardus + Tapken Stahl- und Metallbau GmbH
- Alfred Döpker GmbH & Co. KG
- Freytag & v. d. Linde Projekt-, Management- und Baugesellschaft mbH & Co. KG
- Metall & Glas Sosath & Lippa GmbH
- Uwe Thormählen GmbH
- Björn Knuth Trocken- & Akustikbau GmbH & Co. KG
- Ponel Bau GmbH
- Sonnenschutz-Partner GmbH
- Theodor Schulte GmbH
- OP Engineers GmbH
- Christoffers GmbH
- Hartec GmbH
- Ingenieurberatung Bröggelhoff GmbH

Anzeige

Hambrock Bauplanung GmbH
Architektur - und Ingenieurbüro

Unser Leistungsprofil:
- Architektur
- Bauleitung
- Brandschutz
- Fachbauleitung Brandschutz
- Generalplanung

Hambrock Bauplanung GmbH
Architektur- und Ingenieurbüro

Eylersweg 12
26135 Oldenburg
Telefon: (0441) 500 14 0
Telefax: (0441) 500 14 10
info@hambrock-bauplanung.de
www.hambrock-bauplanung.de

Über 30 Jahre erfolgreich im Stahl- und Metallbau

Seit der Gründung im Jahr 1994 haben wir unseren Betrieb stetig erweitert und modernisiert und bieten so unseren 30 qualifizierten Mitarbeitern sowie unseren Auszubildenden ein Arbeitsumfeld, in dem sie die Aufträge zügig und fachgerecht umsetzen. Geführt von Walter Tapken, sind wir nach wie vor ein Familienbetrieb, in dem inzwischen auch der Sohn Jonte Tapken als Metallbaumeister tätig ist.

Zertifiziert nach EN 1090, technisch auf dem neuesten Stand, arbeiten wir kundenspezifisch und nicht in Serienfertigung. Unsere Konstruktionen aus Stahl und Metall werden individuell im Werk geplant – inklusive 3D-Zeichnungen – und gefertigt. Zu unseren Kunden zählen Privatkunden ebenso wie Industrie und öffentliche Hand.

Ob Treppen oder Treppenanlagen, Balkone, Überdachungen, Hallen oder Lofttüren – profitieren Sie von unserer Erfahrung und Kompetenz bei der Planung und Ausführung Ihrer Bauvorhaben!

Meinardus + Tapken
Stahl- und Metallbau GmbH
Max-Planck-Straße 12, 26919 Brake
Tel. 04401/82678, Fax 04401/82679
info@metallbau-mt.de, www.metallbau-mt.de

Anzeige

Schlüsselfertige Sicherheit

Bauunternehmen Alfred Döpker baut auf die Bauwerksdatenmodellierung (BIM) – mit großem Effizienzvorteil für alle Beteiligten

Alfred Döpker zeigt, wie digitale Modelle die Bauprozesse effizienter, sicherer und transparenter machen   Abb.: Quelle Alfred Döpker GmbH & Co. KG, Oldenburg

Generalunternehmen stehen heute vor einer großen Aufgabe: Sie müssen ihre Projekte nicht nur immer schneller, sondern auch kostengünstiger schlüsselfertig realisieren – ohne qualitative Abstriche. Das gelingt jedoch nur, wenn alle Zahnräder genau ineinandergreifen. Das Oldenburger Bauunternehmen Alfred Döpker kalkuliert aus diesem Grund modellbasiert und setzt hierzu schon seit Jahren auf eine zeitgemäße und durchgängige Planungsmethode: Building Information Modeling (BIM).

Mit der digitalen Methode bündelt das Team die anfallenden Datenmengen und hält alle Informationsstände aktuell. Der Vorteil: Mehrkosten werden vermieden, da Fehler früher auffallen – zugunsten eines deutlichen Effizienzgewinns.

Das Modell umfasst alle relevanten Projektdaten – von der Geometrie bis hin zu den Materialien. Sämtliche technischen Zeichnungen wie Ansichten, Grundrisse und Schnitte können direkt aus dem Gebäudemodell abgeleitet werden. Dies spart Zeit und reduziert die Fehlerquote. Zudem ermöglicht das Modell präzise digitale Prüfungen und Analysen – so wird durch die interne standardisierte, regelbasierte Modellprüfung die Qualität gewährleistet und die Zusammenarbeit verbessert.

Doch der vielleicht größte Vorteil ist wohl: Planer, Ingenieure, Handwerker und Hausbetreiber können gleichzeitig und ortsunabhängig auf das Modell zugreifen und daran arbeiten. So fördert das Verfahren nicht nur die Transparenz, sondern erhöht auch die Planungssicherheit. Döpker stellt die Modelle hierfür allen Partnern bei Bedarf zur Verfügung.

Auf dem Gebiet der Bauwerksdatenmodellierung ist dem Unternehmen eine Pionierrolle in der Region nicht abzusprechen: Schon 2014 hatte Döpker ein eigenes BIM-Team aufgebaut, das seitdem beständig gewachsen ist und die digitale Transformation weiter vorangetrieben hat. Denn mit den Kernkompetenzen Schlüsselfertiges Bauen und Bauen im Bestand hat Döpker bereits zahlreiche Projekte erfolgreich realisiert, u. a. bedeutende Bauvorhaben in der Überseestadt-Bremen, das NOORD in Carolinensiel oder die DREI HÖFE in Oldenburg. Dabei setzt das Unternehmen BIM nicht nur bei Neubauprojekten ein, sondern auch bei der Bestandsaufnahme und Modernisierung bestehender Gebäude.

„Mit unserer Erfahrung wollen wir unseren Kunden für jedes große Bauvorhaben die bestmöglichen Lösungen bieten", betont Christian Schaefer, geschäftsführender Gesellschafter bei Döpker. BIM ist auf diesem Weg für ihn ohne Frage ein entscheidendes Verfahren geworden. Die Zukunft des Bauens hat begonnen – und Alfred Döpker ist ganz vorne mit dabei.

Dank digitalem 3D-Gebäudedatenmodell kann der Bauherr das geplante Gebäude virtuell vorab besichtigen   Abb.: Quelle Alfred Döpker GmbH & Co. KG, Oldenburg

Alfred Döpker GmbH & Co. KG, Bauunternehmen
Ekernstraße 62, 26125 Oldenburg
Tel. 0441/9 39 91-0

No entry!

Zutrittskontrolle perfekt gemanagt / Zugang mehrerer Personen zu verschiedenen Zeiten und zu verschiedenen Bereichen

Elektronische Türterminals wie „milock Focus" und das umfangreiche Programm der Miditec-Zutrittsleser bilden die Grundlage für ein effizientes Access-Management
Abb.: Miditec

Schlüssel – zu analog für den digitalen Wandel? In Zeiten von globaler Vernetzung, digitalem Fortschritt und Datenschutzgrundverordnung sind Unternehmen mehr denn je darauf angewiesen, sich dem Thema Zutrittskontrolle zu widmen. Dabei gilt es sowohl den Sicherheitsaspekt zu berücksichtigen als auch unterschiedliche Berechtigungen zu verteilen. Überall dort, wo der Zugang mehrerer Personen zu verschiedenen Zeiten und zu verschiedenen Bereichen geregelt werden muss, führt kein Weg an einem elektronischen Zutrittsmanagement-System vorbei. Miditec Datensysteme GmbH bietet komplexe Hard- und Software-Lösungen für eine effiziente Steuerung.

KOMPAKTE SCHLIESSSYSTEME

Größtmögliche Sicherheit und Kontrolle in Gebäuden erfordern ständige Weiterentwicklung und innovative Technologien. Mechanische Zylinder mit Schlüssel stoßen hier an ihre Grenzen. Elektronische Türterminals wie milock Focus und das umfangreiche Programm der Miditec Zutrittsleser klammern diese Nachteile aus und bilden die Grundlage für ein effizientes Access-Management.
Sowohl das batteriebetriebene Focus-System als auch die Wandleser unterstützen das berührungslose Kartenleseverfahren MIFARE und sind optional mit Bluetooth Low Energy (BLE) ausgestattet. Über eine integrierte Bluetooth-Schnittstelle im Smartphone sind Schlösser somit per App steuerbar. Als mobiles Zugangssystem kann die App Mroomote von Miditec auch als Anwendung in bestehende Apps integriert werden.

Speziell für das Hotelgewerbe können die Online-Leser mit illuminierten Zimmernummern sowie Zustandsanzeigern für Serviceleistungen wie „Do not disturb" (DND) und „Make up room" (MUR) ausgestattet werden
Abb.: Miditec

Durch die kontaktlose Entriegelung via Chipkarte oder per App erfüllen die modernen Schließsysteme nicht nur hohe Anforderungen an Komfort und Sicherheit, sondern bieten auch die Möglichkeit, zwischen unterschiedlichen Nutzerlizenzen zu differenzieren. Zutritt erhalten nur Inhaber von Chipkarten oder mobiler Software mit entsprechenden Berechtigungsprofilen.
Beim batteriebetriebenen Focus-System verriegelt das Schloss beim Einschnappen automatisch, dank Anti-Panik-Funktion lassen sich die Türen jedoch jederzeit von innen öffnen. Die kabellose Technik des Terminals bietet einen geringen Montageaufwand, auch im bestehenden Bau. Elektronik und Sperrmechanik befinden sich im Inneren der Tür, während die Lese-Rosette außen montiert ist, wodurch die Schlösser höchsten mechanischen Belastungen standhalten.

INDIVIDUELLE LÖSUNGEN

Kompakte Zutrittsleser sowie Zeitterminals in zahlreichen Varianten bieten für jedes Objekt die passende Hardware-Lösung und werden somit allen individuellen Anforderungen gerecht.
Egal ob in Krankenhäusern, Apotheken, Flughäfen, Banken, Rechenzentren oder Hotels – komplexe Gebäude mit komplexen Anforderungen erfordern neben sicheren Schließsystemen smarte, individualisierbare Lösungen. Mit dem Software-Modul MTZ Access von Miditec können Zutrittsrechte räumlich und zeitlich reglementiert, protokolliert und verwaltet werden.
Weitere Informationen:
MIDITEC Datensysteme GmbH, 28359 Bremen

Erweiterungsbauten für Bildung und Verwaltung

Erweiterungsgebäude Tellkampfschule in Hannover / Rathauserweiterung und Bestandssanierung in Springe / Erweiterung Otto-Hahn-Gymnasium in Göttingen

Tellkampfschule, Hannover: Als Solitär zwischen Aula-Gebäude und „Schulwäldchen" am Geländeübergang zu den Sport- und Spielflächen fügt sich der Neubau harmonisch in das Ensemble der Tellkampfschule ein
Abb.: Frank Aussieker

TELLKAMPFSCHULE, HANNOVER

Die denkmalgeschützten Bestandsgebäude der im Jahr 1956 errichteten Tellkampfschule am Altenbekener Damm nahe dem Maschsee sind geprägt von frei im Gelände stehenden Einzelbaukörpern mit altem Baumbestand. Verbunden werden diese Gebäude nur durch untergeordnete, teils offene Gänge. Die Wiedereinführung des Abiturs nach 13 Jahren (G9) erforderte zusätzliche Räume am dreizügigen Gymnasium.

Der Fachbereich Gebäudemanagement der Landeshauptstadt Hannover hat in Zusammenarbeit mit dem Büro SEP Architekten aus Hannover in rund zwei Jahren für das Gymnasium ein Erweiterungsgebäude errichtet. Zuvor war der bestehende Verwaltungstrakt umfangreich grundsaniert worden.

Der kompakte viergeschossige Baukörper, der im südlichen Grundstücksbereich der Schule 2023 fertiggestellt wurde, zeichnet sich durch Multifunktionalität und natürliche Materialität aus. Der nachhaltige Neubau beherbergt Biologieräume, acht allgemeine Unterrichtsräume, zugehörige Differenzierungsräume, die SchülerInnenbibliothek und eine hauswirtschaftliche Küche für Kinder mit Bedarf an sonderpädagogischer Unterstützung. Im Untergeschoss sind Archiv- und Lagerflächen, die Sanitäranlagen sowie die Gebäudetechnik untergebracht.

Eine offene Lernlandschaft, die sich über eine großzügige Treppe bis in die Obergeschosse erstreckt, ist das Herz des Neubaus. Sie dient als Aufenthaltsort für SchülerInnen und für das Arbeiten in Kleingruppen. Die Unterrichtsräume sind jeweils um eine Lernzone angeordnet, die als Erweiterung der Haupterschließung im Zentrum jeder Etage gelegen ist.

Belange der Barrierefreiheit und Inklusion (Erschließung, Toilettenanlagen, Raumakustik, Beleuchtungsstärke) sind in Planung und Realisierung des kubischen Neubaus ebenso eingeflossen wie die Berücksichtigung ökologischer Aspekte (extensiv begrüntes Flachdach, Solarstromanlage oder fassadenintegrierte Nisthilfen für Fledermäuse und Mauersegler).

Tellkampfschule, Hannover: Sonderfenster in der Lernlandschaft bieten großzügige Blicke nach außen
Abb.: Frank Aussieker

Rathauserweiterung, Springe: Der zentrale Platz wird durch die historische Domänenmauer, die Ausrichtung der Remise, des Museums, des neuen Bürgersaals und des neuen Rathauses gefasst   Abb.: nsp landschaftsarchitekten stadtplaner/SEP Architekten

RATHAUSERWEITERUNG, SPRINGE

Das Architekturbüro SEP Architekten hat den Realisierungswettbewerb für den „Erweiterungsbau Rathaus Springe" gewonnen. Die neuen Gebäude für Rathauserweiterung und Bürgersaal wurden als bauliche Ergänzung des bestehenden Ensembles als steinerne Baukörper mit geneigtem Dach entwickelt. Durch die Weiterführung von Maßstab, Proportion und Trauflinien sowie die Interpretation aus dem Bestand entlehnter Details, wie der Rahmung der Öffnungen mit Faschen, gelingt die sensible Einfügung der neuen Stadtbausteine in den historischen Kontext. Auf eine Unterkellerung wird in sämtlichen Bereichen konsequent verzichtet.

Durch die Verwendung eines beige-grauen Wasserstrichziegels als Fassadenmaterial und einer im Farbkonzept der Fassade entwickelten Indach-Photovoltaikanlage entsteht ein ruhiges, prägnantes Gebäude mit Wiedererkennungswert. Im Erdgeschoss öffnen sich die öffentlichen Funktionen wie Bürgerbüro und Marketing mit dem Hauptzugang zum Platz. Die Verknüpfung des Neubaus mit dem Bestandsrathaus gelingt über die Anordnung des Nebeneingangs für Mitarbeiter vis à vis zum bestehenden Rathaus. Die innere Ordnung der Bürogeschosse ist sehr klar und übersichtlich konzipiert. Durch offene Raumzonen im Flurbereich, Transparenz, Durchblicke und großzügige Fensteröffnungen werden moderne, freundliche Arbeitsbedingungen sichergestellt. Zwischen Museum, Remise sowie den Neubauten für Rathauserweiterung und Bürgersaal entsteht ein großzügiger, offener Platz mit besonderer Identität, der eine hohe Aufenthaltsqualität für Bürgerinnen, Bürger und Gäste der Stadt Springe erwarten lässt.

Rathauserweiterung, Springe: Das neue Gebäude zeigt sich mit einer klaren Fassadenstruktur und großzügiger Öffnung zum Platz
Abb.: MACINA digital film/SEP Architekten

In der unter Denkmalschutz stehenden ehemaligen Remise werden die besonderen Nutzungen für Gastronomie und Versammlung situiert. Durch die großzügige Öffnung des Foyers zum Rathausplatz und die beiden öffentlich nutzbaren Funktionen wird die Belebung des neuen Platzraumes unterstützt. Stadtfeste, Märkte, Hochzeitsgesellschaften, Veranstaltungen des Museums oder Freiluftausstellungen finden künftig reichlich Platz auf einer repräsentativen Bühne.

SEP ARCHITEKTEN Bockelmann Klaus PartG mbB

Otto-Hahn-Gymnasium, Göttingen: Das Göttinger Gymnasium an der Godehardstraße erhält einen Neubau
Abb.: SEP Architekten

ERWEITERUNG OTTO-HAHN-GYMNASIUM, GÖTTINGEN

Das Otto-Hahn-Gymnasium liegt zentral im Nord-Westen der Göttinger Innenstadt und ist eine Ganztagsschule, die zurzeit von ca. 1.250 SchülerInnen besucht wird. Aufgrund steigender Schülerzahlen und dem damit einhergehenden Platzbedarf sowie dem Wegfall angemieteter externer Räumlichkeiten ist eine bauliche Erweiterung notwendig. In dem viergeschossigen Neubau, der im Norden an den Bestand anschließt, werden allgemeine Unterrichtsräume (AUR) und eine Mensa mit Ausgabeküche Platz finden.

Der Entwurf sieht in den oberen zwei Geschossen die allgemeinen Unterrichtsräume vor. Dem Lernkonzept der Schule entsprechend werden die Flure als offene Lernlandschaften ausgebildet. Aufweitungen ermöglichen Lernzonen für individuelle Nutzungen. Durch einen im Neubau positionierten Aufzug können zukünftig auch alle Ebenen des Bestandsgebäudes barrierefrei erschlossen werden.

Das neue Gebäude soll im 2. Quartal 2026 fertiggestellt werden. Anschließend wird ein Teil des bereits bestehenden Gebäudekomplexes saniert. Im Trakt D werden verschiedene Umstrukturierungen notwendig, und das Bestandsgebäude wird hinsichtlich des Brandschutzes und der Technik modernisiert. Bei der Sanierung werden neben der Umsetzung der neuen räumlichen Anforderungen auch die Themen Inklusion und Barrierefreiheit berücksichtigt. Der Umbau wird voraussichtlich Ende 2027 abgeschlossen sein. Abschließend findet die Neugestaltung des Schulhofs und des Eingangsbereichs der Schule statt.

Otto-Hahn-Gymnasium, Göttingen: Grundriss
Abb.: SEP Architekten

Planender Architekt:
SEP ARCHITEKTEN Bockelmann Klaus PartG mbB, Hannover
Bauherrin
-Projekt „Tellkampfschule":
Landeshauptstadt Hannover, Fachbereich Gebäudemanagement
-Projekt „Rathauserweiterung Springe":
Stadt Springe
-Projekt „Otto-Hahn-Gymnasium Göttingen":
Stadt Göttingen, Fachbereich Gebäude

Partner am Bau:
- Hertwig+Kretzschmar AGK
- Polyplan Beratende Ingenieure TGA Bügling Freyer PartG mbB
- WPG TGA-Planung GmbH
- HMN Gewerbe- und Industriebau GmbH & Co. KG
- Baugeschäft Ziegenhorn GmbH
- Theodor Schulte GmbH

Anzeige

Anlagenplanung für Großküchen und Labore
Hertwig+Kretzschmar AGK - Ihr kompetenter Partner aus Hannover

Unser Büro ist seit 1991 im Bereich der Planung von küchentechnischen Einrichtungen tätig. In all den Jahren haben wir uns als verlässlicher Partner für Bauvorhaben herauskristallisieren können.

Unsere Leistungen umfassen alle Phasen nach HOAI – von den Grundlagen über die Ausschreibung bis zur Bauüberwachung und Abnahme. Wir ermöglichen den erfolgreichen Abschluss Ihrer Projekte in der Gemeinschaftsverpflegung:
- Mensen / Cafeterien / Lehrküchen für Kitas, Schulen und Universitäten
- Kantinen und Betriebsrestaurants
- Zentral- und Verteilerküchen
- Spülanlagen
- Kältetechnische Anlagen und Einrichtungen

Dabei legen wir großen Wert auf eine herstellerneutrale 3D-Planung mit moderner Software und eigenen BIM-fähigen Modellen.

In den letzten Jahren wurden wir vermehrt von Kunden mit der Bitte angesprochen, neben der Planung der Großküchentechnik auch die Labortechnik zu übernehmen; beispielsweise im Hochschulbereich.

Deshalb haben wir intern die Voraussetzungen geschaffen, unsere gewohnt hohe Qualität der Anlagenplanung auch für den Laborbereich anbieten zu können.

Unser Repertoire reicht von Planungsleistungen für naturwissenschaftliche Fachräume über Hochschullabore bis zu biologischen Laboren der Schutzstufe 1 und 2 – ob Modernisierung oder komplette Neuplanung.

Neben der Anwendung der geltenden Richtlinien und Normen ist uns auch die nutzungsspezifische Planung sehr wichtig, was durch unsere Mitarbeiter*innen mit praktischer Erfahrung im Laboralltag ermöglicht wird.

Unabhängig | Wirtschaftlich | Modern | Nachhaltig

BIM · Kochbegleitungen · Wirtschaftlichkeitsberechnung · Küchenkonzeptanalyse · Zeichnungserstellung · HACCP · Kostenermittlung · Projektsteuerung · Einweisungen · **Planung** · Hygienekonzepte · Analyse und Zielsetzung · **Büro AGK** · Abstimmung mit Lebensmittelüberwachung, Gewerbeaufsicht und Arbeitsschutz · Consulting · Bauüberwachung · Inbetriebnahme · Logistik- und Prozessanalyse · Gesetze, Normen und Vorschriften · Ausschreibung · Nachtrags- und Mängelmanagement

Hertwig+Kretzschmar AGK
Inh. Thorsten Kretzschmar

Friesenstraße 14
30161 Hannover
www.agk-fachplaner.de

Anlagenplanung für
Großküchen- und Kältetechnik
Labor- und Fachraumausstattung

+49 511 220630 70
info@agk-fachplaner.de

Anzeige

Ganzheitlich beginnt entwurfsbegleitend zwischen **Architekt** und **Fachplaner**. Nur so kann ein optimales Gebäude entstehen.

POLYPLAN – Ihr Partner für Technische Gebäudeausrüstung

Ilse-ter-Meer-Weg 7	Fon 0511 123139–30	info@polyplan-tga.de
30449 Hannover	Fax 0511 123139–39	www.polyplan-tga.de

WPG TGA-Planung GmbH

Ihr Ingenieurbüro für Gebäudetechnik

Hanns-Hoerbiger-Straße 3
29664 Walsrode
Telefon (05161) 60 30 9 - 0
Telefax (05161) 60 30 9 - 9
info@wpg-tga.de
www.wpg-tga.de

Elektro | PV-Anlagen | Mittelspannung | Gefahrenmeldeanlagen | Heizung | Klima | Lüftung | Sanitär | Gebäudeautomation

▶ Produktinfo

Mit Parkett die Natur ins Haus holen

Wie Holz in Gebäuden und als Teil der Inneneinrichtung im Spannungsfeld von Natur und Kultur auf die menschliche Psyche wirkt und ästhetisch wahrgenommen wird, erklärte Prof. Michael Heinrich von der Hochschule Coburg, wo er den Fachbereich Innenarchitektur und das Institut für Mensch und Ästhetik leitet, in seinem Vortrag im Rahmen einer Fachveranstaltung im Umfeld der Mitgliederversammlung des Verbands der Deutschen Parkettindustrie (vdp): „Zahlreiche Studien haben ergeben, dass Holz in der Innenarchitektur als wohltuend, nämlich als warm, bequem, entspannend, natürlich und einladend wahrgenommen wird. Das sind zugleich die wichtigsten Eigenschaften, die ein Heim nach Einschätzung vieler Menschen haben sollte", machte Heinrich deutlich. Denn unsere ästhetischen Präferenzen richten sich laut seiner Darstellung an den Hauptachsen Faszination (fascination), Sinnzusammenhang (coherence) und Wohlfühlen (hominess) aus.

Holz hat also eine sehr hohe Bedürfnispassung im Bereich des Wohnens. Hinzu kommen weitere interessante Eigenschaften. „Die Fähigkeit von Holzoberflächen, attraktiv zu altern, fügt gestalteten Strukturen eine Dimension der Zeithaltigkeit hinzu, die dem menschlichen Bedürfnis nach Sinnzusammenhang und narrativen Einbettungen aller Wahrnehmungen entgegenkommt", erläuterte der Wissenschaftler. Holzmobiliar und -ausstattung können, wie Prof. Heinrich darstellte, nicht nur Stress mindern, sondern auch gleichzeitig sinnlich stimulieren.

Der Verband der Deutschen Parkettindustrie e.V. (vdp) wurde 1950 in Wiesbaden gegründet. Seit 2006 befindet sich die Geschäftsstelle in Bad Honnef. Zurzeit sind 22 Parkett-Hersteller im vdp organisiert, die mehr als 90 Prozent der deutschen Parkettproduktion repräsentieren. Auf seiner Website www.parkett.de informiert der vdp Fachleute und Endverbraucher über alles Wissenswerte rund um das Parkett.

Parkett ist ein Allrounder und passt im Sinne stilvoller Innenarchitektur und persönlichem Wohlbefinden in ganz verschiedene Räume, wie hier in das Esszimmer
Abb.: ter Hürne

Dauerhaft grüne, lebendige Fassaden

Modulares Fassadenbegrünungssystem, das sich jeder baulichen Gegebenheit flexibel anpasst / Pflanzplan wird am Computer entworfen

„Biomura" ist bereits seit vielen Jahren in anderen europäischen Ländern erfolgreich im Einsatz und hat sich unter sehr unterschiedlichen klimatischen Bedingungen bewährt
Abb.: Helix/Von Sternberg Photography

Begrünte Häuserfassaden im urbanen Raum punkten mit zahlreichen positiven Effekten: Die Pflanzen binden Feinstaub, produzieren Sauerstoff und sorgen durch Beschattung und Verdunstung von Wasser für ein angenehmes Klima in der direkten Umgebung. Fassadenbegrünungen dämmen außerdem thermisch und können so dazu beitragen, Kosten für Heizung und Klimaanlage zu senken. Spätestens seit der französische Gartenarchitekt und Künstler Patrick Blanc um die Jahrtausendwende mit seinen vertikalen Gärten international bekannt wurde, ist unbestritten, dass natürliches Grün als Gestaltungselement ein Gebäude optisch enorm aufwerten und ihm eine ganz besondere Ausstrahlung verleihen kann.

NEUES AUSSEHEN IN KÜRZESTER ZEIT

Mit „Helix Biomura" bietet die Helix Pflanzensysteme GmbH aus Baden-Württemberg jetzt auch in Deutschland ein modulares Fassadenbegrünungssystem, das sich jeder baulichen Gegebenheit flexibel anpasst. Dabei werden vorkultivierte, bereits dicht mit Pflanzen bewachsene Kassetten an die Wände montiert und geben einem Gebäude so in kürzester Zeit ein völlig neues Aussehen.
Das System ist bereits seit fast 15 Jahren in anderen europäischen Ländern erfolgreich im Einsatz und hat sich von Norwegen bis Spanien unter sehr unterschiedlichen klimatischen Bedingungen bewährt.

„Helix Biomura": Vorkultivierte, bereits dicht mit Pflanzen bewachsene Kassetten geben einem Gebäude in kürzester Zeit ein völlig neues Aussehen
Abb.: Helix/Von Sternberg Photography

Buntlaubige Bodendecker, duftende Kräuter oder blühende Stauden – es gibt eine ganze Reihe von Pflanzenarten, die sich für eine derartige Wandbegrünung eignen. Wie die Fassade letztendlich aussehen soll, wird im Vorfeld zusammen mit dem Bauherrn geplant. „Mit einem speziellen Computerprogramm können wir ein individuelles Pflanzmuster für die Gesamtfläche des jeweiligen Projekts erstellen", erläutert der Architekt Jonathan Müller von Helix Pflanzensysteme. Die Pflanzkassetten werden aus recyceltem Kunststoff hergestellt und haben standardmäßig eine Breite von 60 cm und eine Höhe von 45 cm. Jede verfügt über 16 Pflanzlöcher, die in der Gärtnerei auf der Grundlage des entwickelten Fassadenentwurfs entsprechend bestückt werden.

VORGEHÄNGTE FASSADE

„Von Mauerwerk bis Beton – solange die Tragfähigkeit es zulässt, kann ‚Helix Biomura' überall eingesetzt werden. Als Gewicht sollte man ungefähr mit 65 kg pro Quadratmeter rechnen", erklärt Müller. „Das System ist vergleichbar mit einer vorgehängten, belüfteten Fassade. Für die Unterkonstruktion werden zunächst Trägerschienen aus verzinktem Stahl vertikal an die Wand angebracht. Es folgen eine etwa 1,2 cm dicke, wasserdichte Platte und ein spezielles Drainagevlies. Darüber werden dann die Bewässerungsschläuche verlegt und die Aluminiumhalterungen für die begrünten Kassetten befestigt."
Die Bewässerung kann entweder mit Frischwasser oder auch durch Regenwasser erfolgen, das vom Dach in einen Tank geleitet und dort gesammelt wird. Helix Pflanzensysteme übernimmt bundesweit die Planung, Installation und auch Pflege solcher begrünten Wände.
Weitere Informationen: Helix Pflanzen GmbH, 70806 Kornwestheim

Eine Klinik für die Zukunft

Der Neubau des Delme Klinikums stellt modernste Gesundheitsversorgung für Delmenhorst und die Region sicher

Auf dem Grundstück des Klinikums Delmenhorst an der Wildeshauser Straße in Delmenhorst-Deichhorst entsteht bis 2027 der Neubau des Delme Klinikums. Der autarke Klinikneubau mit 39.073 m² BGF wird mit kurzen Wegen und Platz für bis zu 319 Patientinnen und Patienten der modernste der Region sein. Er umfasst ein Erd- und Untergeschoss und vier Obergeschosse sowie sieben Treppenhäuser und acht Aufzüge. Bei Bedarf könnten zukünftig zwei weitere Etagen aufgesetzt werden.

Das gesamte Klinikareal ist stark geprägt von den unter Denkmalschutz stehenden Gebäuden von Fritz Höger aus dem Jahr 1928. In seiner Formensprache orientiert sich der Neubau in zeitgemäßer Interpretation am „Högerbau". Speziell gebrannte dunkelrote, unregelmäßig gebrannte Klinker in Anlehnung an den Bestand und hervorspringende Leisten akzentuieren die Fassade der unteren drei Stockwerke. Die oberen Stockwerke werden mit deutlich helleren Steinen farblich abgesetzt.

Das Grundrisskonzept sieht eine intuitive und logische Orientierung für Patientinnen und Patienten und Besuchende sowie eine sinnvolle

Der autarke Klinikneubau wird mit kurzen Wegen und Platz für bis zu 319 Patientinnen und Patienten der modernste der Region sein
Abb.: Ingo Stein/DKD

In seiner Formensprache orientiert sich der Neubau in zeitgemäßer Interpretation an den unter Denkmalschutz stehenden Gebäuden von Fritz Höger aus dem Jahr 1928 auf dem Klinikareal
Abb.: GSP Architekten

Verteilung der Funktionsstellen unter Berücksichtigung kurzer Wegeführungen und betrieblich funktionaler Abläufe vor. Ein einladender Eingangsbereich markiert den Haupteingang und leitet in das offene und großzügige Foyer, das für öffentliche Veranstaltungen wie Konzerte oder Vorträge genutzt werden kann. Entgegen der kompakt gegliederten Basisgeschosse, wird die Gebäudekubatur in den aufgehenden Ebenen in eine verschobene Doppelkammstruktur aufgelöst. Hierdurch erhalten alle Patientenzimmer Ausblicke in die Umgebung, gleichzeitig wird der Baukörper horizontal und vertikal gestaffelt.

Im Inneren des Klinikgebäudes tragen helle, freundliche Räume und nachhaltige Baumaterialien wie Holz zur schnelleren Gesundung der Patientinnen und Patienten bei. Im Sinne einer nachhaltigen Kreislaufwirtschaft werden beständige Bausubstanzen und erneuerbare Energie eingesetzt. Die teilweise begrünten Dachflächen werden mit Photovoltaik ausgestattet. Im Außenbereich wird der ehemalige Vorplatz des Högerbaus revitalisiert und mit einer neuen Aufenthaltsqualität zum Verweilen einladen.

Planung:
ARGE
GSP Architekten, Bremen, und
assmann gruppe, Münster

Partner am Bau:
- JÜRGEN HELLMANN GmbH Tragwerksplanung
- BSG Bremer Sand-Handelsgesellschaft mbH
- Nickel & Looschen Bau GmbH

Bildquelle: jes architekten
Neubau Verwaltungsgebäude Klinikzentrum Westerstede

Bildquelle: dbp architektur
Neubau einer Ferienhaussiedlung Tossens

Bildquelle: GSP Architekten
Neubau Delme Klinikum Delmenhorst

JÜRGEN HELLMANN GMBH
TRAGWERKSPLANUNG

Jürgen Hellmann GmbH Tragwerksplanung –
Gruppe Ingenieurbau
Cloppenburger Str. 18 – 26135 Oldenburg
Tel. +49 441 9 21 75-30
info@statik.gruppe-ingenieurbau.de
www.gruppe-ingenieurbau.de

TRAGENDE ROLLE IM BAUGEWERBE

Die Statik ist der Garant für das solide Tragwerk eines Bauwerkes – ob privates Wohnhaus, öffentliche Gebäude oder gewerbliche Produktionshallen. Mit der Standsicherheit von Zukunftsmodellen der Architektur beschäftigt sich das professionelle Team der Jürgen Hellmann GmbH Tragwerksplanung seit mehr als 50 Jahren.

Das Leistungsportfolio umfasst den Standsicherheitsnachweis und die Ausführungspläne für Gebäude jeglicher Art. Neben der Tragwerksplanung bietet das Ingenieurbüro auch alle bauphysikalischen Nachweise und baubegleitenden Sicherheitskontrollen (SiGeKo) an.

Das Expertenteam um Normen Robben und Rainer Veit weiß um die Ansprüche moderner Planung, neuer Werkstoffe und innovativer Konstruktionen. Die erfahrenen Bauingenieure und Bauzeichner verstehen es, für jeden einzelnen Auftrag ihr gemeinsames Know-how für eine bestmögliche Lösung zu bündeln. Das Team sorgt mit seinen Berechnungen dafür, dass alles standsicher ist und die Entwürfe von Architekten umgesetzt werden.

Wir bauen auch für Sie - Schlüsselfertig!

Rembrandtstraße 3
49681 Garrel
Tel.: 0 44 74 - 9 41 98 40
Fax: 0 44 74 - 9 41 98 41
E-Mail: info@nl-bau.de

... denn bauen heißt vertrauen ...

Wohnen mit Service – Privatsphäre trifft Gemeinschaft

In massiver und energiebewusster Bauweise: „Villa Marie & Villa Carl" in Gnarrenburg / In dreigeschossiger Bauweise mit ansprechender Klinkerfassade: „WurtVilla een & WurtVilla twee" in Otterndorf

„Villa Marie & Villa Carl", Gnarrenburg: Wohnen mit Service
Abb.: SeniorenConcept Bau GmbH

VILLA MARIE & VILLA CARL: WOHNEN MIT SERVICE, GNARRENBURG

Die SeniorenConcept Bau GmbH hat sich auf das Wohnen im Alter spezialisiert: Von der Auswahl eines geeigneten Standortes über die Planung und Realisierung der Wohnanlagen mit bedarfsorientierten Dienstleistungsangeboten bis hin zum Verkauf und zur Erstvermietung der Wohneinheiten. In Kooperation mit ortsansässigen Partnern und ambulanten Pflegediensten erfolgt eine Vernetzung am Standort. Die „Villa Marie & Villa Carl" in zentraler Ortslage von Gnarrenburg, zwischen Rathaus und Kirche gelegen, wurden im April 2024 in massiver und energiebewusster Bauweise fertiggestellt.

In fußläufiger Entfernung befinden sich sämtliche alltagsrelevante Dienstleistungs- und Versorgungseinrichtungen. Die zwei mal 16 Wohneinheiten sind speziell auf die Bedürfnisse von Senioren ausgerichtet: barrierefreie 2- bis 3-Zimmer-Wohnungen und Wohnflächen von rund 50 m² bis rund 89 m² in Kombination mit bedarfsorientierten Serviceleistungen. Alle drei Etagen sind über einen Aufzug komfortabel und rollstuhlgängig erschlossen. Im Eingangsbereich erleichtert eine Automatiktür den Zugang. Die Wohnungen wurden schlüsselfertig erstellt, zeichnen sich durch Komfort und durchdachte Grundrisse aus und sind alle mit einer Einbauküche ausgestattet. Die barrierefreien Bäder bieten eine ebenerdige Dusche sowie Stütz- und Haltegriffe. Eine Fußbodenheizung erwärmt sämtliche Räume.

„Villa Marie & Villa Carl", Gnarrenburg: Villa Marie – persönlich und individuell gestaltet
Abb.: SeniorenConcept Bau GmbH

Neben der eigenen Wohnung steht der Hausgemeinschaft im Erdgeschoss beider Villen ein möblierter Gemeinschaftsraum mit Einbauküche, Grundausstattung und großzügiger Gemeinschaftsterrasse zur Verfügung. Dieser kann bedarfsweise auch für private Anlässe genutzt werden. Die Serviceleistungen werden durch die „Diakoniestation des Ev.-luth. Kirchenkreises Bremervörde-Zeven" sichergestellt. Werktags ist täglich stundenweise eine Präsenzkraft vor Ort, die berät und unterstützt. Außerdem werden gemeinsame Aktivitäten organisiert.

Die architektonische Planung erfolgte durch den zum Team der SeniorenConcept Bau GmbH gehörenden Architekten. Die ausgewogene Gebäudegröße der Villen fügt sich in Kombination mit einer traditionellen Klinkerfassade gut in die ländlich geprägte Umgebung ein. Im Erdgeschoss bieten die Wohnungen Terrassen, im ersten Obergeschoss Balkone und im zurückgesetzten Staffelgeschoss großzügige Dachterrassen. In einem Nebengebäude können Fahrräder und Elektromobile untergestellt und geladen werden. Die Pkw-Stellplätze verfügen bereits über die Vorrichtung für E-Mobilität.

Weitere vergleichbare Projekte sind an anderen Standorten bereits realisiert und in der Umsetzung oder Planung.

WURTVILLA EEN & WURTVILLA TWEE: WOHNEN MIT SERVICE, OTTERNDORF

Wohnen mit Service entsteht auch in den WurtVillen in Otterndorf im Landkreis Cuxhaven. Die architektonische Planung des Projekts erfolgte durch HSP Schleuter Planung aus Bad Zwischenahn. Die SeniorenConcept Bau realisiert zwei Villen mit je 18 Wohneinheiten in dreigeschossiger Bauweise und ansprechender Klinkerfassade. Terrassen, Balkone und Loggien erweitern den Wohnraum jeder Wohneinheit nach außen. Errichtet werden die Villen auf einer historischen Wurt – einem Erdhügel, der einst zum Schutz vor Hochwasser und Sturmfluten angelegt wurde.

In der „WurtVilla een & WurtVilla twee" sind alle 36 Wohnungen

„Villa Marie & Villa Carl", Gnarrenburg   Abb.: SeniorenConcept Bau GmbH

barrierefrei gestaltet. Sie sind als Seniorenwohnung altersgerecht geplant und bieten zwei bis drei Zimmer mit Einbauküche und teilweise Gäste-WC auf rund 55 m² bis rund 102 m². Die barrierefreien Bäder sind mit einer ebenerdigen Dusche sowie modernen Stütz- und Haltegriffen ausgestattet. Ein Hausnotruf kann bei Bedarf installiert werden. Neben einem großzügigen und repräsentativen Treppenhaus führt ein Aufzug vom Erdgeschoss bis ins zweite Obergeschoss. Im Außenbereich sind neben einer ansprechenden Gartenanlage auch ausreichend Pkw-Stellplätze mit der Vorrichtung für E-Mobilität sowie ein Nebengebäude für Fahrräder und Elektromobile vorgesehen. Das Wohnkonzept der „WurtVillen" bietet persönliche Freiräume und Privatsphäre, aber auch Anschluss an eine Hausgemeinschaft und

„WurtVilla een & WurtVilla twee", Otterndorf: Das Wohnkonzept der WurtVillen bietet persönliche Freiräume und Privatsphäre   Abb.: SeniorenConcept Bau GmbH

„WurtVilla een & WurtVilla twee", Otterndorf: Die Gebäude werden als Klimafreundlicher Neubau Effizienzhaus-Stufe 40 ausgeführt Abb.: SeniorenConcept Bau GmbH

die Option, Unterstützung in Anspruch zu nehmen. Grundlegende Serviceleistungen werden im Rahmen eines Servicevertrages in Anlehnung an die DIN 77800 vereinbart. Eine Präsenzkraft der DRK Cuxhaven/Hadeln gGmbH wird als fester Ansprechpartner regelmäßig vor Ort sein. Bedarfsweise unterstützt die Präsenzkraft auch beratend bei Themen wie Pflege, behördliche Angelegenheiten oder der Vermittlung von Wahlleistungen. Großzügige Gemeinschaftsflächen erweitern das neue Zuhause um einladende Räume für gemeinsame Veranstaltungen oder auch private Anlässe.

Die WurtVilla een & WurtVilla twee werden als Klimafreundlicher Neubau Effizienzhaus-Stufe 40 ausgeführt und über eine Wärmepumpe mit Photovoltaik-Anlage versorgt. Die Wärmeversorgung erfolgt unabhängig von fossilen Energieträgern.

Die Fertigstellung ist für Ende 2025 geplant.

-Projekt „Villa Marie & Villa Carl, Gnarrenburg"
Bauherr:
SeniorenConcept Bau GmbH, Oldenburg
Architektur:
SeniorenConcept Bau GmbH, Oldenburg
-Projekt „WurtVilla een & WurtVilla twee, Otterndorf"
Bauherr:
SeniorenConcept Bau GmbH, Oldenburg
Architektur:
HSP Schleuter Planung, Bad Zwischenahn

Partner am Bau:
- HS Heizung + Sanitär Kundendienst GmbH & Co. KG
- Gruben Bauunternehmung GmbH

Anzeige

Wir
sind ein Team aus erfahrenen, top qualifizierten und hochmotivierten Mitarbeitern und lassen aus Ideen Bauprojekte entstehen – Hand in Hand mit unseren Kunden. Wir sind für Sie da!

Wir
sind seit über 80 Jahren als inhabergeführtes Unternehmen immer auf der Suche nach neuen Herausforderungen und auf dem neuesten Stand der technischen Entwicklungen und baulichen Trends.

Wir
setzen uns engagiert und kompetent mit der Bauaufgabe auseinander und legen viel Wert auf umfassende Beratung und aktiven Austausch. Die Bedürfnisse unserer Kunden stehen für uns im Mittelpunkt.

INDUSTRIE- UND GEWERBEBAU
Im Bereich des Industriebaus und der Produktionsgebäude steht insbesondere die Umsetzung funktionaler Ansprüche im Vordergrund. Hierbei muss nicht nur die Größe der Immobilien genauestens geplant, sondern auch eine Vielzahl an Verordnungen und Sicherheitsbestimmungen bedacht werden.
Wir unterstützen Sie in Ihrem Unternehmens- und Produktionsprozess und übernehmen für Sie Neubau sowie An- und Umbau von Industrie- und Produktionsgebäuden. Profitieren Sie von unserer langjährigen Erfahrung und erhalten Sie vielfältige Leistungen aus einer Hand.

LANDWIRTSCHAFT
In der Landwirtschaft besitzen großflächige Gebäude für die verschiedenen Arbeitsprozesse sowie zur Unterbringung der landwirtschaftlichen Nutztiere eine hohe Bedeutung. Die Immobilien müssen zum einen den individuellen Ansprüchen des Landwirtes gerecht werden als auch ein tiergerechtes Lebensumfeld bieten.
Im Auftrag von Landwirten oder aufgrund von Ausschreibungen durch Architekten übernehmen wir für Sie verschiedenste Leistungen im Bereich der Immobilienerstellung in der Landwirtschaft.

EINFAMILIEN- UND DOPPELHÄUSER
Der Traum vom eigenen Haus – für viele wird dieser Wunsch im Laufe ihres Lebens zur Wirklichkeit. Die eigenen vier Wände bieten nicht nur ein hohes Maß an Schutz und Privatsphäre, sondern auch die Möglichkeit, ausreichend Platz für die gesamte Familie zu schaffen und sich frei zu entfalten.
Ob klassisch, modern oder einfach nur funktionell – profitieren Sie von unserer langjährigen Erfahrung im Bereich Einfamilien- und Doppelhäuser und nutzen Sie unsere individuellen Leistungen für Ihre persönliche Bauplanung.

GRUBEN BAUUNTERNEHMUNG

Potshauser Straße 56
26842 Potshausen
tel 04952 20 17
fax 04952 815 66
www.gruben-bau.de
info@gruben-bau.de

Für Städte, in denen man gerne lebt

Wohn- und Geschäftshaus Kronsberg Süd in Hannover auf Niedersachsens größtem Neubaugebiet /
Wohn- und Geschäftshäuser „Am Klagesmarkt" in Hannover mit symmetrischem Fassadenaufbau

Wohn- und Geschäftshaus Kronsberg Süd, Hannover: Auf dem kleinsten Baufeld von Kronsrode-Mitte entstanden zwei Gewerbe- sowie 50 Mieteinheiten – davon vier exklusive Penthouse-Wohnungen mit Quartierblick   Abb.: Lisa Farkas, Frankfurt am Main

Wohn- und Geschäftshaus Kronsberg Süd, Hannover: Die nach innen geknickte Fassade und die kontrastierenden Loggia-Brüstungen aus Stahlfaltwerk nehmen das Motiv des dreieckigen Grundrisses auf   Abb.: Lisa Farkas, Frankfurt am Main

WOHN- UND GESCHÄFTSHAUS KRONSBERG SÜD, HANNOVER

Am südlichen Kronsberg von Hannover entsteht auf drei Projektarealen das neue Wohngebiet „Kronsrode". Es ist Niedersachsens größtes Neubaugebiet. Mit Blick ins Grüne und einer hervorragenden Infrastruktur entsteht ein Quartier, das hohe Lebensqualität und Nachhaltigkeit vereint.

Das 2024 fertiggestellte Wohn- und Geschäftshaus liegt im südlichen Eingangsbereich des Neubaugebiets Kronsberg Süd, dessen Realisierung auf die EXPO 2000 zurückgeht und in den kommenden Jahren abgeschlossen werden soll. Der Entwurf von Stefan Forster GmbH für das Gebäude auf dem Baufeld B10 war in einem Realisierungswettbewerb mit dem ersten Preis ausgezeichnet worden.

Mit seinem dreieckigen Grundriss mit abgeschrägter Spitze bildet es nach Süden einen öffentlichen Quartiersplatz, nach Norden einen gemeinschaftlichen Hof für die Bewohnerinnen und Bewohner aus. Die nach innen geknickte Fassade und die kontrastierenden Loggia-Brüstungen aus Stahlfaltwerk nehmen das Motiv des Dreiecks auf. Der Stahl bildet einen bewussten Kontrast zur warmroten Klinkerfassade, die das Gebäude in der Rosalind-Franklin-Allee mit Rollschichten und tiefen Fensterlaibungen plastisch gliedert und sich auf lokale Bautradition wie auch die Farbgestaltung des entstehenden Quartiers bezieht.

Sämtliche 50 Wohnungen verfügen über einen privaten Außenbereich in Form von Loggien oder Terrassen. Über dem von drei Gewerbeeinheiten genutzten Sockel befinden sich 2- bis 4-Zimmer-Wohnungen mit unterschiedlichen Grundrissen und Zuschnitten. Die Mischnutzung im Haus wird durch die Verbindung von geförderten und frei finanzierten Wohnungen ergänzt. Die Geschossfläche beträgt 5.500 m^2.

WOHN- UND GESCHÄFTSHÄUSER „AM KLAGESMARKT", HANNOVER

Im Jahr 2010 hat die Stadt Hannover das Konzept „City 2020+" für ungenutzte Areale in der Innenstadt entwickelt. Eines dieser Areale ist der Klagesmarkt, der bis zur Umstrukturierung jahrelang als Parkplatz sowie für einen Wochenmarkt genutzt worden war. Um die Trennung zwischen den angrenzenden Quartieren Körnerviertel und

Wohn- und Geschäftshäuser „Am Klagesmarkt", Hannover: Die beiden sich im Hof gegenüberliegenden Wohn- und Geschäftshäuser zeichnen sich durch einen symmetrischen Fassadenaufbau mit rot-orangefarbenen, zu Reliefs verbundenen Klinkern aus   Abb.: Lisa Farkas, Frankfurt am Main

Stefan Forster GmbH

Wohn- und Geschäftshäuser „Am Klagesmarkt", Hannover: Alle Wohnungen sind barrierefrei, wobei acht speziell rollstuhlgerecht gestaltet wurden. Die Gebäude entsprechen dem Passivhausstandard
Abb.: Lisa Farkas, Frankfurt am Main

Nikolaiviertel zu überwinden und dringend benötigten Wohnraum zu schaffen, wird der Klagesmarkt in seinem südöstlichen Teil mit einer Blockstruktur aus sechs unterschiedlichen Baukörpern bebaut. In diesem Rahmen realisierten Stefan Forster und sein Team von 2021 bis 2023 zwei Wohn- und Geschäftshäuser (Bauteile A1 und A2) an der Nordost- sowie der Südwestseite des Baublocks.

Die beiden sich im Hof gegenüberliegenden Häuser zeichnen sich durch einen symmetrischen Fassadenaufbau mit rot-orangefarbenen, zu Reliefs verbundenen Klinkern aus. Eingang und Treppenhaus befinden sich jeweils leicht zurückversetzt in der Mittelachse und ermöglichen eine eindeutige Adressbildung. Sie repräsentieren auf den ersten Blick den Typus des Stadthauses auf der Parzelle: auf der Nordseite unterstrichen durch eine Mischnutzung mit zwei kleineren Ladeneinheiten im Erdgeschoss, auf der Südseite durch die Anordnung der Wohnungen im Hochparterre.

Helle Gesimse aus Betonwerkstein akzentuieren die Geschossigkeit der Häuser und rahmen die mit einer niedrigen Brüstung traditionell interpretierten Schaufenster der Läden. Im Innenhof, der sich auf dem Niveau des Hochparterres befindet, sind die Fassaden hell verputzt. Eine Freiraumstruktur mit unterschiedlichen privaten und gemeinschaftlichen Orten und Nutzungsmöglichkeiten steht allen Bewohnerinnen und Bewohnern der sechs Häuser des Blocks zur Verfügung. Während das Wohnhaus an der Nordseite frei finanzierte Mietwohnungen in den vier Obergeschossen über der Ladenzeile beherbergt, befinden sich im Bauteil an der Südseite ausschließlich geförderte Wohnungen.

Die gesamte städtische Blockrandbebauung weist insgesamt 93 Wohnungen und acht Gewerbeeinheiten auf. Davon beherbergt das hier beschriebene Bauprojekt am Klagesmarkt auf 2.670 m² Geschossfläche 32 Wohnungen und zwei Gewerbeeinheiten. Das Erdgeschoss hat eine Geschosshöhe von ca. 5 m und ermöglicht verschiedene gewerbliche Nutzungen. Die erdgeschossigen Wohnungen wurden im Hochparterre ausgebildet. Alle Wohnungen sind barrierefrei, acht Wohnungen rollstuhlgerecht. Der Großteil der Wohnungen erhielt einen Balkon oder eine (Dach-)Terrasse.

Wohn- und Geschäftshäuser „Am Klagesmarkt", Hannover: Mischnutzung auf der Nordseite mit zwei kleineren Ladeneinheiten im Erdgeschoss
Abb.: Lisa Farkas, Frankfurt am Main

Die Dachflächen sind als Flachdach ausgeführt und wurden extensiv begrünt. Der Innenhof ist intensiv begrünt, inklusive Baumpflanzungen und zuzüglich fußläufiger Verkehrsflächen und Aufenthaltsbereichen. Der überdachte Bereich wird als wettergeschützter Fahrradstellplatz für insgesamt 28 Fahrräder genutzt, d.h., im Rahmen der Hofgestaltung sind entsprechende Wegebreiten und Rangierflächen berücksichtigt worden. Das Pendant auf der gegenüberliegenden Gebäudeseite dient als Zone wettergeschützter Gartenterrassen. Der Hof ist gegenüber der Straße höher gelegt und wird durch fußläufige Hoferschließung, gestaltprägende Balkone und Spielflächen belebt.

Das Untergeschoss umfasst die zentralen Technikräume mit Hausanschluss, private und gewerbliche Kellerräume. Dazu stellt die Tiefgarage 40 Stellplätze zur Verfügung, wovon zwölf behindertengerecht ausgeführt worden sind. Hier gliedert sich ein weiterer Fahrradabstellraum für ca. 45 Fahrräder, auch Lastenräder.

Wohn- und Geschäftshäuser „Am Klagesmarkt", Hannover: Besonderheiten der Gebäude sind Vollklinkerfassaden mit schrägen Fensterlaibungen, Betonfertigteilgesimse und Fenstereinfassungen sowie Gewände aus Betonfertigteilen
Abb.: Lisa Farkas, Frankfurt am Main

Architekt:
Stefan Forster GmbH, Frankfurt am Main
-Projekt „Wohn- und Geschäftshaus Kronsberg Süd, Hannover"
Bauherr:
hanova Wohnen GmbH, Hannover
Generalunternehmer:
H&P-Bauingenieure GmbH & Co. KG, Hannover
-Projekt „Wohn- und Geschäftshäuser Am Klagesmarkt, Hannover"
Bauherr:
PBA ProjektBau Alsterufer Entwicklungs-GmbH, Hamburg
Generalunternehmer:
Projektbau Depenbrock GmbH & Co. KG, Hannover

Partner am Bau:
- TGW Planungsgesellschaft für Gebäudetechnik mbH
- IMF Ingenieurgesellschaft Meinhardt Fulst GmbH
- Ingenieurbüro Drecoll PartGmbB
- TSN-Beton

— Anzeige —

TGW Planungsgesellschaft
für Gebäudetechnik mbH
Küsterstraße 8
30519 Hannover
Tel.: 0511 – 9 83 59 – 0
info@tgw-planung.de
www.tgw-planung.de

- Beratung
- Planung
- Systemanalysen
- Machbarkeitsstudien
- Bauüberwachung und Energiestudien auf dem Gebiet der gesamten technischen Gebäudeausrüstung

Technische Gebäudeausrüstung
Industrielle Versorgung
Green Engineering
Facility Management
Schwimmbadtechnik

Bad Harzburg | Braunschweig | Essen | Goslar | Hannover | Vienenburg | Wernigerode | Wolfenbüttel

Moderner Wohnraum in Osnabrück

Netter Heide in Osnabrück um eine Wohnanlage ergänzt / Mehrfamilienwohnhaus in der Süntelstraße 44 mit viel natürlichem Tageslicht

NETTER CAMPUS

Mit dem Erwerb des ehemaligen Kasernengeländes im Osnabrücker Stadtteil Haste startete Anfang der 2010er Jahre eine Entwicklung hin zu einem zukunftsorientierten Standort mit Angeboten zum Wohnen und Arbeiten. Die stadtnahe Lage mit einer guten Anbindung an die A1 und zur B68 sowie die räumliche Nähe zum Stadtzentrum machte aus dem ehemaligen militärisch genutzten Areal einen attraktiven Standort, der mittlerweile auch über einen guten ÖPNV-Anschluss verfügt. Das Nette-Quartier bereichert das bunte Stadtquartier, in dem rund 84 Nationen gemeinsam leben. Die geburtenstarken Jahrgänge verabschieden sich schrittweise in den Ruhestand, was den Anteil der älteren Bevölkerung erhöht. Erfreulicherweise sind in den letzten Jahren junge Familien und Menschen mit Zuwanderungsgeschichte zugezogen. Einen weiteren Meilenstein in der Nachbarschaftsgeschichte wird das 2026 fertig gestellte Studentenwohnheim am Fürstenauer Weg werden.

Der grüne Campus der Hochschule Osnabrück liegt ebenfalls im Stadtteil Haste im Norden von Osnabrück. Die Fakultät Agrarwissenschaften und Landschaftsarchitektur ist hier über Jahrzehnte gewachsen und zeigt eindrucksvoll, wie sehr hier in Lehre und Forschung auf Praxisnähe gesetzt wird. Gewächshäuser, Versuchsfelder, ein Staudengarten oder auch der Versuchsbetrieb Waldhof sind wesentliche Bestandteile des Campus. Die historischen Gebäude in einer schönen Parkanlage sind um ein modernes Hörsaal- und Bibliotheksgebäude erweitert worden, das immer wieder Ort für Messen mit Partnern aus der Praxis ist.

Mit der Aufgabe des Betriebsgeländes des Nilsson Baufachzentrums am Fürstenauer Weg 2 entstand eine Freifläche, die u.a. mit einer Studierendenwohnanlage den nahen Campus der Hochschule Osnabrück ergänzt. PLAN.CONCEPT Architekten aus Osnabrück entwickelten für das Projekt der Studierendenwohnanlage zwei Baukörper mit unterschiedlichen Höhen. Der drei- bis viergeschossige Gebäudekomplex teilt sich in 42 Apartments für Studierende auf. Die Gebäudefront verläuft von der Bramscher Straße bis zum ehemaligen Gasthaus Obermeyer.

STUDIERENDENWOHNHEIM TEIL DES NEUEN WOHNQUARTIERS

Das Studierendenwohnheim ist Teil eines neuen Wohnquartiers, welches aus insgesamt sechs L-förmig angeordneten Gebäudeabschnitten und vier Mehrfamilienhäusern besteht und sich zu einem harmonischen Ensemble um einen Innenhof zusammenfügt. Die Apartments und WG-Wohnungen sind barrierefrei gestaltet und mit modernen Küchen sowie Duschbädern ausgestattet. Alle Abstell-, Gemeinschafts-

Wohnquartier Netter Heide, Osnabrück: Mit der Aufgabe des Betriebsgeländes des Nilsson Baufachzentrums am Fürstenauer Weg 2 entstand eine Freifläche, die mit einer Studierendenwohnanlage den nahen Campus der Hochschule Osnabrück ergänzt.
Abb.: www.mood-studio.de

Wohnquartier Netter Heide, Osnabrück: Die Wohnungen wurden aufgrund des Lärmschutzes so geplant, dass Wohn- und Schlafzimmer sowie die Balkone nicht an der Straße liegen, sondern rückwärtig
Abb.: www.mood-studio.de

und Wirtschaftsräume sind bewusst außerhalb der Apartments zur Straßenseite hin angeordnet und fungieren gleichzeitig als Schallpuffer, der den Straßenlärm von den Wohnräumen fernhält.

Großzügige Fensterflächen sorgen für eine helle und freundliche Atmosphäre, während der hohe energetische Standard der Gebäude (KfW 40 EE) eine hervorragende Dämmung gewährleistet, die Energieverluste minimiert und eine nachhaltige Energiebilanz fördert.

Die Fassadengestaltung der Baukörper kombiniert helle Klinkerflächen mit verputzten Abschnitten und Faserzementplatten, wodurch ein modernes und abwechslungsreiches Erscheinungsbild entsteht, das sich harmonisch in die Umgebung einfügt.

Ein begrünter Innenhof mit großzügigen Retentions- und Versickerungsflächen bietet BewohnerInnen des neuen Quartiers einen einladenden Raum zum Verweilen und erhöht die Aufenthaltsqualität. Das Konzept verbindet Funktionalität, Nachhaltigkeit und Design zu einem attraktiven Lebensraum für Studierende.

Die Erschließung erfolgt von der Hans-Albrecht-Dicke-Straße über den neuen Fürstenauer Weg. Im Rahmen der Wohnanlage, die insgesamt 128 Wohneinheiten umfasst, werden noch weitere Gebäude errichtet. Entlang dem alten Fürstenauer Weg reihen sich vier aneinandergebundene Gebäude auf, gefolgt von vier freistehenden Mehrfamilienhäusern. Die Wohnungen in den Gebäuden sind unterschiedlich groß und stehen verschiedenen Zielgruppen zur Verfügung. Mit der Entwicklung des Wohngebietes am Fürstenauer Weg wertet die Stadt gleichzeitig vom Norden herkommend das Gesicht von Osnabrück auf. Städtebaulich nehmen die Gebäude die Besucher der Stadt hier in Empfang.

Damit die Menschen gut in den Wohnungen leben können, ist der Lärmschutz ein großes Thema, denn die Fläche befindet sich an einer viel befahrenen Kreuzung. Zum einen schützt der geschlossene Gebäuderiegel am Fürstenauer Weg vor zu viel Lärm. Zum anderen werden die Wohnungen so geplant, dass Wohn- und Schlafzimmer sowie die Balkone nicht an der Straße liegen, sondern rückwärtig.

Visualisierung Entwurfsplanung, Ausführungsplanung geringfügig abweichend

Wohnquartier Netter Heide, Osnabrück: Erfreulicherweise sind in den letzten Jahren junge Familien und Menschen mit Zuwanderungsgeschichte in das Wohnquartier gezogen
Abb.: www.mood-studio.de

SCHRANDT - Planen und Bauen GmbH & Co. KG

MEHRFAMILIENHAUS MIT ELF WOHNEINHEITEN

Das Mehrfamilienhaus in der Süntelstraße 44 in Osnabrück liegt im Zentrum der Stadt in einer sehr begehrten Wohnlage. Der Standort bietet eine perfekte Kombination aus urbanem Komfort und ruhigem Wohnumfeld. Fußläufig gibt es zahlreiche Einkaufsmöglichkeiten vom Discounter bis zum Nahversorger des täglichen Bedarfs. Ebenso gibt es in der Nähe Ärzte, Restaurants, Bäckereien und Sportanlagen. Der Bürgerpark liegt ganz in der Nähe und ist der älteste öffentliche Park in Osnabrück mit Wiesen, Spielflächen und Wasser. Er dient der kurzfristigen innerstädtischen Naherholung und lädt zum Verweilen und Entspannen ein. Der öffentliche Nahverkehr ermöglicht eine schnelle Verbindung des Wohnstandorts mit dem Stadtzentrum und dem Hauptbahnhof. Von hier aus sind vielfältige Verkehrsanbindungen regional und überregional möglich. Eine Erreichbarkeit des Arbeitsplatzes ist daher unkompliziert möglich.

Das Mehrfamilienhaus bietet auf vier Wohnebenen elf unterschied-

Mehrfamilienhaus Süntelstraße 44, Osnabrück: Der Neubau wurde massiv in geschlossener Bauweise errichtet und besteht aus vier Geschossebenen
Abb.: www.mood-studio.de

lich große Wohnungen und eignet sich daher sowohl für Familien als auch für Paare und Singles. Im Erdgeschoss befindet sich eine barrierefreie rollstuhlgerechte Wohnung (ca. 90 m²). Alle Wohnungen in den oberen Geschossen sind ebenfalls barrierefrei und können mit einem Fahrstuhl bequem erreicht werden. Die vier Wohnungen im ersten Obergeschoss haben unterschiedliche Größen von ca. 64 m² bis ca. 90 m² Wohnfläche. Im zweiten Obergeschoss sind vier Wohnungen mit Wohnflächen zwischen ca. 57 m² bis 81 m² untergebracht. Die zwei Wohnungen im Dachgeschoss sind ca. 88 m² und ca. 131 m² groß.
Der Neubau wurde in massiver, geschlossener Bauweise errichtet, ist 3-geschossig und hat zusätzlich ein ausgebautes Dachgeschoss. Der Zugang zum Erdgeschoss erfolgt ebenerdig von der Süntelstraße, ebenso ist dort die Zufahrt zur Parkgarage möglich.
Durch den vorhandenen Geländeverlauf ist der hintere Teil der untersten Geschossebene als unterirdisches Parkdeck einordnet. Hintergrund für diese Planung war die Angleichung des neuen Gebäudes an die um ca. 3 m höher liegende Nachbarschaftsbebauung.
In der Garage sind 14 großzügige Stellplätze untergebracht, die von allen Bewohnern bequem genutzt werden können und eine direkte Anbindung an das Wohngebäude haben. Mit dem Aufzug können alle Wohnungen barrierefrei, schnellstens und komfortabel erreicht werden. Ein leicht zugänglicher Fahrradraum steht allen Bewohnern in ausreichender Größe zur Verfügung.

-Projekt „Wohnquartier Netter Heide, Osnabrück"
Architektur:
PLAN.CONCEPT Architekten GmbH, Osnabrück
Generalunternehmer:
SCHRANDT - Planen und Bauen GmbH & Co. KG, Vrees
-Projekt „Mehrfamilienhaus Süntelstraße 44, Osnabrück"
Bauherr:
APS Immobilien GbR, Lorup
Architektur:
SCHRANDT - Planen und Bauen GmbH & Co. KG, Vrees

SCHLIESSUNG DER BAULÜCKE

Die besondere Herausforderung des Entwurfs war die Schließung der Baulücke mit einem modernen Gebäude, das sich maßstäblich und harmonisch in den Straßenverlauf der Süntelstraße einpasst, unter Berücksichtigung an die unterschiedlichen Höhenverhältnisse im Bereich der vorhandenen Bebauung.
Durch die gewählte moderne Architektur des Gebäudes erfolgt ein gut abgestimmter Lückenschluss mithilfe von Dachschrägen, die einen guten konstruktiven Anschluss an die Nachbargebäude ermöglichen und durch unterschiedliche Fassadenelemente, die sich durch ihre Maßstäblichkeit und Farbwahl harmonisch ins Gesamtbild einfügen. Die Gliederung der Fassade mit Vor- und Rücksprüngen der Fassadenelemente sowie die unterschiedlichen Materialien nehmen dem massiven Baukörper seine kompakte Ausstrahlung und geben dem 3-geschossigen Gebäude eine gewisse Leichtigkeit.
Die Belichtung der Wohnräume, die wegen der geschlossenen Bebauung nur begrenzt möglich war, gelang dennoch durch zahlreiche Fensterelemente zur Süntelstraße und zur Gartenseite, sodass alle Wohnungen viel Belichtung durch natürliches Tageslicht erhalten.
Großzügige Balkone an der Süntelstraße und an der Gartenseite sorgen für einen angenehmen Aufenthalt an der frischen Luft. Das Flachdach der Garage wurde komplett begrünt und kann als Grünanlage von allen Bewohnern genutzt werden.
Beste Wärmeschutzmaßnahmen als Effizienzhaus (KFW 40 EE) und moderne Ausstattung sorgen für kostengünstige Nutzung der Wohnungen. Modernste Technik mit Wärmepumpe, kontrollierter Wohnraumlüftung und elektrischen Rollläden runden das Bild ab.

Partner am Bau:
• Bauunternehmen Stevens GmbH & Co. KG
• Ing.-Büro Fleddermann u. Partner GmbH

— Anzeige —

Bauunternehmen Stevens GmbH & Co. KG
Zum Sportplatz 4 · 49757 Vrees
Tel. 04479 1500 · Fax 04479 1515
www.stevens-bau-vrees.de · info@stevens-bau-vrees.de

• Hochbau
• Stahlbetonbau
• Agraranlagenbau
• Bauen zum Festpreis

IBF

ING.-BÜRO FLEDDERMANN UND PARTNER GmbH
BERATENDE INGENIEURE FÜR DAS BAUWESEN
BAUKONSTRUKTION • STATIK • BAUPHYSIK

WASSERMANNSTR. 29
49074 OSNABRÜCK
📞 0541 / 350 69 - 0
✉ IB-Fleddermann@web.de

NEUER BRINKHOF 1
17489 GREIFSWALD
📞 03834 / 512 295
📱 0172 / 52 69 485

Ein breites Netzwerk für Immobilien

Strahlentherapiezentrum in Northeim bringt Spitzenmedizin in die Region / Gemütlichkeit im Landhausstil in Lamspringe / Architektur der Kindertagesstätte Biberbau, Sultmer Berg erinnert in Northeim an die ursprüngliche Waldgaststätte

Neubau Strahlentherapiezentrum Northeim: Für die besondere Nutzung als Strahlenzentrum wurden laut Bauherren rund 1.100 m³ Stahlbeton verbaut
Abb.: Architekturbüro Rainer Freienberg

IM SOMMER 2025 ERÖFFNET DAS STRAHLENZENTRUM IN NORTHEIM NEUE THERAPIEMÖGLICHKEITEN

Das neue Strahlentherapiezentrum unterhalb des Northeimer Krankenhauses wird im Sommer 2025 die ersten Patienten aufnehmen können. Der Bau unweit der B3 stammt aus der Feder des Architekturbüros Rainer Freienberg aus Bad Gandersheim. Der Neubau stellte aufgrund seiner speziellen Nutzung hohe Anforderungen an die Planung. Hinter den Mauern des Praxisgebäudes werden moderne Hightech-Geräte in Betrieb genommen, wie sie auch in der Universitätsmedizin in Göttingen zum Einsatz kommen. Investor und Bauherr des Neubaus ist die SKV Immomed GmbH aus Bad Gandersheim. Das rund 9.000 m² große Grundstück liegt südlich des Albert-Schweitzer-Weges und damit in unmittelbarer Nachbarschaft des erst vor gut zehn Jahren errichteten Neubaus der Helios Albert-Schweitzer-Klinik Northeim.

Mit dem neuen Strahlenzentrum erreicht die Spitzenmedizin, die bisher am Universitätsstandort in Göttingen angeboten wurde, die Region Northeim, Einbeck und den Harz. Das neue, zweigeschossige Praxisgebäude umfasst rund 430 m² Nutzfläche und einen rund 148 m² großen Technikkeller. Für die besondere Nutzung als Strahlenzentrum wurden laut Bauherren rund 1.100 m³ Stahlbeton verbaut. Für den rund 70 m² großen Bestrahlungsbunker gibt es sehr hohe Strahlenschutzanforderungen in Bezug auf die Dicke der Wände und Decken. So beträgt die stärkste Wanddicke stellenweise 2,78 m. Für die Bestrahlung wird sehr viel Strom benötigt. Eine Wärmepumpe liefert, von einer großflächigen Photovoltaikanlage auf dem Gebäudedach und im Freigelände unterstützt, die benötigte Energie. Die Einrichtung kann damit rechnerisch autark sein. Das Investitionsvolumen in die Praxis und ihre Ausstattung inklusive der Geräte und der Einrichtung beträgt rund 10 Mio. Euro. Es werden vermutlich zehn neue hoch spezialisierte Arbeitsplätze entstehen. Neben dem Bestrahlungsraum und einem CT-Raum entstehen weitere Behandlungs- und Besprechungsräume. Die Strahlentherapie gehört zu den wichtigsten Behandlungsmöglichkeiten von unterschiedlichen Tumoren innerhalb einer onkologischen Erkrankung.

Die SKV Immomed GmbH aus Bad Gandersheim hat für den Neubau der Strahlentherapiepraxis in Northeim die Projektplanung und Projektsteuerung übernommen. Aufgrund der zukunftsweisenden sehr hohen energetischen Standards, die ein beachtliches Maß an elektrischer Selbstversorgung ermöglichen, ist eine DGNB-Zertifizierung vorgesehen.

CAFÉ LAMSPRINGE AM KREISEL

In guter Zusammenarbeit mit dem Gemeinderat der Samtgemeinde Lamspringe entstand die Idee, am Kreisel zwischen dem alten Baum-

Café Lamspringe: Das Café bietet im Innenbereich 23 gemütliche Sitzplätze, einen separaten Gastraum für unterschiedliche Veranstaltungen sowie 30 Sitzplätze im Außenbereich auf einer großen überdachten Terrasse
Abb.: part AG

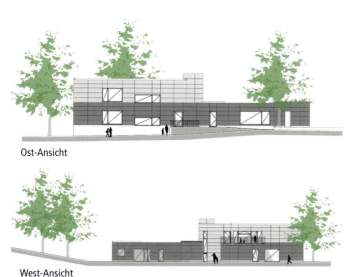

Ost-Ansicht

West-Ansicht

Kindertagesstätte Biberbau,
Sultmer Berg in Northeim:
Ansicht Anlage
Abb.: Architekturbüro Müller-Rauschgold

bestand ein Café zu eröffnen. Um einen passenden Baustil zu finden, der sich perfekt in die Umgebung einpasst, wurde vom Bauherren ein Landhausstil in Holzbauweise gewählt, der sich der angrenzenden Parkanlage anpasst. Das Café bietet im Innenbereich 23 gemütliche Sitzplätze, einen separaten Gastraum für unterschiedliche Veranstaltungen sowie 30 Sitzplätze im Außenbereich auf einer großen überdachten Terrasse. Die Gäste können so naturnahe Gemütlichkeit genießen.

-Projekt „Neubau Strahlentherapiezentrum Northeim"
Bauherr:
SKV Immomed GmbH, Bad Gandersheim
Architektur:
Architekturbüro Rainer Freienberg, Bad Gandersheim
-Projekt „Café Lamspringe"
Bauherr:
part AG, Bad Gandersheim
Architektur:
Bauunternehmen Karl Hoffmeister GmbH, Lamspringe
-Projekt „Kindertagesstätte Biberbau, Sultmer Berg in Northeim"
Bauherr:
part AG, Bad Gandersheim
Architektur:
Müller-Rauschgold Architektur, Holzminden

KINDERTAGESSTÄTTE BIBERBAU, SULTMER BERG IN NORTHEIM

Viele Northeimer kennen die Gaststätte Waldschänke noch. Das Lokal war viele Jahre lang ein beliebtes Ausflugsziel am Sultmer Berg. Bis Sommer 2025 entsteht auf dem Gelände eine Kindertageseinrichtung des Kinderschutzbundes, die bisher an der Reddersenstraße bestand. Realisiert wird das Neubauvorhaben von der part AG aus Bad Gandersheim und dem Architekturbüro Müller-Rauschgold aus Holzminden.

Die Architektur der Kindertagesstätte entspricht der Historie der Waldschänke. Die alte, seit vielen Jahren leerstehende Waldgaststätte wurde intensiv saniert. Gründe für den Umzug der Einrichtung ist der Platzmangel am derzeitigen Standort. Am Sultmer Berg entstehen zwei Gruppen und eine angeschlossene Kinderkrippe mit einer Gruppe.

Partner am Bau:
• HMN Gewerbe- und Industriebau GmbH & Co. KG

— Anzeige —

HOFFMEISTER
NACHHALTIGE GEBÄUDE IN HOLZ

Holzhausbau, Anbau, Aufstockung

Gewerbe- & Objektbau
Schlüsselfertigbau

Karl Hoffmeister GmbH · Feldstr. 3 · 31195 Lamspringe
Telefon 05183 -1267 bzw. - 956 221
www.hoffmeister-holzbau.de

Neue Mitte der Gemeinde Stuhr-Brinkum

Bis 2026 werden vier Gebäude für Wohn- und Gewerbenutzung, eine Seniorenresidenz und ein Hotel rund um den neuen Marktplatz entstehen

Der neue Marktplatz in Brinkum wird zu einem Ort, an dem modernes Wohnen auf ein pulsierendes Geschäftsleben trifft
Abb.: Specht Gruppe/Hilmes Lamprecht

Der geplante Marktplatz wird östlich und südlich von zwei Wohn- und Geschäftshäusern eingerahmt, die modernes Wohnen und geschäftiges Leben vereinen (vorläufige Visualisierung)
Abb.: Specht Gruppe/Hilmes Lamprecht

Brinkum ist mit ca. 10.000 Einwohnern einwohnerstärkster Ortsteil der Gemeinde Stuhrs. Als bedeutsames Einzelhandelszentrum namhafter Unternehmen und zahlreicher Factory-Outlets verfügt Brinkum-Nord über eine starke wirtschaftliche Infrastruktur mit mehreren tausend Arbeitsplätzen.

Zur Neugestaltung und Veräußerung der Grundstücke im Ortskern Brinkum hatte die Gemeinde Stuhr-Brinkum in den Jahren 2019 bis 2021 einen städtebaulichen Wettbewerb durchgeführt. Ziel des Wettbewerbes war es, das überzeugendste Bebauungs- und Nutzungskonzept zur Entwicklung des Ortskerns Brinkum zu einem attraktiven und lebendigen Treff- und Aufenthaltsort für alle Bürgerinnen und Bürger auszuwählen. Die Jury kam zu dem Ergebnis, dass Vorschlag und Nutzungskonzept der Specht-Gruppe am überzeugendsten waren. Der

Entwurf wurde im Anschluss in einem weiteren Abstimmungsprozess von Kommunalpolitik, Verwaltung, Vorhabenträger und dem Architekturbüro Hilmes Lamprecht Architekten BDA weiterentwickelt und optimiert.

Bis 2026 werden vier Gebäude mit rund 20.000 m² für Wohnen, Gewerbe, Hotel und Pflege um einen Marktplatz entstehen, den die Kommune baut. Die neuen Immobilien wurden mit dem Ziel geplant, Tradition und Moderne, Komfort und Nachhaltigkeit miteinander zu verbinden.

ZWEI WOHN- UND GESCHÄFTSHÄUSER

Neue barrierefreie Wohnungen mit großzügigen Grundrissen bieten höchsten Wohnkomfort in zentraler Lage direkt am Brinkumer Marktplatz. Die modernen Wohnungen zeichnen sich durch großzügige Grundrisse und eine barrierefreie Zugänglichkeit aus. Die Gewerbeflächen am neuen Marktplatz bieten beste Voraussetzungen für Gastronomie, Einzelhandel oder Dienstleistungen.

SENIORENWOHN- UND PFLEGEEINRICHTUNG

Westlich der Bremer Straße entsteht eine moderne Seniorenwohn- und Pflegeeinrichtung mit integrierter Tagespflege. Sie wird Platz bieten für etwa 90 Bewohnerinnen und Bewohner und neben den Pflegeplätzen ein Foyer, Büros, Station und Nebenräumen sowie eine Cafeteria/Gastronomie umfassen, die von der Öffentlichkeit genutzt werden kann.

Die Residenz wird nach neuesten Standards barrierefrei gestaltet, um allen Bewohnern ein hohes Maß an Bewegungsfreiheit zu ermöglichen. Mit durchdachter Architektur und ansprechendem Design wird ein Ort geschaffen, der in jeder Lebensphase Komfort und Wohlbefinden bietet.

Haus 4 ist als Hotel geplant. Es handelt sich um eine Sanierung mit Aufstockung
Abb.: Specht Gruppe

HOTEL UND VERANSTALTUNGSSAAL

Im Einmündungsbereich von Bremer Straße, Bassumer Straße und Syker Straße entsteht ein Hotel, das besonderen Charme mit zeitgemäßem Komfort verbindet. Das ehemalige Bremer Hotel und das angrenzende Restaurant werden aufwendig saniert, um die vorhandene Bausubstanz zu erhalten und gleichzeitig ein modernes, einladendes Ambiente zu schaffen. Das Hotel wird zwischen 50 und 70 Zimmer umfassen, die sowohl für Geschäftsreisende als auch für Urlauber ausgestattet sind. Jedes Zimmer wird mit Liebe zum Detail gestaltet, um Komfort und Funktionalität auf höchstem Niveau zu bieten. Der Mittelpunkt des Hauses ist ein Veranstaltungssaal.

Durch die zentrale Lage wird das Hotel zum idealen Ausgangspunkt in der Nachbarstadt Bremen. Besonders während Messezeiten profitieren Gäste von der Nähe zu den Veranstaltungsorten. Dank der Sanierung der bestehenden Gebäude statt eines Neubaus lässt sich die Nutzung von Ressourcen deutlich reduzieren. Gleichzeitig wird der CO_2-Ausstoß, der bei der Produktion und dem Transport neuer Baumaterialien entsteht, minimiert. Mit diesem nachhaltigen Vorgehen wird ein wichtiger Beitrag zur Umwelt geleistet.

Westlich der Bremer Straße entsteht eine Seniorenwohn- und Pflegeeinrichtung, mit Dienstleistungen und gastronomischem Angebot (vorläufige Visualisierung)
Abb.: Specht Gruppe/Hilmes Lamprecht

Planender Architekt:
Hilmes Lamprecht Architekten BDA, Bremen
Bauherr:
Specht Gruppe, Bremen

Partner am Bau:
- d.h.g. Baubetreuung GmbH | ATELIER REISSBRETT

Anzeige

Seit 30 Jahren vereinen sich unter dem Dach von ATELIER REISSBRETT Architekten, Ingenieure und Planer um gemeinsam Ideen und Projekte für Sie umzusetzen.

Unser 25-köpfiges Team betreut Bauvorhaben von der **Architektur, Baugenehmigungs-** und **Ausführungsplanung** bis hin zur **Statik, Bauleitung** und **Brandschutzkonzeption**. Wir übernehmen Ihr Projekt von der ersten gemeinsamen Entwicklung bis zur **schlüsselfertigen Übergabe**.

Erfahren Sie mehr unter www.atelierreissbrett.de.

DREI FIRMEN UNTER EINEM DACH

- Architekturbüro Dipl.-Ing. Andrea Blome
- HÜTTMANN – OTTE – ALBERTS Ingenieurpartnerschaft
- d.h.g. Baubetreuung GmbH

Amtshof 1 - 27305 Bruchhausen – Vilsen
Telefon 04252 – 93030
E-Mail: info@atelierreissbrett.de

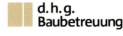

Warme Sandfarben und Rottöne

Drei vier- bis fünfgeschossige Volumen und ein gesondert positioniertes Gebäude sind Teil des integrativen „Vitalquartier an der Seelhorst" in Hannover-Mittelfeld

In Hannover, unweit des Seelhorster Stadtwalds, entstand im Stadtteil Mittelfeld angrenzend an den Stadtteil Bemerode ein barrierefreies Vitalquartier, das gemeinschaftliches Leben und ein vielfältiges Dienstleistungsangebot für alle Generationen und Lebensabschnitte vereint.

WEIDENKIRCHE ALS VORBILD UND INSPIRATIONSQUELLE

Sinnstiftend für das neue Quartier ist die Weidenkirche, ein 2011 auf dem Gelände des Annastifts entstandenes, aus rund 3.000 Weidenruten bestehendes, kreisrundes, lebendiges Kirchenschiff mit einem Durchmesser von 18 m. Der Entwurf für das vierteilige Wohn-Ensemble, der 2017 in einem nichtoffenen Wettbewerb gewann, nimmt die Bedeutung und den Charakter des pergolaartigen Pflanzenbauwerks als Vorbild und Inspirationsquelle. Dies wird insbesondere in den ineinander übergreifenden öffentlichen Bereichen deutlich, in denen sich die offene und geschwungene Struktur der Weidenkirche widerspiegelt.

STIMMIGE GESTALTUNG MIT KLARER GEOMETRIE

Das in vier Bauabschnitten bis August 2023 fertiggestellte Ensemble besteht aus drei vier- bis fünfgeschossigen Volumen und einem gesondert positionierten Gebäude. L-förmig im Grundriss stehen zwei der Gebäude in Bezug zueinander und werden durch ein Solitärgebäude flankiert. Die Gebäudegruppe zeichnet sich durch eine stimmige Gestaltung mit klarer Geometrie und einheitlichen Oberflächenmaterialien aus. Durch raumhohe Verglasung werden die Eingänge sowie die öffentlichen Bereiche besonders hervorgehoben. Regelmäßige Lochfassaden, die aus den Grundrissen der Wohnräume heraus entwickelt wurden, sind mit Klinkermauerwerk in warmen Sandfarben und Rottönen verkleidet. Für eine besondere Leichtigkeit sorgen Arkadengänge, tiefe Loggien und großzügige Erdgeschoss-Verglasungen. Ein Wechsel zwischen Klinker- und verglasten Oberflächen macht die Nutzungen immer klar ablesbar und sorgt für eine gute Orientierung im Quartier. Die Struktur und Materialität der Weidenkirche wurde bei der Gestaltung der Loggiengeländer aufgegriffen: Die Stahlgeländer aller offenen Brüstungen erhielten eine horizontale Füllung aus Weidengeflecht, das in traditioneller Handarbeit angefertigt wurde.

Barrierefreiheit und Integration standen bei Entwurf und Planung im Vordergrund: Alle Gebäude haben ein multifunktionales Nutzungs-

Das Ensemble besteht aus drei vier- bis fünfgeschossigen Volumen und einem gesondert positionierten Gebäude. Die Gebäudegruppe zeichnet sich durch eine stimmige Gestaltung mit klarer Geometrie und einheitlichen Oberflächenmaterialien aus
Abb.: Daniel Sumesgutner

Barrierefreiheit und Integration standen bei Entwurf und Planung im Vordergrund
Abb.: Daniel Sumesgutner

konzept, das Wohnen in den oberen Geschossen vorsieht und in den Erdgeschossen nahversorgendes Gewerbe wie etwa eine Bäckerei oder Nutzungen, die auf die speziellen Bedürfnisse der Bewohnerinnen und Bewohner abgestimmt sind wie etwa Mehrzweck-, Sozial- oder Tagespflegeräume. Alle Wohnungen sind barrierefrei, mit sorgfältig durchdachten Grundrissen, nutzungsfreundlichen Proportionen und optimaler Belichtung durch Tageslicht. Die Gestaltung des Außenraums bietet eine hohe Aufenthaltsqualität mit grünen, einladenden Bereichen: Zwischen den L-förmigen Gebäuden C. 1.1 und C. 1.2 entstanden ein gemeinschaftlich genutzter Innenhof und ein offener Quartiersplatz (Shared Place) zum Haus A.3.3 hin orientiert.
Alle Gebäude sind Effizienzhäuser nach dem KfW-55-Standard.

DIE ARCHITEKTEN

TCHOBAN VOSS Architekten entwerfen, planen und bauen für nationale wie internationale Auftraggeber im öffentlichen und privaten Sektor. Namensgeber des Büros mit seinen Standorten in Hamburg, Berlin und Dresden sind Sergei Tchoban, Architekt BDA, sowie sein Partner Ekkehard Voss, Architekt BDA (1963 – 2024).

Alle Gebäude haben ein multifunktionales Nutzungskonzept, das Wohnen in den oberen Geschossen vorsieht und in den Erdgeschossen nahversorgendes Gewerbe oder Nutzungen wie etwa Mehrzweck-, Sozial- oder Tagespflegeräume
Abb.: Daniel Sumesgutner

Mit über 150 hoch qualifizierten, interdisziplinären Mitarbeitern und einer langjährigen Erfahrung bietet das Unternehmen architektonisch und funktional nachhaltige Lösungen für unterschiedlichste Bauaufgaben im In- und Ausland. Neben Wohn- und Geschäftsbauten umfassen die Schwerpunkte des Büros die Planung von Hotels, Gewerbezentren, Bürokomplexen und Industrieanlagen, Freizeit-, Bildungs- und Sozialeinrichtungen sowie Umbauten und Revitalisierungen im Denkmalschutz. Hierfür übernehmen TCHOBAN VOSS Architekten seit jeher alle architektonischen Leistungen bis hin zur Generalplanung. TCHOBAN VOSS Architekten sind Mitglied im Bund Deutscher Architektinnen und Architekten BDA, den Architektenkammern in Hamburg, Berlin und Sachsen, im Förderverein Bundesstiftung Baukultur e.V. sowie im European Architects Network (EAN).

Planender Architekt:
TCHOBAN VOSS Architekten GmbH, Berlin

Partner am Bau:
- [tga] experts jens neder
- Ingenieurbüro Drecoll PartGmbB
- Heisig Spezialtief- und Wasserbau GmbH
- Janisch GmbH
- TSN-Beton

— Anzeige —

[tga] experts
jens neder

Qualität, Detailgenauigkeit und gute Kommunikation
stehen im Vordergrund bei der Zusammenarbeit mit unseren Partnern. Nur so erreichen wir die für unsere Auftraggeber passenden, zukunftsorientierten und nachhaltigen Lösungen für ihr Bauvorhaben.

Ella-Barowsky-Straße 45
10829 Berlin
Fon: +49 30 54 90 959 – 0
Fax: +49 30 54 90 959 – 99
www.tga-experts.de
info@tga-experts.de

Ein neues Wohnquartier in Sehnde

QUIN – Nachhaltigkeit, Wohnkomfort und modernste Technik bieten die fünf Mehrfamilienhäuser mit insgesamt 77 Wohneinheiten / Barrierefreies Wohnen für alle Generationen und eine städtische Kita

In Sehnde wird zurzeit in mehreren Bauabschnitten ein Neubauprojekt realisiert, das städtisches Leben mit wohltuender Ruhe verbindet. Mit QUIN entsteht ein innovatives Quartier.

Die MBN-Niederlassung Hannover errichtet nach Plänen des Architekturbüros Michelmann-Architekt GmbH auf einem rund 10.000 m² Grundstück fünf Mehrfamilienhäuser mit insgesamt 77 Wohneinheiten. Sie ermöglichen ein barrierefreies Wohnen für alle Generationen und beinhaltet auch eine städtische Kita.

Sehnde als Standort kombiniert die Vorteile von Stadt und Land. Von einer weiterführenden Schule über Einkaufsmöglichkeiten bis zu Naherholungsgebieten findet sich Vieles, was zum Wohnen im Hier und Jetzt gehört. Der Anschluss an den öffentlichen Nahverkehr ist vorbildlich – in der Hauptverkehrszeit per Bus sogar im 15-Minuten-Takt. Eine Fahrradtour am Ufer des Mittellandkanals oder zum idyllischen Waldbad von Sehnde sind nur zwei Beispiele für mögliche Freizeitaktivitäten.

Mit Wohneinheiten unterschiedlichster Größe und verschiedensten Grundrissvarianten werden verschiedenste Bewohnergruppen angesprochen. Das Angebot umfasst 2- bis 4-Zimmer-Wohnungen, aber auch Penthouse-Einheiten mit Flächen zwischen 60 m² bis 133 m².

Großzügige Grünflächen rahmen das QUIN ein und werden durch eine stimmungsvolle Außenbeleuchtung mit Dämmerungssensor inszeniert
Abb.: Michelmann-Architekt GmbH

Fünf Mehrfamilienhäuser bilden ein Umfeld, das eine Verbindung zwischen städtischem Leben und ländlicher Ruhe schafft, die den Zeitgeist trifft
Abb.: Michelmann-Architekt GmbH

Der Lage in einem grünen Umfeld entsprechend verfügen alle Wohnungen mit Loggien, Terrassen oder Dachterrassen über eine Wohnraumerweiterung ins Freie. Eine gemeinsame Tiefgarage mit Pkw- und Motorradstellplätzen sowie E-Ladesäulen ist Bestandteil des Projekts. Weiterhin wird es Fahrradstellplätze im Innen- und Außenbereich geben. Die Attraktivität des Quartiers wird durch die Realisierung der

Das QUIN verbindet die Vorteile von Stadt und Land. Es ist ein innovatives Wohnquartier – im Grünen, zum Wohlfühlen
Abb.: Michelmann-Architekt GmbH

elegant gestalteten Außenflächen mit Grünflächen und Bepflanzung unterstrichen.

Das QUIN wird nach dem KfW-Standard-40-NH gebaut. Die zentrale Wärmeversorgung erfolgt durch Wärmepumpen und der Allgemeinstrom wird durch Photovoltaikanlagen auf den Dächern produziert. Zu den weiteren Ausstattungsmerkmalen zählen u.a., dass alle Wohnungen barrierefrei sind, über Highspeed-Internet und Fernsehversorgung über Kabel sowie Fußbodenheizung mit eigenen Heizkreisen in allen Wohnräumen verfügen. Blähtonwände sorgen für einen erhöhten Schallschutz und ein angenehmes Raumklima.

Ein besonderes Erlebnis bot der Generalunternehmer MBN GmbH den Kindern der zukünftigen KiTa Ladeholz im Juni 2024: Sie hatten die Gelegenheit, beim Bau ihrer neuen Kita in der Friedrich-Ebert-Straße mitzuhelfen und hautnah zu erleben, wie ihre Kita im QUIN Wohnquartier entsteht.

Die Häuser 1 und 2 wurden Ende 2024 fertiggestellt, und der Bau der weiteren drei Neubauten schreitet planmäßig voran, sodass das Gesamtprojekt im Frühjahr 2026 abgeschlossen werden soll.

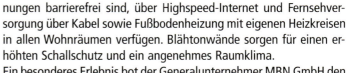

Die Gebäude erhalten einheitliche Fassaden mit attraktiven Klinkerriemchen
Abb.: Michelmann-Architekt GmbH

Planender Architekt:
Michelmann-Architekt GmbH, Isernhagen
Bauherr:
Take 5 Immobilien GmbH & Co. KG, Georgsmarienhütte
Generalunternehmer:
MBN-Niederlassung Hannover

Partner am Bau:
- eilers & schröter Ingenieurbüro für Bauwesen GmbH
- TSN-Beton
- Janisch GmbH

— Anzeige —

BRAND M MARKENDESIGN GmbH

Anzeige

Württemberger Str. 31
26723 Emden
T 04921 9724-0
www.ivens-haustechnik.de

lindener baukontor

Wir gestalten Lebensräume.
Ganzheitlich, nachhaltig, gemeinwohlorientiert.

Lichtenbergplatz 5 - 30449 Hannover
kontor@lindener-baukontor.de

HOLLENBACH
Ingenieurgesellschaft für Bauwesen mbH
Beratung • Planung • Bauleitung

Am Menzelberg 5, 37077 Göttingen
Telefon: 0551 21115
E-Mail: Service@Hollenbach-Bauwesen.de
Web: www.Hollenbach-Bauwesen.de

- Erschließung von Wohn- und Gewerbegebieten
- Verkehrsanlagen
- Abwasserkanalisation
- Sport- und Freizeitanlagen
- Wasserbau und Hochwasserschutz
- Trinkwasser- und Gasversorgung
- Ingenieur- und Brückenbau

SCHOLZ
Planungsbüro für innovative Grossküchen- und Speisenverteil-Konzepte

Brinkstr. 1E - 38122 Braunschweig
Fon 0531/4 82 71 20
Fax 0531/4 82 71 21
info@scholz-konzepte.de
www.scholz-konzepte.de

Gastautoren

Belit Onay   8
Oberbürgermeister der
Landeshauptstadt Hannover
Platz der Menschenrechte 1
30159 Hannover
Tel. 0511/1680

Dr. Thorsten Kornblum   9
Oberbürgermeister
der Stadt Braunschweig
Platz der Deutschen Einheit 1
38100 Braunschweig
Tel. 0531/4703990

Dennis Weilmann   10
Oberbürgermeister
der Stadt Wolfsburg
Porschestraße 49
38440 Wolfsburg
Tel. 05361/282205

Kai-Uwe Hirschheide   10
Stadtbaurat der Stadt Wolfsburg
Porschestraße 49
38440 Wolfsburg
Tel. 05361/282285

Jürgen Krogmann   11
Oberbürgermeister
der Stadt Oldenburg
Markt 1
26105 Oldenburg
Tel. 0441/2354444

Redaktionelle Mitarbeit

Stadt Wolfsburg   34
Porschestraße 49
38440 Wolfsburg
Tel. 05361/281500

Hansestadt Lüneburg   40
Am Ochsenmarkt 1
21335 Lüneburg
Tel. 04131/3090

Struktur-Förderung   42
Braunschweig GmbH
Hintern Brüdern 23
38100 Braunschweig
Tel. 0531/4702070

AUG. PRIEN Bauunter-   44
nehmung (GmbH & Co. KG)
Niederlassung Bremen
Richtweg 1
28195 Bremen
Tel. 0421/335880

Alfred Döpker   54
GmbH & Co. KG
Bauunternehmen
Ekernstraße 62
26125 Oldenburg
Tel. 0441/939910

Flughafen Braunschweig-   63
Wolfsburg GmbH
Lilienthalplatz 5
38108 Braunschweig
Tel. 0531/354400

Freytag & v.d.Linde   64
Projekt-, Management- und
Baugesellschaft mbH & Co.
Kommanditgesellschaft
Ammerländer Heerstraße 368
26129 Oldenburg
Tel. 0441/9704150

PORR GmbH & Co. KGaA -   74
Hochbau Region Nord
Niederlassung Hamburg
Beim Strohhause 17
20097 Hamburg
Tel. 040/808065500

PORR GmbH & Co. KGaA   78
Walter-Gropius-Straße 23
80807 München
Tel. 089/710010

Hagedorn   78
Unternehmensgruppe
Werner-von-Siemens-Straße 18
33334 Gütersloh
Tel. 05241/500510

moretti wohn- und 84
bauprojekte GmbH
Am Hasselbach 5
38440 Wolfsburg
Tel. 05361/861163

Trägergesellschaft 92
Kliniken Aurich-Emden-
Norden mbH
Wallinghausener Straße 8 – 12
26603 Aurich
Tel. 04941/940

bauwo Grundstücks- 102
gesellschaft mbH
Luisenstraße 9
30159 Hannover
Tel. 0511/365760

BAUM Holding GmbH 112
Adenauerallee 6
30175 Hannover
Tel. 0511/288100

Georg-August- 122
Universität Göttingen
Hospitalstraße 3
37073 Göttingen
Tel. 0551/390

OSTLAND Wohnungs- 130
genossenschaft eG
Stephanusstraße 58
30449 Hannover
Tel. 0511/949940

World Investment Group 134
Am Beginenhof 2
31785 Hameln
Tel. 05151/6098426

Sartorius Corporate 140
Administration GmbH
Otto-Brenner-Straße 20
37079 Göttingen
Tel. 0551/3080

KSP ENGEL GmbH 144
Hanauer Landstraße 287 – 289
60314 Frankfurt
Tel. 069/9443940

ARAGON ImmoProject 150
GmbH
Wiehbergstraße 2
30519 Hannover
Tel. 0511/2700466

Kathmann Projekte GmbH 154
Westerstraße 93
28199 Bremen
Tel. 0421/595040

ANGELIS + PARTNER 160
Architekten mbB
Heiligengeistwall 11
26122 Oldenburg
Tel. 0441/265650

SEP ARCHITEKTEN 168
Bockelmann Klaus PartG mbB
Adelheidstraße 18
30171 Hannover
Tel. 0511/285860

GSP Gerlach Schneider 174
Partner Architekten mbB
Am Speicher XI, Segment 6
28217 Bremen
Tel. 0421/203640

SeniorenConcept Bau 176
GmbH
Markt 22/Lambertihof
26122 Oldenburg
Tel. 0441/3902420

Stefan Forster GmbH 180
Carl-von-Noorden-Platz 5
60596 Frankfurt am Main
Tel. 069/247480000

SCHRANDT - Planen und 184
Bauen GmbH & Co. KG
Lehmkuhlen 2
49757 Vrees
Tel. 04479/968970

part AG 188
SKV Immomed GmbH
Hildesheimer Straße 2
37581 Bad Gandersheim
Tel. 05382/98150

Hilmes Lamprecht 190
Architekten BDA
Rembertistraße 1
28203 Bremen
Tel. 0421/343355

TCHOBAN VOSS 192
Architekten GmbH
Niederlassung Berlin
Rosenthaler Straße 40/41
10178 Berlin
Tel. 030/2839200

BRAND M 194
MARKENDESIGN GmbH
Lorbeerrosenweg 8
30916 Isernhagen
Tel. 0511/676666137

Architekten

kbg architekten 53
bagge · grothoff · halupzok
Partnerschaftsgesellschaft
mbB
Zeughausstraße 70
26121 Oldenburg
Tel. 0441/9250020

Architekturbüro Team-Ing2 77
Maria-von-Jever-Straße 3
26125 Oldenburg
Tel. 0441/40810880

STAUTH | Architekten 86
Partnerschaftsgesellschaft
mbB
Frankfurter Straße 4
38122 Braunschweig
Tel. 0531/889800

TIETGE Beratende 91
Ingenieure Partnerschafts-
gesellschaft mbB
Hamburger Straße 88
38518 Gifhorn
Tel. 05371/97440

gp großmannplanung 142
gmbh
Geismar Landstraße 13
37083 Göttingen
Tel. 0551/547870

Hambrock Bauplanung 164
GmbH
Eylersweg 12
26135 Oldenburg
Tel. 0441/500140

IMF Ingenieurgesellschaft 183
Meinhardt Fulst GmbH
Zeißstraße 17b
30519 Hannover
Tel. 0511/8602910

d.h.g. Baubetreuung 191
mbH
ATELIER REISSBRETT
Amtshof 1
27305 Bruchhausen-Vilsen
Tel. 04252/93030

lindener baukontor 196
PartmbB
Lichtenbergplatz 5
30449 Hannover
Tel. 0511/444048

Landschaftsarchitekten

Planungsbüro 95
Georg von Luckwald
Gut Helpensen 5
31787 Hameln
Tel. 05151/67464

LINNEA 133
LANDSCHAFTSARCHITEKTUR
Griebenow & Kruse
Partnerschaft mbB
Appelstraße 20
30167 Hannover
Tel. 0511/99971000

Stadtplaner

Planungsbüro 95
Georg von Luckwald
Gut Helpensen 5
31787 Hameln
Tel. 05151/67464

Ingenieurbüros

REITZ und PRISTL 37
Ingenieurgesellschat mbH
Königsplatz 42
34117 Kassel
Tel. 0561/707740

EHS beratende Ingenieure 37
für Bauwesen GmbH
Frankfurter Straße 5
38122 Braunschweig
Tel. 0531/20900470

Energietechnik Lis GmbH 43
Planungsbüro für Gebäudetechnik
Egstedter Grenzweg 8
99096 Erfurt
Tel. 0361/64496100

Lowke Schiessl Ingenieure GmbH	43

Wendentorwall 25
38100 Braunschweig
Tel. 0531/18058910

OP Engineers GmbH 50
Beratende Ingenieure VBI
Harburger Straße 69
21614 Buxtehude
Tel. 04161/307210

GRBV Ingenieure im Bauwesen GmbH & Co. KG 52
Expo Plaza 10
30539 Hannover
Tel. 0511/984940

plan voll GmbH 53
Drögenkamp 8
27313 Dörverden
Tel. 04234/8199702

TGA Planungsbüro Drebber GmbH 77
Feldstraße 4
49457 Drebber
Tel. 05445/9849000

SCHOLZ + PARTNER mbB 87
Statik | Baukonstruktion
Frankfurter Straße 4
38122 Braunschweig
Tel. 0531/273260

GATZ INGENIEURE FÜR BRANDSCHUTZ 91
Dipl.-Ing. (FH) Randolf Gatz
Schäferkamp 10
38350 Helmstedt
Tel. 05351/557333

TIETGE Beratende Ingenieure Partnerschaftsgesellschaft mbB 91
Hamburger Straße 88
38518 Gifhorn
Tel. 05371/97440

Ingenieurbüro Wendt GmbH 96
Haferwende 10a
28357 Bremen
Tel. 0421/6991090

Potthoff GmbH 97
Ingenieurbüro für Krankenhaustechnik
Neuenhausplatz 76
40699 Erkrath
Tel. 0211/900010

Ingenieurberatung Bröggelhoff GmbH 98
Langenweg 26
26125 Oldenburg
Tel. 0441/36159100

Kolb Planung GmbH & Co. KG 100
Am Strehl 153 – 155
26125 Oldenburg
Tel. 0441/60498

Stöber Beratende Ingenieure PartGmbB 111
An der Talle 114
33102 Paderborn
Tel. 05252/989880

LSM Ingenieure für Tragwerksplanung PartG mbB 120
Michael Steckstor · Kirstin Meyer · Lars Danek
Adelheidstraße 3
30171 Hannover
Tel. 0511/2886920

O&P Projektingenieure GmbH 120
Gildestraße 60
49477 Ibbenbüren
Tel. 05451/545820

Erdbaulabor Göttingen GmbH 129
Raseweg 4
37124 Rosdorf
Tel. 0551/505400

shl ingenieure GmbH 132
Lange Laube 19
30159 Hannover
Tel. 0511/12356660

TGA-planungsteam GmbH 138
Hahnendamm 6
31249 Hohenhameln
Tel. 05128/4005525

SHP-Team GmbH 139
Am Teichhof 7
37120 Bovenden
Tel. 0551/4897298

gp großmannplanung gmbh 142
Geismar Landstraße 13
37083 Göttingen
Tel. 0551/547870

keydel bock ingenieure gmbh 143
Königsallee 49
37081 Göttingen
Tel. 0551/3843840

RBG Ingenieure Partnerschaft mbB 143
Galgenbergsweg 5
37154 Northeim
Tel. 05551/2233

POHL Planen & Beraten 148
Dieselstraße 10
38644 Goslar
Tel. 05321/3070911

Schaumburger Ingenieur GmbH 153
Fröbelstraße 3
31655 Stadthagen
Tel. 05721/9980180

Hambrock Bauplanung GmbH 164
Eylersweg 12
26135 Oldenburg
Tel. 0441/500140

Hertwig+Kretzschmar AGK 171
Inh. Thorsten Kretzschmar
Friesenstraße 14
30161 Hannover
Tel. 0511/22063070

Polyplan Beratende Ingenieure TGA Bügling Freyer PartG mbB 172
Ilse-ter-Meer-Weg 7
30449 Hannover
Tel. 0511/12313930

WPG TGA-Planung GmbH 172
Hanns-Hoerbiger-Straße 3
29664 Walsrode
Tel. 05161/603090

JÜRGEN HELLMANN GmbH Tragwerksplanung 175
Gruppe Ingenieurbau
Cloppenburger Straße 18
26135 Oldenburg
Tel. 0441/9217530

TGW Planungsgesellschaft für Gebäudetechnik mbH 183
Küsterstraße 8
30519 Hannover
Tel. 0511/983590

IMF Ingenieurgesellschaft Meinhardt Fulst GmbH 183
Zeißstraße 17b
30519 Hannover
Tel. 0511/8602910

Ing.-Büro Fleddermann u. Partner GmbH 187
Wassermannstraße 29
49074 Osnabrück
Tel. 0541/350690

d.h.g. Baubetreuung GmbH 191
ATELIER REISSBRETT
Amtshof 1
27305 Bruchhausen-Vilsen
Tel. 04252/93030

eilers & schröter Ingenieurbüro für Bauwesen GmbH 195
Osterstraße 3
30159 Hannover
Tel. 0511/37438990

Hollenbach Ingenieurgesellschaft für Bauwesen mbH 196
Am Menzelberg 5
37077 Göttingen
Tel. 0551/21115

Scholz - Planungsbüro für innovative Großküchen- und Speisenverteil-Konzepte 196
Holger Scholz
Brinkstraße 1E
38122 Braunschweig
Tel. 0531/4827120

Ingenieurbüro für Baugrunduntersuchung

Erdbaulabor Göttingen GmbH 129
Raseweg 4
37124 Rosdorf
Tel. 0551/505400

Ingenieurbüro für Baukonstruktion

Ing.-Büro Fleddermann 187
u. Partner GmbH
Wassermannstraße 29
49074 Osnabrück
Tel. 0541/350690

Ingenieurbüro für Baustofftechnologie

Lowke Schiessl 43
Ingenieure GmbH
Wendentorwall 25
38100 Braunschweig
Tel. 0531/18058910

Ingenieurbüro für Bauwerksdiagnose / -erhaltung

Lowke Schiessl 43
Ingenieure GmbH
Wendentorwall 25
38100 Braunschweig
Tel. 0531/18058910

Ingenieurbüro für Bauwesen

TIETGE Beratende 91
Ingenieure Partnerschaftsgesellschaft mbB
Hamburger Straße 88
38518 Gifhorn
Tel. 05371/97440

Ingenieurbüro für Brandschutz

GATZ INGENIEURE FÜR 91
BRANDSCHUTZ
Dipl.-Ing. (FH) Randolf Gatz
Schäferkamp 10
38350 Helmstedt
Tel. 05351/557333

Hambrock Bauplanung 164
GmbH
Eylersweg 12
26135 Oldenburg
Tel. 0441/500140

Ingenieurbüro für Elektro

Ingenieurbüro Wendt 96
GmbH
Haferwende 10a
28357 Bremen
Tel. 0421/6991090

SHP-Team GmbH 139
Am Teichhof 7
37120 Bovenden
Tel. 0551/4897298

Ingenieurbüro für Elektrotechnik

POHL Planen & Beraten 148
Dieselstraße 10
38644 Goslar
Tel. 05321/3070911

Ingenieurbüro für Energietechnik

Energietechnik Lis GmbH 43
Planungsbüro für Gebäudetechnik
Egstedter Grenzweg 8
99096 Erfurt
Tel. 0361/64496100

Ingenieurbüro für Fachraumausstattung

Hertwig+Kretzschmar 171
AGK
Inh. Thorsten Kretzschmar
Friesenstraße 14
30161 Hannover
Tel. 0511/22063070

Ingenieurbüro für Großküchenplanung

Kolb Planung 100
GmbH & Co. KG
Am Strehl 153 – 155
26125 Oldenburg
Tel. 0441/60498

Hertwig+Kretzschmar 171
AGK
Inh. Thorsten Kretzschmar
Friesenstraße 14
30161 Hannover
Tel. 0511/2206307

Scholz - Planungsbüro 196
für innovative Großküchen- und Speiseverteil-Konzepte
Holger Scholz
Brinkstraße 1E
38122 Braunschweig
Tel. 0531/4827120

Ingenieurbüro für Gutachten

SCHOLZ + PARTNER mbB 87
Statik | Baukonstruktion
Frankfurter Straße 4
38122 Braunschweig
Tel. 0531/273260

Ingenieurbüro für Heizung / Lüftung / Sanitär

Energietechnik Lis GmbH 43
Planungsbüro für Gebäudetechnik
Egstedter Grenzweg 8
99096 Erfurt
Tel. 0361/64496100

Ingenieurbüro für Hochbau

Schaumburger Ingenieur 153
GmbH
Fröbelstraße 3
31655 Stadthagen
Tel. 05721/9980180

Ingenieurbüro für Kälteanlagen

Hertwig+Kretzschmar 171
AGK
Inh. Thorsten Kretzschmar
Friesenstraße 14
30161 Hannover
Tel. 0511/22063070

Ingenieurbüro für Projektsteuerung

gp großmannplanung 142
gmbh
Geismar Landstraße 13
37083 Göttingen
Tel. 0551/547870

Ingenieurbüro für Statik

Ing.-Büro Fleddermann 187
u. Partner GmbH
Wassermannstraße 29
49074 Osnabrück
Tel. 0541/350690

eilers & schröter 195
Ingenieurbüro für
Bauwesen GmbH
Osterstraße 3
30159 Hannover
Tel. 0511/37438990

Ingenieurbüro für Technische Gebäudeausrüstung

TGA Planungsbüro 77
Drebber GmbH
Feldstraße 4
49457 Drebber
Tel. 05445/9849000

O&P Projektingenieure 120
GmbH
Gildestraße 60
49477 Ibbenbüren
Tel. 05451/545820

TGA-planungsteam GmbH 138
Hahnendamm 6
31249 Hohenhameln
Tel. 05128/4005525

Polyplan Beratende 172
Ingenieure TGA Bügling
Freyer PartG mbB
Ilse-ter-Meer-Weg 7
30449 Hannover
Tel. 0511/12313930

TGW 183
Planungsgesellschaft für
Gebäudetechnik mbH
Küsterstraße 8
30519 Hannover
Tel. 0511/983590

Ingenieurbüro für Tief- / Straßen- / Landschaftsbau

Hollenbach 196
Ingenieurgesellschaft
für Bauwesen mbH
Am Menzelberg 5
37077 Göttingen
Tel. 0551/21115

Ingenieurbüro für Tragwerksplanung

OP Engineers GmbH 50
Beratende Ingenieure VBI
Harburger Straße 69
21614 Buxtehude
Tel. 04161/307210

SCHOLZ + PARTNER mbB 87
Statik | Baukonstruktion
Frankfurter Straße 4
38122 Braunschweig
Tel. 0531/273260

Ingenieurberatung 98
Bröggelhoff GmbH
Langenweg 26
26125 Oldenburg
Tel. 0441/36159100

LSM Ingenieure für 120
Tragwerksplanung PartG mbB
Michael Steckstor · Kirstin Meyer ·
Lars Danek
Adelheidstraße 3
30171 Hannover
Tel. 0511/2886920

shl ingenieure GmbH 132
Lange Laube 19
30159 Hannover
Tel. 0511/12356660

RBG Ingenieure 143
Partnerschaft mbB
Galgenbergsweg 5
37154 Northeim
Tel. 05551/2233

Schaumburger Ingenieur 153
GmbH
Fröbelstraße 3
31655 Stadthagen
Tel. 05721/9980180

JÜRGEN HELLMANN 175
GmbH Tragwerksplanung
Gruppe Ingenieurbau
Cloppenburger Straße 18
26135 Oldenburg
Tel. 0441/9217530

eilers & schröter 195
Ingenieurbüro für
Bauwesen GmbH
Osterstraße 3
30159 Hannover
Tel. 0511/37438990

Ingenieurbüro für Umweltschutz

Erdbaulabor Göttingen 129
GmbH
Raseweg 4
37124 Rosdorf
Tel. 0551/505400

Ingenieurbüro für Wärmeschutz

SCHOLZ + PARTNER mbB 87
Statik | Baukonstruktion
Frankfurter Straße 4
38122 Braunschweig
Tel. 0531/273260

Ingenieurbüro für Wasserbau

GRBV Ingenieure im 52
Bauwesen GmbH & Co. KG
Expo Plaza 10
30539 Hannover
Tel. 0511/984940

Bauingenieure für Baugrubentechnik

Ponel Bau GmbH 62
Spezialtiefbau
Lesumstraße 6
26135 Oldenburg
Tel. 0441/972810

Ingenieurdienstleistungen

Bauplanung Nord - 68+76
Oldenburg GmbH & Co. KG
Ammerländer Heerstraße 368
26129 Oldenburg
Tel. 0441/9704400

Vermessungsingenieure

Ingenieurbüro Drecoll 52
PartGmbB
Berliner Allee 13a
30175 Hannover
Tel. 0511/9368160

Unternehmen

A

Abbruch

Hagedorn Hannover GmbH 80
Kreisstraße 20A
30629 Hannover
Tel. 0511/84930300

Himstedt GmbH & Co.KG 147
Lerchenfeldstraße 24a
31234 Edemissen
Tel. 05176/975430

Bargmann & Partner 158
GmbH
Selsinger Straße 18
27432 Bremervörde
Tel. 04767/3334663

BSG Bremer Sand- 175
Handelsgesellschaft mbH
Carl-Zeiss-Straße 6
28816 Stuhr
Tel. 0421/877190

Akustik

Björn Knuth Trocken- & 61
Akustikbau GmbH & Co. KG
Hanomagstraße 8
26629 Großefehn
Tel. 04943/405570

Akustiktrockenbau

Tahiri Gebäudetechnik 133
GmbH
Nenndorfer Chaussee 18
30453 Hannover
Tel. 0511/43824400

Altlasten

Hagedorn Hannover GmbH 80
Kreisstraße 20A
30629 Hannover
Tel. 0511/84930300

Bodo Westerholt 196
Straßen- und Tiefbau GmbH
Klein Feldhus 16
26180 Rastede
Tel. 04402/86980

Architekten
(s. Verzeichnisbeginn)

Baudienstleister

Köster GmbH 89
Hochbau Braunschweig
Hannoversche Straße 60d
38116 Braunschweig
Tel. 0531/59040

Bauelemente

Wilhelm Modersohn 52
GmbH & Co. KG
Industriestraße 23
32139 Spenge
Tel. 05225/87990

Baugruben

Ponel Bau GmbH 62
Spezialtiefbau
Lesumstraße 6
26135 Oldenburg
Tel. 0441/972810

Bauleitung

IMF 183
Ingenieurgesellschaft
Meinhardt Fulst GmbH
Zeißstraße 17b
30519 Hannover
Tel. 0511/8602910

Baustoffe

Wilhelm Modersohn 52
GmbH & Co. KG
Industriestraße 23
32139 Spenge
Tel. 05225/87990

TSN-Beton 81
Dr.-Heinrich-Jasper-Straße 32
38304 Wolfenbüttel
Tel. 05331/909311

Bauunternehmen

AUG. PRIEN Bauunter- 49
nehmung (GmbH & Co. KG)
Niederlassung Bremen
Richtweg 1
28195 Bremen
Tel. 0421/335880

Christoffers GmbH 72
Herrenhauser Straße 1
26215 Wiefelstede
Tel. 04458/949370

PORR GmbH & Co. KGaA 76
Walter-Gropius-Straße 23
80807 München
Tel. 089/710010

STRABAG AG Direktion 99
Nord
Bereich Weser-Ems
Am Esch 19
26349 Jaderberg
Tel. 04454/9779105

MAX BÖGL Firmengruppe 118
Standort Liebenau
Augsburger Straße 1
31618 Liebenau
Tel. 09181/90911200

Baugeschäft Ziegenhorn 128
GmbH
Zuckerfabrik 15
37124 Rosdorf-Obernjesa
Tel. 05509/435

HMN Gewerbe- und 128
Industriebau GmbH & Co. KG
Rote Eiche 11A
37434 Krebeck
Tel. 05551/908450

RST Rohrleitungs-, 129
Straßen- und Tiefbau GmbH
Bovender Straße 45
37120 Bovenden-Lenglern
Tel. 05593/802980

Nickel & Looschen Bau 175
GmbH
Rembrandstraße 3
49681 Garrel
Tel. 04474/9419840

Bauunternehmen 187
Stevens GmbH & Co. KG
Zum Sportplatz 4
49757 Vrees
Tel. 04479/1500

Karl Hoffmeister GmbH 189
Feldstraße 3
31195 Lamspringe
Tel. 05183/956221

Beleuchtungen

Dette-Kulfürst GmbH 129
Im Kniepestal 2b
37176 Nörten-Hardenberg
Tel. 05503/2253

Betonarbeiten

Nickel & Looschen Bau 175
GmbH
Rembrandstraße 3
49681 Garrel
Tel. 04474/9419840

BIM - Building Information Modeling

Alfred Döpker U4+58+166
GmbH & Co. KG
Bauunternehmen
Ekernstraße 62
26125 Oldenburg
Tel. 0441/939910

OP Engineers GmbH 50
Beratende Ingenieure VBI
Harburger Straße 69
21614 Buxtehude
Tel. 04161/307210

Freytag & v. d. Linde 68
Projekt-, Management- und
Baugesellschaft mbH & Co. KG
Ammerländer Heerstraße 368
26129 Oldenburg
Tel. 0441/9704150

Potthoff GmbH 97
Ingenieurbüro für
Krankenhaustechnik
Neuenhausplatz 76
40699 Erkrath
Tel. 0211/900010

MAX BÖGL Firmengruppe 118
Standort Liebenau
Augsburger Straße 1
31618 Liebenau
Tel. 09181/90911200

[tga] experts jens neder 193
Ella-Barowsky-Straße 45
10829 Berlin
Tel. 030/54909590

Blitzschutz

WPG TGA-Planung GmbH 172
Hanns-Hoerbiger-Straße 3
29664 Walsrode
Tel. 05161/603090

Bodenbeläge

AIMA Malereifachbetrieb 70
GmbH & Co. KG
Bramkampsweg 14a
26215 Wiefelstede
Tel. 04458/9499333

Fliesen Helmerichs 73
Winfried Helmerichs
Friedenstraße 2
26909 Neulehe
Tel. 04968/910960

Tahiri Gebäudetechnik 133
GmbH
Nenndorfer Chaussee 18
30453 Hannover
Tel. 0511/43824400

Brandschutz

Björn Knuth Trocken- & 61
Akustikbau GmbH & Co. KG
Hanomagstraße 8
26629 Großefehn
Tel. 04943/405570

TIETGE Beratende 91
Ingenieure Partnerschafts-
gesellschaft mbB
Hamburger Straße 88
38518 Gifhorn
Tel. 05371/97440

Stöber Beratende 111
Ingenieure PartGmbB
An der Talle 114
33102 Paderborn
Tel. 05252/989880

Tahiri Gebäudetechnik 133
GmbH
Nenndorfer Chaussee 18
30453 Hannover
Tel. 0511/43824400

Hambrock Bauplanung 164
GmbH
Eylersweg 12
26135 Oldenburg
Tel. 0441/500140

Brückenbau

GRBV Ingenieure im 52
Bauwesen GmbH & Co. KG
Expo Plaza 10
30539 Hannover
Tel. 0511/984940

C

Container

BSG Bremer Sand- 175
Handelsgesellschaft mbH
Carl-Zeiss-Straße 6
28816 Stuhr
Tel. 0421/877190

D

Dachbegrünung

Dachwerk GmbH & Co. KG 139
Am Reinsgraben 3
37085 Göttingen
Tel. 0551/3793014

Janisch GmbH 143
Garten- und Landschaftsbau
Bogenstraße 14
30165 Hannover
Tel. 0511/358870

Dachdecker

Uwe Thormählen GmbH 60
Bardenfleth 25
26931 Elsfleth
Tel. 04485/419680

BOCK 143
Industriebedachungen GmbH
Hamlerstraße 3
37186 Moringen
Tel. 05554/99220

Decken

Bode Innenausbau 91
Inh. Rainer Bode
Borsigstraße 11
38446 Wolfsburg
Tel. 05361/53374

Denkmalschutz

ARAGON GmbH 152
Wiehbergstraße 2
30519 Hannover
Tel. 0511/2700466

EDV

Dette-Kulfürst GmbH 129
Im Kniepestal 2b
37176 Nörten-Hardenberg
Tel. 05503/2253

Elektro

Elektro Hogreve & 90
Krögerrecklenfort GmbH
Schmiedestraße 2
38470 Parsau
Tel. 05368/207970

Dette-Kulfürst GmbH 129
Im Kniepestal 2b
37176 Nörten-Hardenberg
Tel. 05503/2253

VK Elektro GmbH 139
Fontanestraße 8a
31785 Hameln
Tel. 0176/66662972

POHL Planen & Beraten 148
Dieselstraße 10
38644 Goslar
Tel. 05321/3070911

WPG TGA-Planung GmbH 172
Hanns-Hoerbiger-Straße 3
29664 Walsrode
Tel. 05161/603090

Energieberatung

Architekturbüro Team-Ing2 77
Maria-von-Jever-Straße 3
26125 Oldenburg
Tel. 0441/40810880

TIETGE Beratende 91
Ingenieure Partnerschafts-
gesellschaft mbB
Hamburger Straße 88
38518 Gifhorn
Tel. 05371/97440

Entsorgungen

BSG Bremer Sand- 175
Handelsgesellschaft mbH
Carl-Zeiss-Straße 6
28816 Stuhr
Tel. 0421/877190

Erdarbeiten

GP Papenburg U2+32
Baugesellschaft mbH
Anderter Straße 99c
30559 Hannover
Tel. 0511/228899300

Hagedorn Hannover GmbH 80
Kreisstraße 20A
30629 Hannover
Tel. 0511/84930300

Matthäi Trimodalbau 80
GmbH & Co. KG
Gutenbergstraße 31 – 35
28865 Lilienthal
Tel. 04298/4170511

RST Rohrleitungs-, 129
Straßen- und Tiefbau GmbH
Bovender Straße 45
37120 Bovenden-Lenglern
Tel. 05593/802980

Bodo Westerholt 196
Straßen- und Tiefbau GmbH
Klein Feldhus 16
26180 Rastede
Tel. 04402/86980

Erdbau

Himstedt GmbH & Co.KG 147
Lerchenfeldstraße 24a
31234 Edemissen
Tel. 05176/975430

Bargmann & Partner 158
GmbH
Selsinger Straße 18
27432 Bremervörde
Tel. 04767/3334663

F

Facility Management

BREMER Hamburg GmbH 108
Veritaskai 6
21079 Hamburg
Tel. 040/55502500

Fassaden

Daenicke Stahl-Metallbau 39
GmbH
Malerstraße 4
38550 Isenbüttel
Tel. 05374/9300

Metall & Glas 59
Sosath & Lippa GmbH
Am Altendeich 6
26939 Ovelgönne
Tel. 04401/93080

Uwe Thormählen GmbH 60
Bardenfleth 25
26931 Elsfleth
Tel. 04485/419680

Theodor Schulte GmbH 120
Bauelemente – Tischlerei
Hauptstraße 349
26683 Saterland/Scharrel
Tel. 04492/707840

MTZ Metalltechnik 143
Zitzmann GmbH
An der Heide 1
97714 Oerlenbach
Tel. 09725/71720

Fenster

Metall & Glas 59
Sosath & Lippa GmbH
Am Altendeich 6
26939 Ovelgönne
Tel. 04401/93080

Ihr Tischler-Partner, 69
Meisterbetrieb
Inh. Carsten Lüschen
Wiefelsteder Straße 188
26316 Varel
Tel. 04456/948320

FenTech GmbH 139
Dornbergsweg 41a
38855 Wernigerode
Tel. 03943/54440

MTZ Metalltechnik 143
Zitzmann GmbH
An der Heide 1
97714 Oerlenbach
Tel. 09725/71720

Kemner Fenster + Türen 158
GmbH
Gewerbegebiet 2
27624 Bad Bederkesa/Geestland
Tel. 04745/94920

Fertigteilbau

BREMER Hamburg GmbH 108
Veritaskai 6
21079 Hamburg
Tel. 040/55502500

Flachdach

Dachwerk GmbH & Co. KG 139
Am Reinsgraben 3
37085 Göttingen
Tel. 0551/3793014

Fliesen

Fliesen Helmerichs 73
Winfried Helmerichs
Friedenstraße 2
26909 Neulehe
Tel. 04968/910960

Fußboden

Fliesen Helmerichs 73
Winfried Helmerichs
Friedenstraße 2
26909 Neulehe
Tel. 04968/910960

Baupunkt 133
Swierczewski & Jesior GbR
Pfarrstraße 62
30459 Hannover
Tel. 0152/54089748

Garten- / Landschaftsbau

Mull & Ohlendorf 51
GmbH & Co. KG
Große Schneede 9
29664 Walsrode
Tel. 05161/98470

Keller Tersch GmbH 91
Landschafts- und Sportplatzbau
Zeppelinstraße 10
38446 Wolfsburg
Tel. 05361/85590

Janisch GmbH 143
Garten- und Landschaftsbau
Bogenstraße 14
30165 Hannover
Tel. 0511/358870

Backhaus Garten- und 157
Landschaftsbau GmbH
Dieselstraße 12
27574 Bremerhaven
Tel. 0471/944670

Gebäude für die Landwirtschaft

Gruben 179
Bauunternehmung GmbH
Potshauser Straße 56
26842 Potshausen
Tel. 04952/2017

Gebäudeautomation

GINTEC GmbH 39
Zu dem Balken 25
38448 Wolfsburg
Tel. 05361/8916965

Gebäudetechnik

GINTEC GmbH 39
Zu dem Balken 25
38448 Wolfsburg
Tel. 05361/8916965

Generalunternehmen

Alfred Döpker U4+58+166
GmbH & Co. KG
Bauunternehmen
Ekernstraße 62
26125 Oldenburg
Tel. 0441/939910

AUG. PRIEN Bauunter- 49
nehmung (GmbH & Co. KG)
Niederlassung Bremen
Richtweg 1
28195 Bremen
Tel. 0421/335880

Freytag & v. d. Linde 68
Projekt-, Management- und
Baugesellschaft mbH & Co. KG
Ammerländer Heerstraße 368
26129 Oldenburg
Tel. 0441/9704150

GOLDBECK Nord GmbH 109
Niederlassung Key Account
Hamburg
Fuhlsbüttler Straße 29a
22305 Hamburg
Tel. 040/7137610

MAX BÖGL Firmengruppe 118
Standort Liebenau
Augsburger Straße 1
31618 Liebenau
Tel. 09181/90911200

d.h.g. Baubetreuung 191
GmbH
ATELIER REISSBRETT
Amtshof 1
27305 Bruchhausen-Vilsen
Tel. 04252/93030

Gesamtplanung

Bauplanung Nord - 68+76
Oldenburg GmbH & Co. KG
Ammerländer Heerstraße 368
26129 Oldenburg
Tel. 0441/9704400

Gleisbau

Matthäi Trimodalbau 80
GmbH & Co. KG
Gutenbergstraße 31 – 35
28865 Lilienthal
Tel. 04298/4170511

Großküchen

Scholz - Planungsbüro 196
für innovative Großküchen-
und Speiseverteil-Konzepte
Holger Scholz
Brinkstraße 1E
38122 Braunschweig
Tel. 0531/4827120

Großküchenplanung

plan voll GmbH 53
Drögenkamp 8
27313 Dörverden
Tel. 04234/8199702

Hallenbau

LIST Bau Nordhorn 110
GmbH & Co. KG
LIST Gruppe
Große Elbstraße 145 d
22767 Hamburg
Tel. 040/59361740

Haustechnik

Thieme GmbH & Co. KG U3+88
Borsigstraße 45
38446 Wolfsburg
Tel. 05361/85030

Jaspers Haustechnik 39
Kälte und Klima GmbH
Carl-Miele-Straße 17
38518 Gifhorn
Tel. 05371/7434214

Wuttke Gesellschaft für 39
Lüftungs- und Klimatechnik
mbH
Scheidebuschstraße 26
39126 Magdeburg
Tel. 0391/505390

Potthoff GmbH 97
Ingenieurbüro für
Krankenhaustechnik
Neuenhausplatz 76
40699 Erkrath
Tel. 0211/900010

Hilbert Hoogestraat 120
& Sohn GmbH
Raiffeisenstraße 13
26736 Krummhörn
Tel. 04923/7711

Ing. Peter Behrens GmbH 133
Heizung & Sanitär
Gewerbestraße 11
31275 Lehrte/Sievershausen
Tel. 05175/92990

[tga] experts jens neder 193
Ella-Barowsky-Straße 45
10829 Berlin
Tel. 030/54909590

IVENS Gesellschaft für 196
Haustechnik mbH & Co. KG
Württemberger Straße 31
26723 Emden
Tel. 04921/97240

Heizung

Hilbert Hoogestraat 120
& Sohn GmbH
Raiffeisenstraße 13
26736 Krummhörn
Tel. 04923/7711

Ing. Peter Behrens GmbH 133
Heizung & Sanitär
Gewerbestraße 11
31275 Lehrte/Sievershausen
Tel. 05175/92990

HS Heizung + Sanitär 178
Kundendienst GmbH & Co. KG
Robert-Bosch-Straße 16
49377 Vechta
Tel. 04441/5849

IVENS Gesellschaft für 196
Haustechnik mbH & Co. KG
Württemberger Straße 31
26723 Emden
Tel. 04921/97240

Hochbau

Alfred Döpker U4+58+166
GmbH & Co. KG
Bauunternehmen
Ekernstraße 62
26125 Oldenburg
Tel. 0441/939910

AUG. PRIEN Bauunter- 49
nehmung (GmbH & Co. KG)
Niederlassung Bremen
Richtweg 1
28195 Bremen
Tel. 0421/335880

OP Engineers GmbH 50
Beratende Ingenieure VBI
Harburger Straße 69
21614 Buxtehude
Tel. 04161/307210

GRBV Ingenieure im 52
Bauwesen GmbH & Co. KG
Expo Plaza 10
30539 Hannover
Tel. 0511/984940

PORR GmbH & Co. KGaA . 76
Hochbau Region Nord
Niederlassung Hamburg
Beim Strohhause 17
20097 Hamburg
Tel. 040/808065500

Köster GmbH 89
Hochbau Braunschweig
Hannoversche Straße 60d
38116 Braunschweig
Tel. 0531/59040

Baugeschäft Ziegenhorn 128
GmbH
Zuckerfabrik 15
37124 Rosdorf-Obernjesa
Tel. 05509/435

Nickel & Looschen Bau 175
GmbH
Rembrandstraße 3
49681 Garrel
Tel. 04474/9419840

Holzbau

Uwe Thormählen GmbH 60
Bardenfleth 25
26931 Elsfleth
Tel. 04485/419680

Karl Hoffmeister GmbH 189
Feldstraße 3
31195 Lamspringe
Tel. 05183/956221

Holzschutz

AIMA Malereifachbetrieb 70
GmbH & Co. KG
Bramkampsweg 14a
26215 Wiefelstede
Tel. 04458/9499333

Immobilienverwaltung

entricon GmbH U3+38
Borsigstraße 45
38446 Wolfsburg
Tel. 05361/8939630

Industrie- / Gewerbebau

Gruben 179
Bauunternehmung GmbH
Potshauser Straße 56
26842 Potshausen
Tel. 04952/2017

Industriebau

AUG. PRIEN Bauunter- 49
nehmung (GmbH & Co. KG)
Niederlassung Bremen
Richtweg 1
28195 Bremen
Tel. 0421/335880

HMN Gewerbe- und 128
Industriebau GmbH & Co. KG
Rote Eiche 11A
37434 Krebeck
Tel. 05551/908450

Ingenieure (s. Verzeichnisbeginn)

Innenausbau

Björn Knuth Trocken- & 61
Akustikbau GmbH & Co. KG
Hanomagstraße 8
26629 Großefehn
Tel. 04943/405570

Innentüren

Bode Innenausbau 91
Inh. Rainer Bode
Borsigstraße 11
38446 Wolfsburg
Tel. 05361/53374

Jalousien

Sonnenschutz-Partner 62
GmbH
Wilhelmshavener Heerstraße 79
26125 Oldenburg
Tel. 0441/21768630

Kälte

Jaspers Haustechnik 39
Kälte und Klima GmbH
Carl-Miele-Straße 17
38518 Gifhorn
Tel. 05371/7434214

Kanalbau

GP Papenburg U2+32
Baugesellschaft mbH
Anderter Straße 99c
30559 Hannover
Tel. 0511/228899300

Bargmann & Partner 158
GmbH
Selsinger Straße 18
27432 Bremervörde
Tel. 04767/3334663

Kanalisationsarbeiten

Himstedt GmbH & Co.KG 147
Lerchenfeldstraße 24a
31234 Edemissen
Tel. 05176/975430

Klima

Jaspers Haustechnik 39
Kälte und Klima GmbH
Carl-Miele-Straße 17
38518 Gifhorn
Tel. 05371/7434214

Wuttke Gesellschaft für 39
Lüftungs- und Klimatechnik
mbH
Scheidebuschstraße 26
39126 Magdeburg
Tel. 0391/505390

Kommunikations-Einrichtungen

via Medien GmbH 127
Raseweg 4
37124 Rosdorf
Tel. 0551/307040

Küchen

Scholz - Planungsbüro 196
für innovative Großküchen-
und Speisenverteil-Konzepte
Holger Scholz
Brinkstraße 1E
38122 Braunschweig
Tel. 0531/4827120

Logistikimmobilien

LIST Bau Nordhorn 110
GmbH & Co. KG
LIST Gruppe
Große Elbstraße 145 d
22767 Hamburg
Tel. 040/59361740

Lüftung

Thieme GmbH & Co. KG U3+88
Borsigstraße 45
38446 Wolfsburg
Tel. 05361/85030

Wuttke Gesellschaft für 39
Lüftungs- und Klimatechnik
mbH
Scheidebuschstraße 26
39126 Magdeburg
Tel. 0391/505390

Hilbert Hoogestraat & 120
Sohn GmbH
Raiffeisenstraße 13
26736 Krummhörn
Tel. 04923/7711

Maler

AIMA Malereifachbetrieb 70
GmbH & Co. KG
Bramkampsweg 14a
26215 Wiefelstede
Tel. 04458/9499333

Baupunkt Swierczewski 133
& Jesior GbR
Pfarrstraße 62
30459 Hannover
Tel. 0152/54089748

Markisen

Sonnenschutz-Partner 62
GmbH
Wilhelmshavener Heerstraße 79
26125 Oldenburg
Tel. 0441/21768630

Maurer

Bauunternehmen 187
Stevens GmbH & Co. KG
Zum Sportplatz 4
49757 Vrees
Tel. 04479/1500

Medientechnik

via Medien GmbH 127
Raseweg 4
37124 Rosdorf
Tel. 0551/307040

Metallbau

Daenicke Stahl-Metallbau 39
GmbH
Malerstraße 4
38550 Isenbüttel
Tel. 05374/9300

Metall & Glas 59
Sosath & Lippa GmbH
Am Altendeich 6
26939 Ovelgönne
Tel. 04401/93080

Hartec GmbH 71
Sandfelder Straße 5a
26931 Elsfleth
Tel. 04404/970419

MTZ Metalltechnik 143
Zitzmann GmbH
An der Heide 1
97714 Oerlenbach
Tel. 09725/71720

Meinardus + Tapken 165
Stahl- und Metallbau GmbH
Max-Planck-Straße 12
26919 Brake
Tel. 04401/82678

MSR-Gebäudetechnik

GINTEC GmbH 39
Zu dem Balken 25
38448 Wolfsburg
Tel. 05361/8916965

Naturstein

Mull & Ohlendorf 51
GmbH & Co. KG
Große Schneede 9
29664 Walsrode
Tel. 05161/98470

Pflasterarbeiten

RST Rohrleitungs-, 129
Straßen- und Tiefbau GmbH
Bovender Straße 45
37120 Bovenden-Lenglern
Tel. 05593/802980

Bodo Westerholt 196
Straßen- und Tiefbau GmbH
Klein Feldhus 16
26180 Rastede
Tel. 04402/86980

Photovoltaik

Elektro Hogreve & 90
Krögerrecklenfort GmbH
Schmiedestraße 2
38470 Parsau
Tel. 05368/207970

Planungsleistungen

Bauplanung Nord - 68+76
Oldenburg GmbH & Co. KG
Ammerländer Heerstraße 368
26129 Oldenburg
Tel. 0441/9704400

Projektentwicklung

plan voll GmbH 53
Drögenkamp 8
27313 Dörverden
Tel. 04234/8199702

bauwo Grundstücks- 107
gesellschaft mbH
Luisenstraße 9
30159 Hannover
Tel. 0511/365760

ARAGON GmbH 152
Wiehbergstraße 2
30519 Hannover
Tel. 0511/2700466

Projektsteuerung

bauwo Grundstücks- 107
gesellschaft mbH
Luisenstraße 9
30159 Hannover
Tel. 0511/365760

Recycling

Bodo Westerholt 196
Straßen- und Tiefbau GmbH
Klein Feldhus 16
26180 Rastede
Tel. 04402/86980

Rohrleitungsbau

RST Rohrleitungs-, 129
Straßen- und Tiefbau GmbH
Bovender Straße 45
37120 Bovenden-Lenglern
Tel. 05593/802980

Rollladen

Sonnenschutz-Partner 62
GmbH
Wilhelmshavener Heerstraße 79
26125 Oldenburg
Tel. 0441/21768630

FenTech GmbH 139
Dornbergsweg 41a
38855 Wernigerode
Tel. 03943/54440

Kemner Fenster + Türen 158
GmbH
Gewerbegebiet 2
27624 Bad Bederkesa/Geestland
Tel. 04745/94920

Sachverständige

RBG Ingenieure 143
Partnerschaft mbB
Galgenbergsweg 5
37154 Northeim
Tel. 05551/2233

Sanierungen

Wilhelm Modersohn 52
GmbH & Co. KG
Industriestraße 23
32139 Spenge
Tel. 05225/87990

Baugeschäft Ziegenhorn GmbH 128
Zuckerfabrik 15
37124 Rosdorf-Obernjesa
Tel. 05509/435

GK-Projekt GmbH 148
Stobwasserstraße 6
38122 Braunschweig
Tel. 0531/88626326

Sanitär

Thieme GmbH & Co. KG U3+88
Borsigstraße 45
38446 Wolfsburg
Tel. 05361/85030

Potthoff GmbH 97
Ingenieurbüro für Krankenhaustechnik
Neuenhausplatz 76
40699 Erkrath
Tel. 0211/900010

Ing. Peter Behrens GmbH 133
Heizung & Sanitär
Gewerbestraße 11
31275 Lehrte/Sievershausen
Tel. 05175/92990

HS Heizung + Sanitär Kundendienst GmbH & Co. KG 178
Robert-Bosch-Straße 16
49377 Vechta
Tel. 04441/5849

[tga] experts jens neder 193
Ella-Barowsky-Straße 45
10829 Berlin
Tel. 030/54909590

IVENS Gesellschaft für Haustechnik mbH & Co. KG 196
Württemberger Straße 31
26723 Emden
Tel. 04921/97240

Schallschutz

Tahiri Gebäudetechnik GmbH 133
Nenndorfer Chaussee 18
30453 Hannover
Tel. 0511/43824400

Schlosserei

Lams Stahlbau GmbH 117
Im Kirchenfelde 13
31157 Sarstedt
Tel. 05066/70650

Meinardus + Tapken Stahl- und Metallbau GmbH 165
Max-Planck-Straße 12
26919 Brake
Tel. 04401/82678

Schlüsselfertigbau

AUG. PRIEN Bauunternehmung (GmbH & Co. KG) 49
Niederlassung Bremen
Richtweg 1
28195 Bremen
Tel. 0421/335880

Freytag & v. d. Linde Projekt-, Management- und Baugesellschaft mbH & Co. KG 68
Ammerländer Heerstraße 368
26129 Oldenburg
Tel. 0441/9704150

BREMER Hamburg GmbH 108
Veritaskai 6
21079 Hamburg
Tel. 040/55502500

GOLDBECK Nord GmbH 109
Niederlassung Key Account Hamburg
Fuhlsbüttler Straße 29a
22305 Hamburg
Tel. 040/7137610

LIST Bau Nordhorn GmbH & Co. KG 110
LIST Gruppe
Große Elbstraße 145 d
22767 Hamburg
Tel. 040/59361740

MAX BÖGL Firmengruppe 118
Standort Liebenau
Augsburger Straße 1
31618 Liebenau
Tel. 09181/90911200

HMN Gewerbe- und Industriebau GmbH & Co. KG 128
Rote Eiche 11A
37434 Krebeck
Tel. 05551/908450

Gruben Bauunternehmung GmbH 179
Potshauser Straße 56
26842 Potshausen
Tel. 04952/2017

Bauunternehmen Stevens GmbH & Co. KG 187
Zum Sportplatz 4
49757 Vrees
Tel. 04479/1500

Sicherheitstechnik

POHL Planen & Beraten 148
Dieselstraße 10
38644 Goslar
Tel. 05321/3070911

Smart Home

Elektro Hogreve & Krögerrecklenfort GmbH 90
Schmiedestraße 2
38470 Parsau
Tel. 05368/207970

Spezialbau

Heisig Spezialtief- und Wasserbau GmbH 82
Am Rathberg 7
29308 Winsen/Aller
Tel. 05143/98010

Spezialtiefbau

MENARD GmbH 31
Niederlassung Bremen
Bremer Straße 121
27283 Verden/Aller
Tel. 04231/9518700

Ponel Bau GmbH 62
Spezialtiefbau
Lesumstraße 6
26135 Oldenburg
Tel. 0441/972810

Heisig Spezialtief- und Wasserbau GmbH 82
Am Rathberg 7
29308 Winsen/Aller
Tel. 05143/98010

Stahlbau

Daenicke Stahl-Metallbau GmbH 39
Malerstraße 4
38550 Isenbüttel
Tel. 05374/9300

Hartec GmbH 71
Sandfelder Straße 5a
26931 Elsfleth
Tel. 04404/970419

Lams Stahlbau GmbH 117
Im Kirchenfelde 13
31157 Sarstedt
Tel. 05066/70650

Meinardus + Tapken Stahl- und Metallbau GmbH 165
Max-Planck-Straße 12
26919 Brake
Tel. 04401/82678

Steildach

Dachwerk GmbH & Co. KG 139
Am Reinsgraben 3
37085 Göttingen
Tel. 0551/3793014

Straßenbau

GP Papenburg Baugesellschaft mbH U2+32
Anderter Straße 99c
30559 Hannover
Tel. 0511/228899300

Matthäi Trimodalbau GmbH & Co. KG 80
Gutenbergstraße 31 – 35
28865 Lilienthal
Tel. 04298/4170511

STRABAG AG Direktion Nord 99
Bereich Weser-Ems
Am Esch 19
26349 Jaderberg
Tel. 04454/9779105

RST Rohrleitungs-, Straßen- und Tiefbau GmbH 129
Bovender Straße 45
37120 Bovenden-Lenglern
Tel. 05593/802980

T

Technische Gebäudeausrüstung

GINTEC GmbH 39
Zu dem Balken 25
38448 Wolfsburg
Tel. 05361/8916965

TGA-planungsteam GmbH 138
Hahnendamm 6
31249 Hohenhameln
Tel. 05128/4005525

WPG TGA-Planung GmbH 172
Hanns-Hoerbiger-Straße 3
29664 Walsrode
Tel. 05161/603090

TGA-Planungsleistungen

entricon GmbH U3+38
Borsigstraße 45
38446 Wolfsburg
Tel. 05361/8939630

Tiefbau

Mull & Ohlendorf 51
GmbH & Co. KG
Große Schneede 9
29664 Walsrode
Tel. 05161/98470

Christoffers GmbH 72
Herrenhauser Straße 1
26215 Wiefelstede
Tel. 04458/949370

Matthäi Trimodalbau 80
GmbH & Co. KG
Gutenbergstraße 31 – 35
28865 Lilienthal
Tel. 04298/4170511

Heisig Spezialtief- und 82
Wasserbau GmbH
Am Rathberg 7
29308 Winsen/Aller
Tel. 05143/98010

Köster GmbH 89
Hochbau Braunschweig
Hannoversche Straße 60d
38116 Braunschweig
Tel. 0531/59040

Keller Tersch GmbH 91
Landschafts- und Sportplatzbau
Zeppelinstraße 10
38446 Wolfsburg
Tel. 05361/85590

STRABAG AG Direktion 99
Nord
Bereich Weser-Ems
Am Esch 19
26349 Jaderberg
Tel. 04454/9779105

RST Rohrleitungs-, 129
Straßen- und Tiefbau GmbH
Bovender Straße 45
37120 Bovenden-Lenglern
Tel. 05593/802980

Bodo Westerholt 196
Straßen- und Tiefbau GmbH
Klein Feldhus 16
26180 Rastede
Tel. 04402/86980

Tischlerei

Ihr Tischler-Partner, 69
Meisterbetrieb
Inh. Carsten Lüschen
Wiefelsteder Straße 188
26316 Varel
Tel. 04456/948320

Theodor Schulte GmbH 120
Bauelemente – Tischlerei
Hauptstraße 349
26683 Saterland/Scharrel
Tel. 04492/707840

Treppen

Hartec GmbH 71
Sandfelder Straße 5a
26931 Elsfleth
Tel. 04404/970419

Trockenbau

Björn Knuth Trocken- & 61
Akustikbau GmbH & Co. KG
Hanomagstraße 8
26629 Großefehn
Tel. 04943/405570

Meisterbetrieb Karsch 77
Innenausbau
Inh. Arne Karsch
Am Hasenberg 1
31618 Liebenau
Tel. 05023/3294960

Bode Innenausbau 91
Inh. Rainer Bode
Borsigstraße 11
38446 Wolfsburg
Tel. 05361/53374

Baupunkt Swierczewski 133
& Jesior GbR
Pfarrstraße 62
30459 Hannover
Tel. 0152/54089748

Tahiri Gebäudetechnik 133
GmbH
Nenndorfer Chaussee 18
30453 Hannover
Tel. 0511/43824400

GK-Projekt GmbH 148
Stobwasserstraße 6
38122 Braunschweig
Tel. 0531/88626326

Türen

Metall & Glas 59
Sosath & Lippa GmbH
Am Altendeich 6
26939 Ovelgönne
Tel. 04401/93080

Ihr Tischler-Partner, 69
Meisterbetrieb
Inh. Carsten Lüschen
Wiefelsteder Straße 188
26316 Varel
Tel. 04456/948320

Theodor Schulte GmbH 120
Bauelemente – Tischlerei
Hauptstraße 349
26683 Saterland/Scharrel
Tel. 04492/707840

GK-Projekt GmbH 148
Stobwasserstraße 6
38122 Braunschweig
Tel. 0531/88626326

Kemner Fenster + Türen 158
GmbH
Gewerbegebiet 2
27624 Bad Bederkesa/Geestland
Tel. 04745/94920

U

Umbauten

TIETGE Beratende 91
Ingenieure Partnerschafts-
gesellschaft mbB
Hamburger Straße 88
38518 Gifhorn
Tel. 05371/97440

Urbane Revitalisierung

Janisch GmbH 143
Garten- und Landschaftsbau
Bogenstraße 14
30165 Hannover
Tel. 0511/358870

V

Verglasungen

FenTech GmbH 139
Dornbergsweg 41a
38855 Wernigerode
Tel. 03943/54440

Vermessung

entricon GmbH U3+38
Borsigstraße 45
38446 Wolfsburg
Tel. 05361/8939630

Videokonferenztechnik

via Medien GmbH 127
Raseweg 4
37124 Rosdorf
Tel. 0551/307040

W

Wasserhaltung

Christoffers GmbH 72
Herrenhauser Straße 1
26215 Wiefelstede
Tel. 04458/949370

Wegebau

Keller Tersch GmbH 91
Landschafts- und Sportplatzbau
Zeppelinstraße 10
38446 Wolfsburg
Tel. 05361/85590

Z

Zimmerei

Karl Hoffmeister GmbH 189
Feldstraße 3
31195 Lamspringe
Tel. 05183/956221

Die Eintragungen in diesem Verzeichnis „Die Bauspezialisten" erfolgen auf Wunsch des Kunden/Beitragstellers und sind somit kostenloser Service in der Publikation. Der Verlag übernimmt keine Gewähr für die Vollständigkeit und Richtigkeit der Eintragungen.

Wirtschafts- und
Verlagsgesellschaft mbH

Küferstraße 11
67551 Worms
Tel. 0 62 47 / 9 08 90-0
Fax 0 62 47 / 9 08 90-10
E-Mail info@wv-verlag.de

www.wv-verlag.de

Geschäftsführer:
Ingo Becker, Sabine Kromm

Organisation/Verkauf:
WV Wirtschafts- und
Verlagsgesellschaft mbH

Chefredakteur:
Christian Heinz (v.i.S.d.P.)

Herstellungsleiter:
Andreas Lochinger

Impressum

Gastautoren:

Belit Onay –
Oberbürgermeister der
Landeshauptstadt
Hannover

Dr. Thorsten Kornblum –
Oberbürgermeister
der Stadt Braunschweig

Dennis Weilmann –
Oberbürgermeister
der Stadt Wolfsburg

Kai-Uwe Hirschheide –
Stadtbaurat der Stadt
Wolfsburg

Jürgen Krogmann –
Oberbürgermeister
der Stadt Oldenburg

(Anschriften: siehe Seite 196)

Redaktion:
Brigitte Freitag, Sabine Renz

Herstellung:
Christiane Rebbe,
Nicole Löwer

Kundenbetreuung/
Anzeigenverwaltung:
Ute Zbawiony, Petra Butty,
Rosita Emrich

Druck:
ABT Print Medien GmbH
Bruchsaler Straße 5
69469 Weinheim
Tel. 0 62 01/18 90-0
Fax 0 62 01/18 90-90

Titelfotos (von links oben im Uhrzeigersinn):
„Havekant U-Hof 3 – Alter Stadthafen Süd, Oldenburg" (Beitrag: Freytag & v.d. Linde Projekt-, Management- und Baugesellschaft mbH & Co. KG/Abb.: maßstab, Bremen); „Wettbewerb Ateliergebäude Freie Kunst, Hochschule für Bildende Künste (HBK), Braunschweig" (Beitrag: „Im Blickpunkt"/Abb.: eisfeld engel Architekten BDA, Hamburg); „Vitalquartier an der Seelhorst, Hannover" (Beitrag: TCHOBAN VOSS Architekten GmbH/Abb.: Daniel Sumesgutner, Hamburg); „Neue Grundschule, Bliedersdorf" (Beitrag: AUG. PRIEN Bauunternehmung (GmbH & Co. KG)/Abb.: moka-studio GbR, Hamburg)

Autorenbeiträge geben nicht in jedem Fall die Meinung der Redaktion wieder.

32. Jahrgang S 402
ISBN 978-3-949158-36-0

Verkaufs-/Einzelpreis bei Nachbestellungen:
19,90 Euro, zzgl.
Verpackung/Versand

Alle Rechte vorbehalten:
© 2025 WV Wirtschafts- und
Verlagsgesellschaft mbH,
D-67551 Worms

Diese Publikation ist in ihrer Gesamtheit urheberrechtlich geschützt. Jede Verwendung, die die Grenzen des Urheberrechts überschreitet, ist ohne schriftliche Genehmigung des Verlages unzulässig und strafbar. Dies gilt insbesondere für Vervielfältigungen, Übersetzungen, Mikroverfilmung und die Einspeicherung und Verbreitung in elektronischen Medien. Die in dieser Publikation zusammengestellten Fakten erheben keinen Anspruch auf Vollständigkeit, wurden jedoch mit größtmöglicher Sorgfalt recherchiert. Aus diesem Grund können weder an die Autoren noch an den Verlag rechtliche Ansprüche gestellt werden.